„Liebe ist die einzige Wahrheit."

Amara Yachour

Dieses Buch widme ich in Liebe meinem Mann Marko Yachour und meinen Töchtern Jennifer, Jessica, Vanessa und Lisa. Doch die wichtigsten Personen sind meine Enkelkinder Melia, die die anmutigste aller Prinzessinnen ist und dem unerschrockenen Krieger Noah. Möge Ihr Lebensweg sich sanft vor ihnen entfalten, damit Ihre Seele zur Blüte gelangt. Ich bin stolz auf Euch und ich danke der geistigen Welt, dass ihr meine Begleiter in diesem Leben seid.

Amara Yachour

Medialität

Das Unsichtbare wird sichtbar ... und die Toten sprechen doch

© 2014 Amara Yachour
Erste Auflage

Herausgeber: Amara Yachour
Autor: Amara Yachour
Umschlaggestaltung: www.myprintdesign.tk
Lektorat, Korrektorat: www.lektorat-beyer.de
Verlag: salutano Verlag
ISBN: 978-3-943878-14-1
Printed in Germany

Das Werk, einschließlich seiner Teile, ist urheberrechtlich geschützt. Jede Verwertung ist ohne Zustimmung des Verlages und des Autors unzulässig. Dies gilt insbesondere für die elektronische oder sonstige Vervielfältigung, Übersetzung, Verbreitung und öffentliche Zugänglichmachung.

Bibliografische Information der Deutschen Nationalbibliothek:
Die Deutsche Nationalbibliothek verzeichnet diese Publikation in der Deutschen Nationalbibliografie; detaillierte bibliografische Daten sind im Internet über http://dnb.d-nb.de abrufbar.

Inhaltsverzeichnis

Vorwort **9**
   Medialität und physikalische Phänomene in der Bibel 13
   Die Geschichte der Medialität in Deutschland 21
   Geschichte der physikalischen Medialität in Deutschland 30
   Schamanismus – Tanz mit den Geistern 35
   Die Fox Sisters – Die geistige Welt klopft an 37
   Charles Richet – Nobelpreis und Medialität 47
   Andrew Jackson Davis – Pionier des Spiritismus 50

Verschiedene Arten der Medialität **54**
   Unterschiedliche Formen der Medialität 54
   Was ist mediales Malen bzw. automatisches Schreiben? 56
   Was ist physikalische Medialität? 57
   Schulung der medialen Fähigkeiten 58
   Übersinnlichkeit versus Medialität 59
   Hellsehen 61
   Hellfühlen 62
   Hellhören 64
   Hellwissen 68
   Hellriechen und Hellschmecken 73
   Intuition 74
   Jenseitskontakt 75
   Remote Viewing – Übersinnliches Sehen in die Ferne 81
   Psychometrie – Lesen aus Energiefeldern von Gegenständen 85
   Trance – Die verschiedenen Bewusstseinszustände eines Mediums 90
   Channeling – Das gesprochene Wort 95
   Spiritual Assessment und Trancereading 99

Tranceheilung – Verstorbene Ärzte im Dienst der Heilung **100**
   Tranceheilung 100
   Erfahrene Berater leiten in Trance sachkundig durch die geistige Welt 102

Heilsame Kräfte aus der geistigen Welt 103
Warum helfen die toten Ärzte aus der geistigen Welt den Lebenden? 104
Bei Unsicherheit: Eine Probesitzung kann bei der Entscheidung helfen 105
Edgar Cayce – Diagnosen aus der geistigen Welt 106
Harry Edwards – Heilen in englischer Tradition.........................108
Joao de Deus – John of God...110

Medialität durch Inspiration.. 114
Spirit Arts – Bilder aus einer anderen Welt 114
Coral Polge – Die Gesichter der Toten 116
Mediale Tradition – Die Bangs Sisters..120
Gegen alle Konventionen – Die Campbell Brothers....................122
Im Geiste mit Monet, Renoir und Gauguin – José Medrado, der Trancemaler 124
Frank Leah – ein erstaunlicher spiritueller Künstler..................126
Auragraphen – mediale Spiegelbilder der Seele.........................129
Inspiration durch Musik – Das Musikmedium Rosemary Brown ...133
Inspiration durch Schreiben – Chico Xavier – Das brasilianische Schreibmedium..136

Berühmte Medien und ihr Leben... 140
Albert Best – Das Postmedium 143
Alec Harris – Ein Leben für die Medialität 148
Allan Kardec – Die Bibel des Spiritismus 152
Daniel Douglas Home – Das Psychokinesemedium...................155
Einer Nielsen – Das physikalische Medium aus Dänemark........158
Emanuel Swedenborg – Die Welten des Himmels 162
Estelle Roberts – Ein halbes Jahrhundert im Dienst der geistigen Welt...166
Emma Hardinge Britten – Die sieben Prinzipien des Spiritismus 172
Florence Cook – Die Erscheinung Katie King 175
Gordon Higginson – Ein Leben für die geistige Welt.................179
Helen Duncan – Als Hexe verurteilt 184
John Campbell Sloan - Ein schottisches Medium unter den Fittichen von Arthur Findlay 188

Keith Milton Rhinehart – Apporte aus dem Jenseits 192
Leslie Flint – Direkte Stimmen aus dem Dunkel 196
Margery Crandon – Die Geisterbeschwörerin................................ 201
Maurice Barbanell – Wenn der Geist von Silver Birch spricht 204
Minnie Harrison – Der Saturday Night Club................................ 210

Mediale Kultgegenstände und Rituale.................................... 213
Ouija Board – Das Hexenbrett.. 214
Vom Tischrücken über die Planchette bis zum sprechenden Brett 215
Die Planchette – Wenn die geistige Welt schreibt 218
Die Erfindung der Planchette 218
Gläserrücken – Okkulte Sitzungen in Deutschland..................... 220
Tischrücken – eine Anleitung.. 223
Table Tilting – Wenn Tische sich wie von Zauberhand bewegen.... 226

Das geistige Team.. 232
Geistführer – Führung aus der Ebene Gottes............................. 232
Verbindungen mit dem Geistführer... 235
Guides, die beim Erwachen helfen 237
Persönliche Geistführer... 237
Heilende Guides... 239
Kreative, inspirierende Geistführer 239
Engel und Lichtwesen... 240
Der Doorkeeper.. 242

Die Séance – Manifestation aus dem Dunkeln........................ 243
Das Kabinett und der Séanceraum 245
Die Trumpet... 248
Apporte.. 249
Physikalische Phänomene im Séanceraum............................... 250
Ektoplasma – Der Baustoff Gottes 253
Ektoplasma – Die Odkraft des Mediums................................... 258
Transfiguration – Gesichter von Verstorbenen.......................... 263
Materialisation – Wenn das Unsichtbare sichtbar wird 266
Levitation – Wenn Dinge wie von Zauberhand schweben............ 272
Spirituelle Fotografie – wenn das Unsichtbare sichtbar wird 277

EVP Elektronische Stimmen Phänomene – Wenn Geister sich melden 281
Die Definition EVP – warum elektronische Stimmen ein Phänomen sind 281
Der Ursprung der Tonbandstimmen 283
Die unterschiedlichen Methoden zur Herstellung von Tonbandstimmen 284
Die Phonem-Synthese Methode oder Sprachsynthese Methode 285
Der geschichtliche Hintergrund 286
Weitere Experimentatoren, die sich mit den Tonbandstimmen befassten 287
Physiker Johannes Hagel befasst sich intensiv mit den Tonbandstimmen und den Elektronische Stimmen Phänomenen ... 288

Berühmte Persönlichkeiten im Dienst des Spiritismus 289
Sir Arthur Conan Doyle – Botschafter des Spiritismus 292
Sir Oliver Lodge – Präsident der Society for Psychical Research 295

Mediale Zirkel 299
Robin Foy – Der legendäre Scole Circle 301

Spiritismus als Religion 306
Divine Service – Gottesdienst im Spiritismus 307

Und die Toten sprechen doch 312

Nachwort 315

Über die Autorin 317

Weitere Bücher von Amara Yachour 318
Grüße aus dem Jenseits 318
Stimmen des Himmels 319

Vita und Homepage der Autorin 320

Quellnachweis 323

Vorwort

Viele fleißige Hände und Buchstabenzauberer haben die Entstehung dieses Buch möglich gemacht. Nicht alle Texte habe ich selbst geschrieben, da ich in mehreren Buchprojekten gleichzeitig stecke und dennoch musste dieses Werk genauso veröffentlicht werden. Denn als ich über Medialität recherchierte, fiel mir auf, dass wir wenig profundes niedergeschriebenes Wissen über Medialität in Deutschland bzw. in deutscher Sprache haben. Fast alle Grundlagenwerke sind in englischer Sprache verfasst und werden für den kleinen deutschsprachigen Markt nicht gedruckt. Dieses Buch soll die Lücke schließen und den Zauber der Anfangstage des Spiritismus auch zu uns bringen. Nur Wenige wissen, dass wir bis zum Zweiten Weltkrieg eine mediale Szene in Deutschland hatten, die sehr rege war. Hitler und seine Schergen machten all dem den Garaus. In anderen Ländern wie den USA, England und Brasilien konnte sich dagegen der Spiritismus ausweiten.

Wir können Medialität nicht verstehen, ohne die Anfänge zu kennen und wer auch immer sich berufen fühlt, den Weg eines Mediums zu gehen, sollte die großen Medien der Vergangenheit kennen. Ihre Leben sind ein Beispiel für Inspiration und einige davon wie z.B. Alec Harris sind meine größten Vorbilder. Wir können so viel durch ihre Geschichte lernen und kein Medium unserer Zeit hat je wieder diese Größe erreicht. Das sollte allen, die medial arbeiten, ein Ansporn sein.

Nicht immer hatte die Medialität einen guten Ruf. Betrüger waren unterwegs und der Erfolgsdruck, unter dem ein professionell arbeitendes Medium stand, war unbeschreiblich hoch. Dennoch gab es immer wieder Ausnahmen und das Unsichtbare wurde sichtbar.

Seit fast zweihundert Jahren sind die Stimmen der vermeintlich Toten nicht mehr verstummt in unserer Welt. Wann werden wir endlich erkennen, dass niemand je stirbt und der Tod nur ein Erwachen in ein neues Leben ist? Dass jeder, der stirbt, nach wie vor Anteil am Leben der Hinterbliebenen hat und in Jenseitskontakten immer wieder von den

Stimmen der vermeintlich Toten auf aktuelle Dinge Bezug genommen wird?

Michael Beckwith, ein amerikanischer spiritueller Führer, formulierte es wie folgt:

„Es gibt drei Arten des Erwachsens. Das Erwachen eines Individuums aus einem langen nächtlichen Schlaf, das Erwachen, wenn ein Individuum einen Wandel durchlebt und erkennt, dass es keinen Tod gibt und letztendlich das Erwachen eines Individuums, das erkennt, dass es nie geboren wurde und nie sterben wird und dass es ein ewiges unsterbliches Wesen ist."

Ich hoffe, dass Sie nach der Lektüre dieses Buches einen Hauch der Ewigkeit verspüren und erkennen, dass uns nur eine Bewusstseinsveränderung in das Licht der Erkenntnis und des Lebens zurückbringen kann. Medialität ist ein Weg, den man beschreiten kann, doch es gibt viele Wege, die aus dem Nebel unserer Unwissenheit herausführen.

All diese Leben in diesem Buch sind eine Quelle der Inspiration für mich und meinen Mann. Möge dieses Buch Sie und Ihr ganzes Sein inspirieren und die Vergangenheit der großen Medien wie ein Leuchtfeuer in Ihrem Leben wirken. Hingabe und Demut waren ihr Schlüssel. Liebe, Hoffnung und Glauben ihr Antrieb.

Wann gehen Sie los und verabschieden sich von der Angst des Todes? Diese Illusion haben wir erschaffen und wir können sie nur gemeinsam wieder entschaffen.

Das Unsichtbare wird sichtbar. Lassen wir nun die Stimmen der Vergangenheit sprechen und hoffen, dass auch wir in der Zukunft zu solchen Taten wieder fähig werden, denn eins ist sicher …und die Toten sprechen doch.

Ich lege dieses Werk in Ihre Hände und in Ihr Herz, damit es den Samen der Hoffnung sät in Ihrem Leben. Gottes Liebe und der Segen der geistigen Welt sei mit Ihnen und denen, die Sie lieben.

Ihre *Amara Gachour*

Die Ursprünge der Medialität

„Jede Wahrheit durchläuft drei Phasen: Zuerst wird sie verhöhnt, danach wird sie wild bekämpft, schließlich wird sie als selbstverständlich akzeptiert."

Arthur Schopenhauer

Durch viele Jahrhunderte menschlicher Entwicklung hindurch haben glaubten Menschen an das Übersinnliche und an unsichtbare Welten und spirituelle Wesenheiten wie Götter, Engel, Verstorbene und Lichtwesen. Die Ereignisse, die sich 1848 im Hause der Geschwister Fox in Hydesville, New York, zutrugen, läuteten den Beginn des Spiritismus ein.

Die Fox Familie wurde durch seltsame Geräusche und Aktivitäten so gestört, dass sogar die Betten begannen zu wackeln. Schließlich gelang es Kate Fox, die unsichtbare Wesenheit dazu zu bringen, mit ihr über Klopfzeichen eine intelligente Unterhaltung zu führen. Der Rest ist Geschichte. 1853 wurde dann die erste spiritistische Kirche gegründet Keighley in Yorkshire, die heute noch existiert. In den folgenden 150 Jahren bis heute hat die geistige Welt Tausende von sogenannten physikalischen Phänomenen durchgebracht, die alle verifiziert und als echt bewiesen wurden.

Zwischen 1900 und 1990 erlebte die Medialität eine neue Blüte in den USA und in England. Wunderbare Medien wie Estelle Roberts, Maurice Barbanell, Helen Duncan, Gordon Higginson, Alec Harris und viele andere hinterließen eine Spur. Allein Estelle Roberts schaffte es für einen medialen Jenseitskontakte-Demonstrationsabend 7.000 Menschen in der Royal-Albert-Hall in London zu begeistern. Alec Harris, ein Volltrancemedium, gab legendäre Séancen, in denen sich die Verstorbenen dreidimensional aus Ektoplasma zeigten und durch das Phänomen der *direct voice* direkt mit ihren Angehörigen sprechen konnten. Ektoplasma ist ein Stoff nebelartiger Konsistenz, der aus den Schleimhäuten des Mediums und im Raum vorhandenen Fasern und Staub hergestellt wird und aus den Öffnungen (Mund, Nase, Ohren etc.) des Mediums kommt. Bei der „direkten Stimme" braucht es ein Volltrancemedium und man hört die Stimme eines Verstorbenen aus dem Raum und nicht aus dem Mund des Mediums. Die geistige Welt brachte Geschenke in Form von sogenannten Apporten durch. Münzen und Schmuck wurden irgendwo dematerialisiert und erschienen vor den Augen der Anwesenden praktisch aus dem Nichts. Viele solcher Apporte füllen noch heute das Museum des Arthur Findlay Colleges, wo auch wir viele Wochen ausgebildet wurden. Geistige Lehren über den Himmel und die Engel wurden von Emmanuel Swedenborg gechannelt, der 1772 verstarb.

In England ist der Spiritismus eine Religion, die es sich zur Aufgabe gemacht hat, die Brücke zwischen der Welt Gottes und uns zu sein. Die Philosophie des Spiritismus als Religion gründet sich auf folgende Prinzipien, die 1871 von Emma Hardinge Britten durch den Geist von Robert Owen empfangen wurden.

- Die Vaterschaft Gottes
- Die Brüderlichkeit aller Menschen
- Die Gemeinsamkeit mit der geistigen Welt sowie die Unterstützung der Engel
- Die ewige Existenz der menschlichen Seele
- Persönliche Verantwortung eines jeden einzelnen
- Ausgleich und Vergeltung für alle guten und schlechten Taten, die zu Lebzeiten begangen wurden
- Ewiger Fortschritt und Evolution, offen für jede menschliche Seele

Im Bereich der Medialität gibt es viel zu wenige seriös arbeitende Menschen in Deutschland. Ein Medium zu werden ist die beste Entscheidung, die man für sein Leben treffen kann. Wenn man die grenzenlose Liebe spüren kann, die die geistige Welt für uns bereithält, dann verspürt man nie mehr Angst vor dem Tod.

Medialität und physikalische Phänomene in der Bibel

Die Bibel ist für die weltweit über zwei Milliarden Christen das „Buch der Bücher„. Sie gliedert sich in die Teile „Altes Testament„ und „Neues Testament„, wobei Letzteres das moderne Christentum entscheidend geprägt hat. Eine zentrale Rolle spielte dabei Jesus von Nazareth, dessen wundersames Wirken eben dort beschrieben wird. Vom Standpunkt der Medialität aus würde man Jesus heute als physikalisches Medium bezeichnen. Vielen Menschen ist diese Facette der Bibel nicht geläufig. Für sie sind es wundersame Geschichten und Gleichnisse, die uns zu einem besseren, liebevolleren Leben führen sollen. Doch für jemanden, der mediale Kenntnisse hat, ist die Bibel wirklich ein „Exkurs in Wundern„. Wunder, die durch physikalische Medialität entstanden sind und das bei Tageslicht. Heutzutage sind diese „Wunder„ nur noch im Dunkeln möglich.

Um ein solches Wunder zu bewerkstelligen, braucht es auch in der Bibel Energien. Fast bei jedem dieser Wunder sind Menschen anwesend, die Apostel und Jünger Christi oder zumindest Ektoplasma, das oft als Odenergie, Odwolke, Wolke oder ähnliches bezeichnet wird. Mehr zu diesen Begriffen erfahren Sie später. Damit sind Energiequellen anwesend, die die geistige Welt benutzen kann.

Im Folgenden werden unterschiedliche Bibelstellen des Alten und des Neuen Testaments aufgeführt und mithilfe von Teildisziplinen der Medialität einer Neuinterpretation unterzogen.

Jenseitskontakte

Nur wenige wissen, dass in der Bibel von spiritistischen Sitzungen die Rede ist. So sucht Saul, der erste König Israels, ein Medium („Weib mit Wahrsagegeist") auf, um mit dem verstorbenen Propheten Samuel in Kontakt zu treten. Im 1. Buch Samuel, Kapitel 28, Vers 11 steht dazu geschrieben: „Da sprach das Weib: Wen soll ich dir denn heraufbringen? Er sprach: Bringe mir Samuel herauf."

Darüber hinaus gibt es viele Menschen, die sagen, dass Jenseitskontakte in der Bibel verboten seien. Hier möchte ich auf den Korintherbrief verweisen, in dem die Gaben verteilt werden. Hier wird unter anderem die Gabe der Trance (in mancherlei Sprachen oder in fremden Zungen), die Gabe des Heilens sowie die Gabe Geister zu unterscheiden verteilt und damit ist eindeutig von Verstorbenen, Engeln und anderen Wesenheiten im Jenseits die Rede.

1. Korinther – Kapitel 12 – viele Gaben – ein Geist

1 Von den geistlichen Gaben aber will ich euch, liebe Brüder, nicht verhalten. 2 Ihr wisset, daß ihr Heiden seid gewesen und hingegangen zu den stummen Götzen, wie ihr geführt wurdet. (Habakuk 2.18-19) 3 Darum tue ich euch kund, daß niemand Jesum verflucht, der durch den Geist Gottes redet; und niemand kann Jesum einen HERRN heißen außer durch den heiligen Geist. (Markus 9.39) (1. Johannes 1.3) (1. Johannes 4.2)

4 Es sind mancherlei Gaben; aber es ist ein Geist. (Römer 12.6) (Epheser 4.4-13) 5 Und es sind mancherlei Ämter; aber es ist ein HERR. (1. Korinther 12.28) 6 Und es sind mancherlei Kräfte; aber es ist ein Gott, der da wirket alles in allem. 7 In einem jeglichen erzeigen sich die Gaben des Geistes zum allgemeinen Nutzen. (1. Korinther 14.26) 8 Einem wird gegeben durch den Geist, zu reden von der Weisheit; dem andern wird gegeben, zu reden von der Erkenntnis nach demselben Geist; 9 einem andern der Glaube in denselben Geist; einem andern die Gabe, gesund zu machen in demselben Geist; 10 einem andern, Wunder zu tun; einem andern Weissagung; einem andern, Geister zu unterscheiden; einem andern mancherlei Sprachen; einem andern, die Sprachen auszulegen. (Apostelgeschichte 2.4) (1. Korinther 14.1) 11 Dies aber alles wirkt derselbe eine Geist und teilt einem jeglichen seines zu, nach dem er will. (Römer 12.3) (Epheser 4.7)

Jenseitskontakte mit „Trompete"

Insbesondere bei einer Séance mit einem *direct voice*-Medium liegt bisweilen die sogenannte Trompete bereit - ein spitz zulaufender Kegel, der zur Verstärkung einer Geisterstimme eingesetzt wird. Auch in der Bibel taucht diese spezielle Art der Verständlichmachung körperloser Stimmen im 2. Buch Mose, Kapitel 19, Vers 19 auf: „Und der Posaune Ton ward immer stärker. Mose redete, und Gott antwortete ihm laut."

Nichts von all den Dingen, die in der Medialität passieren sind gottlos oder nicht bibelgetreu. Die Frage, die sich stellt, lautet vielmehr, wann man tiefer in die Materie eingetaucht ist, inwieweit diese Phänomene heute noch stattfinden und in welchem Ausmaß die Kirche hiervon Kenntnis hat.

Channeling

In Kapitel 4, Vers 18 des Lukasevangeliums steht geschrieben: „Der Geist des Herrn ist auf mir, weil er mich gesalbt hat, zu verkündigen das Evangelium den Armen; er hat mich gesandt, zu predigen den Gefangenen, dass sie frei sein sollen, und den Blinden, dass sie sehen sollen, und den Zerschlagenen, dass sie frei und ledig sein sollen."
Channeln heißt, ein Kanal zu sein für Wesen aus höheren Dimensionen. Jesus war ein vollendeter Kanal, der die Botschaft des Schöpfers nicht nur verkündete, sondern auch umsetzte. Darüber hinaus verweisen wir auch auf das Zungenreden:

1. Korinther – Kapitel 14 – Zungenrede und prophetische Rede

1 Strebet nach der Liebe! Fleißiget euch der geistlichen Gaben, am meisten aber, daß ihr weissagen möget! 2 Denn der mit Zungen redet, der redet nicht den Menschen, sondern Gott; denn ihm hört niemand zu, im Geist aber redet er die Geheimnisse. (Apostelgeschichte 2.4) (Apostelgeschichte 10.46) 3 Wer aber weissagt, der redet den Menschen zur Besserung und zur Ermahnung und zur Trostung. 4 Wer mit Zungen redet, der bessert sich selbst; wer aber weissagt, der bessert die Gemeinde. 5 Ich wollte, daß ihr alle mit Zungen reden könntet; aber viel mehr, daß ihr weissagt. Denn der da weissagt, ist größer, als der mit Zungen redet; es sei denn, daß er's auch auslege, daß die Gemeinde davon gebessert werde. (4. Mose 11.29) (1. Korinther 12.10)

Geistiges Heilen

Geistiges Heilen ist ein eminent wichtiges Teilgebiet der Medialität. Es geht dabei um eine Erhöhung der Heilkraft durch die Rückverbindung mit dem ureigenen Wesenskern. Im folgenden Bibelvers bei Matthäus, Kapitel 8, Verse 2 bis 3 ist passenderweise vom „Reinigen" die Rede: „Und siehe, ein Aussätziger kam, fiel vor ihm nieder und sprach: Herr, wenn du willst, kannst du mich reinigen. / Und Jesus streckte die Hand aus, rührte ihn an und sprach: ICH WILL; sei gereinigt! Und alsbald ward er von seinem Aussatz rein."

Wenn wir diesen Text weiterverfolgen, dann ist allen Christen die Gabe verliehen worden, Besetzungen oder Anhaftungen zu entfernen. Obwohl die Kirche im neu geschaffenen Studienzentrum so viele Exorzisten wie nie zuvor ausbildet, so hört man dennoch nicht davon, dass die Kirche ihrem Auftrag gerecht wird, das Böse aus der Welt zu entfernen. Selbst Gabriele Amorth, der Chefexorzist des Vatikans, prangert in seinen Büchern das Gebaren und dieses Fehlverhalten der katholischen Kirche an.

Direct voice und Hören

Die mediale Fähigkeit des Hellhörens ist eine übersinnliche Wahrnehmung, bei der Stimmen o.ä. gehört werden. Zuweilen findet ein echter Dialog mit der jenseitigen Wesenheit statt. Im 2. Buch Mose, Kapitel 3, Vers 4 wird dieses Zwiegespräch beschrieben: „Als aber der Herr sah, dass er hinging, um zu sehen, rief Gott ihn aus dem Busch und sprach: Mose, Mose! Er antwortete: Hier bin ich."

Hier ist Gott als Stimme in der Verkörperung einer Pflanze zu hören. Es gibt viele weitere Quellen, in denen Gott selbst erscheint und spricht oder in denen Jesus nach seinem Tod voll ausgebildet in Ektoplasma mit den Frauen am Grab oder den Jüngern spricht. Diese sind dann allerdings physikalische Phänomene.

Evangelium nach Markus, Kapitel 16 – Erscheinungen des Auferstandenen und Himmelfahrt

9 Jesus aber, da er auferstanden war früh am ersten Tag der Woche, erschien er am ersten der Maria Magdalena, von welcher er sieben Teufel ausgetrieben hatte. (Lukas 8.2) (Johannes 20.11-18) 10 Und sie ging hin und verkündigte es denen, die mit ihm gewesen waren, die da Leid trugen und weinten. 11 Und diese, da sie es hörten, daß er lebte und wäre ihr erschienen, glaubten sie nicht. 12 Darnach, da zwei aus ihnen wandelten, offenbarte er sich unter einer anderen Gestalt, da sie aufs Feld gingen. (Lukas 24.13-35) 13 Und die gingen auch hin und verkündigten das den anderen; denen glaubten sie auch nicht.

14 Zuletzt, da die Elf zu Tische saßen, offenbarte er sich und schalt ihren Unglauben und ihres Herzens Härtigkeit, daß sie nicht geglaubt hatten denen, die ihn gesehen hatten auferstanden. (1. Korinther 15.5) 15 Und er sprach zu ihnen: Gehet hin in alle Welt und prediget das Evangelium aller Kreatur. (Matthäus 28.18-20) (Markus 13.10) 16 Wer da glaubet und getauft wird, der wird selig werden; wer aber nicht glaubt, der wird verdammt werden. (Apostelgeschichte 2.38) (Apostelgeschichte 16.31) (Apostelgeschichte 16.33) 17 Die Zeichen aber, die da folgen werden denen, die da glauben, sind die: in meinem Namen werden sie Teufel austreiben, mit neuen Zungen reden. (Apostelgeschichte 10.46) (Apostelgeschichte 16.18) (Apostelgeschichte 19.6) 18 Schlangen vertreiben; und so sie etwas Tödliches trinken, wird's ihnen nicht schaden; auf die Kranken werden sie die Hände legen, so wird es besser mit ihnen werden. (Lukas 10.19) (Apostelgeschichte 28.3-6) (Jakobus 1.5-15) (Jakobus 5.14)

19 Und der HERR, nachdem er mit ihnen geredet hatte, ward er aufgehoben gen Himmel und sitzt zur rechten Hand Gottes. (Psalm 110.1) (Apostelgeschichte 1.2) (Apostelgeschichte 7.55) 20 Sie aber gingen aus und predigten an allen Orten; und der HERR wirkte mit ihnen und bekräftigte das Wort durch mitfolgende Zeichen. (Apostelgeschichte 14.3) (Hebräer 2.4)

Apport-Phänomen

In den biblischen Psalmen, Kapitel 78, Vers 24 ist Folgendes zu lesen: „Er ließ Manna auf sie regnen als Speise, er gab ihnen Brot vom Himmel." Als Apport-Phänomen bezeichnet man gemeinhin das Auftauchen von Gegenständen aus dem Nichts. Dieser Brot-Regen für die hungrigen Israeliten mitten in der ausgedörrten Wüste ist also ein ganz klassischer Apport. Wiederum sollte man bedenken, dass, wenn die Quellen stimmen, hier fünftausend Menschen versammelt waren, also eine unglaubliche Anzahl Sitter, um es einmal in der medialen Sprache auszudrücken.

Levitation

Levitation ist das wissenschaftlich unerklärliche freie Schweben eines Menschen oder eines Gegenstandes. Die bekannteste Bibelstelle, die ein derartiges Mysterium beschreibt, findet sich bei Matthäus, Kapitel 14, Verse 25 bis 26, wenn es heißt: „In der vierten Nachtwache kam Jesus zu ihnen; er ging auf dem See. / Als ihn die Jünger über den See kommen sahen, erschraken sie, weil sie meinten, es sei ein Gespenst, und sie schrien vor Angst."

Traumvisionen

Medial geschulte Menschen können im Schlaf sogenannte Traumvisionen empfangen. Diese meist verschlüsselten Botschaften teilen sich über starke, real wirkende Bilder mit. Der Träumende hat auch nach dem Aufwachen das Gefühl, eine tiefe Wahrheit geschaut zu haben – so wie Jakob und sein Himmelsleiter-Traum, der im 1. Buch Mose, Kapitel 28, Vers 12 vorkommt: „Und ihm träumte; und siehe, eine Leiter stand auf der Erde, die rührte mit der Spitze an den Himmel, und siehe, die Engel Gottes stiegen daran auf und nieder."

Astrales Reisen

Beim astralen Reisen verlässt der feinstoffliche Körper meistens während des Schlafes die grobstoffliche Hülle und dringt in andere Dimensionen vor. Eine der bekanntesten Bibelstellen, die eine außerkörperliche Erfahrung schildert, findet sich bei Hesekiel, Kapitel 8, Vers 3: „Und er streckte etwas wie eine Hand aus und ergriff mich bei dem Haar meines Hauptes. Da führte mich der Geist fort zwischen Himmel und Erde und brachte mich nach Jerusalem in göttlichen Gesichten zu dem Eingang des inneren Tores."

Dieser Überblick soll als Anregung dienen, die Bibel zeitgemäßer und vor allen Dingen medialer zu interpretieren. Viele andere Passagen dieser

Schrift führen dann letztlich zu der spannenden Erkenntnis, dass die dort beschriebenen „Wunder" eher als mediale Phänomene zu begreifen sind.

Transformation

Es gibt weit über 100 Bibelstellen, die diese Phänomene beschreiben. Eins der bekanntesten Phänomene ist die Transformation eines Gegenstandes in einen anderen. Hierzu finden wir folgende Bibelstellen:

Johannes – Kapitel 2 – Die Hochzeit zu Kana

1 Und am dritten Tag ward eine Hochzeit zu Kana in Galiläa; und die Mutter Jesu war da. 2 Jesus aber und seine Jünger wurden auch auf die Hochzeit geladen.

3 Und da es an Wein gebrach, spricht die Mutter Jesu zu ihm: Sie haben nicht Wein. 4 Jesus spricht zu ihr: Weib, was habe ich mit dir zu schaffen? Meine Stunde ist noch nicht gekommen. (Johannes 19.26) 5 Seine Mutter spricht zu den Dienern: Was er euch sagt, das tut. 6 Es waren aber allda sechs steinerne Wasserkrüge gesetzt nach der Weise der jüdischen Reinigung, und ging in je einen zwei oder drei Maß. (Markus 7.3-4)

7 Jesus spricht zu ihnen: Füllet die Wasserkrüge mit Wasser! Und sie füllten sie bis obenan. 8 Und er spricht zu ihnen: Schöpfet nun und bringet's dem Speisemeister! Und sie brachten's. 9 Als aber der Speisemeister kostete den Wein, der Wasser gewesen war, und wußte nicht, woher er kam (die Diener aber wußten's, die das Wasser geschöpft hatten), ruft der Speisemeister den Bräutigam 10 und spricht zu ihm: Jedermann gibt zum ersten guten Wein, und wenn sie trunken geworden sind, alsdann den geringeren; du hast den guten Wein bisher behalten. 11 Das ist das erste Zeichen, das Jesus tat, geschehen zu Kana in Galiläa, und offenbarte seine Herrlichkeit. Und seine Jünger glaubten an ihn. (Johannes 1.14)

12 Darnach zog er hinab gen Kapernaum, er, seine Mutter, seine Brüder und seine Jünger; und sie blieben nicht lange daselbst. (Matthäus 13.55) (Johannes 7.3)

Hier ist der Glaube der Kirche selbst zu überprüfen, denn heutzutage trinken die Priester kein Wasser mehr, sondern Wein. Was wäre, wenn sie in der Tiefe ihres Herzens an diese Transformation Glauben würden?

Wäre es dann wirklich nötig Wein zu trinken? Würde dann nicht einfach Wasser ausreichen und das Ritual der Wandlung im tiefen Glauben vollzogen vor der Menge der Gläubigen (Energien) das Wasser in Wein verwandeln? Hier sollten sich alle Priester überprüfen, warum sie nicht an diese Wandlung glauben und warum nicht auch reines Wasser in der Wandlung ausreichend ist.

Dies sind nur kurze Ausschnitte, die ein Denkanstoß sind. Ich beschäftige mich seit Jahren intensiv mit der Bibel und jedes Mal, wenn ich sie lese, entdecke ich neue mediale Facetten. Es gibt hunderte von Stellen, die eindeutig einen medialen Charakter tragen. Dieser Exkurs dient lediglich all jenen, die ständig die Bibel zitieren und als Verbotsschild in die Höhe halten. Die Bibel ist das Buch, was jeden Menschen befreit, wenn er sie sorgsam zu lesen versteht.

Die Geschichte der Medialität in Deutschland

*„Wer die spirituelle Wahrheit kennt und die Fähigkeit hat sie zu verbreiten,
muss es auch tun: Tut er es nicht, so begeht er spirituellen Verrat."*

Ostad Elahi

Als Medialität wird gemeinhin die Fähigkeit bezeichnet, mit Geistwesen zu kommunizieren und die Botschaften dieser Wesen an Außenstehende zu vermitteln. Wahrscheinlich besitzen alle Menschen diese Begabung. Aber nur eine Person, die ihre Medialität bewusst schult und entwickelt, wird als Medium charakterisiert. Die nachfolgende Übersicht beschäftigt sich mit der Geschichte der Medialität in Deutschland.

18. Jahrhundert – Aufklärung und Geisterschau

Es ist schon Ironie der Geschichte, dass sich der Spiritismus, wie wir ihn heute kennen, im Zeitalter der Aufklärung und am Ende des 18. Jahrhunderts im Kontext der Industriellen Revolution zu entwickeln begann. Diese Art von Gegenbewegung wandte sich gegen die intellektuellen Spitzfindigkeiten einer verkopften Elite und ihrem weltlichen Materialismus. Zugleich verurteile sie den dogmatischen und zweckorientierten christlichen Glauben dieser Zeit. Durch ihn wurden alte Sitten und Gebräuche, die einen Schatz an Geheimwissen bargen, an den Rand der „aufgeklärten" Gesellschaft gedrängt. Eine Reformbewegung innerhalb der damaligen lutherischen Kirche war immerhin der Pietismus, der sich auch auf die Mystiker des Mittelalters berief.

In dieser bewegten Zeit des Umbruchs tauchte ein Mann in Europa auf, der als Urheber des europäischen Spiritismus gilt – und der ausgerechnet der Sohn eines Bischofs war: Emanuel Swedenborg (1688–1772). Der hochgebildete schwedische Naturwissenschaftler und gläubige Christ wurde in der Mitte seines Lebens von Träumen und Visionen heimgesucht, die seine weitere Existenz völlig veränderten. Von 1745 an nahm er die ihn umgebende Geistwelt im Wachzustand wahr und verfasste darüber mehrere Bücher. Da er als mentales Medium Verstorbene sehen konnte und mit ihnen kommunizierte, erweckte er auch das Interesse von deutschen Pietisten wie dem Theologen Friedrich Christoph Oetinger (1702–1782) aus Göppingen.

Oetinger war fasziniert von Swedenborgs Medialität und schrieb 1765 ein Buch über dessen Lebensphilosophie. Die regionale Kirchenleitung war empört und ließ alle Exemplare von Oetingers Buch beschlagnahmen. Diese Reaktion der Kirche sollte auch in den kommenden Jahrzehnten typisch bleiben, machte ihr doch der Spiritismus die Deutungshoheit über den Himmel und alles Jenseitige streitig.

Einen unbestreitbaren Einfluss auf die spiritistische Bewegung übte der deutsche Arzt Friedrich Anton Mesmer (1734–1815) aus. Mesmer postulierte, dass dem Weltall eine spezielle Kraft innewohne. Er bezeichnete diese geheimnisvolle Wirkkraft als „animalischen Magnetismus". Alle Erkrankungen führte Mesmer auf eine Zirkulationsstörung dieser Kraft zurück. Seine Therapie bestand darin, die Patienten zu „magnetisieren". Dabei bewegte er seine Hände über den Körper, ohne ihn jedoch zu berühren. So setzte er die Zirkulation der Kraft wieder in Gang. Während dieser Prozedur befanden sich die Kranken meist in einem tranceartigen Zustand. Nicht zuletzt deswegen gilt Mesmer als Urvater der Hypnose.

Selbst rationale Zeitgenossen wie der deutsche Arzt und Schriftsteller Johann Heinrich Jung-Stilling (1740–1817) sahen in den Erfolgen Mesmers einen Beweis für das Vorhandensein einer übersinnlichen Welt. Jung-Stilling riet jedoch weltlich orientierten Menschen davon ab, mediale Fähigkeiten zu entwickeln. Einige Schüler Mesmers – der selbst gar kein Spiritist war – nutzten den Zustand der hypnotisierten Kranken, um mit der Geisterwelt in Kontakt zu treten. Aus diesen unregelmäßigen Zusammenkünften erwuchs langsam jenes Ritual, das man ab dem 19. Jahrhundert als „Séance" bezeichnete.

Namentlich sind aus dem 18. Jahrhundert kaum deutsche Medien bekannt. Es ist davon auszugehen, dass Angst vor kirchlicher Verfolgung der Grund war, seine medialen Fähigkeiten nur einem kleinen Kreise von Vertrauten zugänglich zu machen. Spektakulär im deutschen Bewusstsein verankert ist hingegen ein Poltergeist-Spuk, das sogenannte

Klopfding von Dibbersdorf. Auf dem Bauernhof von Anton Kettelhut in Dibbersdorf bei Braunschweig sorgte ein Klopfgeist in den Jahren 1767/1768 für große Verwirrung. Als man ihm zum Beispiel einen Beutel mit Münzen präsentierte, gab er die genaue Anzahl der Geldstücke über Klopflaute wieder. Bald geriet das Kindermädchen des Hofes in Verdacht, ein physikalisches Medium zu sein, das den Spuk auslöste. Eine Beteiligung dieser Angestellten konnte aber letztlich nie nachgewiesen werden. Die Behörden hatten so viel Angst vor den Auswirkungen dieses Falles auf die Bevölkerung, dass die Akten des Spukes ganze 40 Jahre unter Verschluss blieben.

19. Jahrhundert – Mensch im Jenseits

Im 19. Jahrhundert begann die Psychologie vorsichtig, erste Theorien von einem unbewussten Anteil der menschlichen Psyche zu formulieren. Die Vorrangstellung der Vernunft geriet einmal mehr ins Wanken. Eine Renaissance der schöpferischen Kreativität setzte ein. Entscheidende Impulse zu dieser neuen Einsicht kamen sicher auch von der sich immer schneller entwickelnden parapsychologischen und spiritistischen Bewegung dieser Zeit. Deren Hauptakteure waren jedoch hauptsächlich in den USA und England aktiv, was aber den Einfluss auf die deutsche Kulturwelt nicht schmälerte.

Durch den Ludwigsburger Arzt und Schriftsteller Justinus Kerner (1786–1862) erfuhr eine breite Öffentlichkeit erstmalig von dem Medium Friederike Hauffe (1801–1829). In zwei Büchern beschrieb der Mesmer-Biograph die junge Friederike aus dem baden-württembergischen Prevorst, die an Depressionen litt. Sie verfiel immer wieder in seltsame Dämmerzustände, die mit Geistersehen einhergingen. Als die damals üblichen Behandlungsmethoden wie Aderlässe gegen diese „akute Hysterie" nicht mehr anschlugen, übernahm Kerner die Behandlung des Mädchens. In seinem berühmten Buch „Die Seherin von Prevorst" beschrieb Kerner, dass Friederike jeden Abend um 19 Uhr in eine Art Trance geriet. In diesem Zustand stellte sie unbekannten Patienten Diagnosen und empfahl zugleich entsprechende Therapien. Kerner stellte verblüfft fest, dass sie mit allen Diagnosen und Heilmethoden richtig lag. Der Gesundheitszustand der jungen Frau dagegen verschlechterte sich zusehends. Sie nahm Geistwesen war und kommunizierte nach eigenen Angaben mit der „anderen" Welt. Sogar anwesende Besucher konnten gelegentlich jene Geistererscheinungen spüren. In Friederikes direkter Umgebung bewegten sich von nun an auch Gegenstände. Sie sagte die Todeszeitpunkte von Bekannten voraus und entwickelte Theorien über das Jenseits. Als sie schließlich 28-jährig starb, soll sie einen Freudenschrei ausgestoßen haben. Die Stunde ihres Todes hatte sie zudem exakt prognostiziert. Durch Kerners akribische Dokumentation wurde Friederike Hauff in ganz Europa bekannt. Sie war im Übrigen nicht nur ein physikalisches Medium, sondern auch ein Trance- und Mentalmedium.

Eine Zeitgenossin der „Seherin von Prevorst" war die Nonne Anna Katharina Emmerick (1774–1824). Schon als Kind soll Anna Katharina religiöse Offenbarungen gehabt haben. Bis 1811 lebte sie als Nonne im Kloster des Augustinerordens. Als dieses Kloster im westfälischen Dülmen unter französischer Herrschaft aufgehoben wurde, lebte sie fortan unter ärmlichen Verhältnissen, hielt jedoch weiter an ihrem Ordensgelübde fest. 1813 zeigten sich erstmals Wundmale Jesu auf dem Körper der einstigen Nonne. In diesem Zustand empfing sie Visionen, sprach mit Geistwesen und nahm so gut wie keine Nahrung mehr zu sich. Schnell verbreitete sich der Ruf dieses Mediums und selbst der preußische König Friedrich Wilhelm III. fand sich am Wohnort der Emmerick ein.

Der große romantische Dichter Clemens Brentano (1778–1842) verbrachte schließlich fünf Jahre an der Seite der Mystikerin und schrieb ihre Visionen von biblischen Gestalten in mehreren Büchern nieder. Zuletzt verfasste er noch eine Biografie über sie, die jedoch unvollendet blieb. Anna Katharina Emmerick ist sowohl als physikalisches als auch als Trance-Medium zu betrachten.

In der zweiten Hälfte des 19. Jahrhunderts verbreitete sich der Spiritismus in Deutschland trotz vieler Widerstände weiter. Ein Franzose namens Hippolyte Léon Denizard Rivail (1804–1869), der sich später Allan Kardec nannte, prägte die spiritistische Lehre dieser Zeit nachhaltig und ist auch heute noch geistiger Übervater vieler medialen Vereinigungen. Das mechanistische Weltbild spielte aber hierzulande nach wie vor eine zentrale Rolle, sodass sich – anders als in den USA oder England – nur sehr wenige Akademiker oder Naturwissenschaftler positiv über Medialität äußerten. Auch der politische Einfluss der Kirche war nach wie vor groß. Alles, was sich den christlichen Lehren zu widersetzen schien, wurde als „Teufelszeug" gebrandmarkt. Das hielt aber einige Gläubige nicht davon ab, an den immer beliebter werdenden Séancen teilzunehmen, die zu einem Element des gesellschaftlichen Lebens wurden.

Bei einer Séance ging es darum, einen Kontakt in die jenseitige Welt herzustellen. Häufig stand auch die Kontaktaufnahme zu ganz bestimmten Geistern im Mittelpunkt, die sich verschiedenartig manifestierten. Meist geschah dies durch ein Medium als Sprachrohr, durch sogenanntes automatisches Schreiben, durch Pendeln und durch Gläser- oder Tischrücken. Beim Tischrücken berührten sich die Hände der an einem runden Tisch sitzenden Anwesenden. Der Tisch geriet in Bewegung, Klopfgeräusche waren zu vernehmen. Das Medium – oder einer der Teilnehmer – begann dem Geist Fragen zu stellen, die mit „Ja" oder „Nein" zu beantworten waren. Geantwortet wurde mit einem Klopfen, wobei ein einmaliges Klopfen in der Regel „Ja", ein zweimaliges hingegen „Nein" bedeutete.

Im Laufe der Zeit wurde eigens für Séancen ein spezielles Klopfalphabet entwickelt. Der Astronom und Mathematiker Carl Friedrich Gauß (1777–1855) versuchte für das Tischrücken und andere Phänomene, die während einer Séance auftraten, wissenschaftliche Erklärungen zu finden. Andere Gelehrte wie der Philosoph und Arzt Carl Gustav Carus (1789–1869) verteidigten den Spiritismus vehement gegen seine Kritiker. Sie griffen das herrschende akademische Weltbild an, da es den feinstofflichen Geist und die unsterbliche Seele unberücksichtigt ließ.

Eine spektakuläre Versuchsreihe hochkarätiger Wissenschaftler an der Universität Leipzig untersuchte schließlich das Phänomen der spiritistischen Sitzungen. Leiter der Prüfungskommission war der respektierte Physikprofessor Johann Karl Friedrich Zöllner (1834–1882). Insgesamt untersuchte man die auftretenden Vorkommnisse bei 30 Séancen. Dabei wurde das Medium – ebenso wie die anderen Teilnehmer – genauestens kontrolliert und observiert. Es kam mehrmals zu telekinetischen Vorfällen, die im Untersuchungsbericht akribisch dokumentiert sind. Die anschließend veröffentlichten Berichte von Zöllner und seinen

Kollegen verhalfen dem Spiritismus in Deutschland zu ganz neuem Ansehen – vor allem in gelehrten Kreisen.

20. Jahrhundert – Materie und Geist

Mit dem Aufkommen der Tiefenpsychologie und namentlich der Psychoanalyse zu Beginn des 20. Jahrhunderts existierte plötzlich eine Wissenschaft, die sich selbst in esoterischen Gefilden nicht fremd zu fühlen schien. Da passte es gut, dass ihr Begründer Sigmund Freud (1856–1939) mit der spiritistischen Bewegung zumindest sympathisierte.

Im Unterschied zu Freud, der als treibende psychische Kraft den Sexualtrieb ansah, charakterisierte sein Schüler Carl-Gustav Jung (1875–1961) den Menschen als eine Art magisches Wesen. Beider Zeitgenosse, der Oldenburger Arzt und Psychologe Albert Freiherr von Schrenck-Notzing (1862–1929), ging jedoch weiter und widmete sich bald ausschließlich der wissenschaftlichen Erforschung übersinnlicher Phänomene. Zu dieser Zeit traten immer mehr Medien in Erscheinung, von denen die Sächsin Anna Rothe (1850–1907) eines der bekanntesten war. Sie hielt im Berliner Stadtteil Schöneberg spiritistische Sitzungen ab, die sehr viel Zulauf erfuhren. Während der Séancen geschahen oftmals sogenannte Apporte – diverse Gegenstände materialisierten sich wie durch Geisterhand. Im Falle von Frau Rothe waren es meistens Blumen, weswegen sie Anhänger oft als „Blumenmedium" bezeichneten. Ihr Ruf war zu dieser Zeit so herausragend, dass sie spiritistische Zirkel sogar nach Paris und in andere Städte einluden. Später wurde sie in Berlin wegen Betruges angeklagt, obwohl viele Zeugen zu ihren Gunsten aussagten und die übernatürlichen Erscheinungen von Geistern Verstorbener glaubhaft bestätigten.

Rothe war sowohl ein mentales als auch ein physikalisches Medium. Weiteren Einfluss auf die Akzeptanz der spiritistischen Bewegung jener Zeit übte der Begründer der Anthroposophie Rudolf Steiner (1861–1925), der selbst oft an Séancen teilnahm und ab 1916 sogar gelegentlich als Medium praktizierte, aus.

Während der NS-Diktatur von 1933 bis 1945 waren alle spiritistischen Vereinigungen in Deutschland verboten. Zuvor hatte die Kirche die Spiritisten in den Untergrund getrieben, nun war es die Politik. Ausgerechnet Adolf Hitler äußerte sich schon sehr früh abfällig über Spiritisten und hielt sie allesamt für Wirrköpfe. Dies veranlasste viele spiritistisch Tätige, entweder ganz auf Zusammenkünfte mit Gleichgesinnten zu verzichten oder sie unter Sicherheitsvorkehrungen in kleinstem Kreise stattfinden zu lassen. Die Gefahr der Entdeckung war dabei erheblich und die daraus resultierenden Folgen nicht absehbar. NS-Größen wie Rudolf Heß oder Heinrich Himmler beschäftigten sich aber sehr wohl mit okkulten Weltanschauungen, benutzten diese jedoch, um ihre Gräueltaten zu rechtfertigen.

In der Nachkriegszeit war die deutsche Bevölkerung mit der Bewältigung des Kriegstraumas und dem Wiederaufbau des zerstörten Landes beschäftigt. Das Wirtschaftswunder der 1950er-Jahre war jedoch nicht nur das Resultat großen Fleißes, sondern auch eine Verdrängungsleistung angesichts der mitverschuldeten Verbrechen im Dritten Reich. Parawissenschaften wie der Spiritismus hatten es in diesen materialistischen Jahren des Neuanfangs schwer und führten eine Schattenexistenz. Gleichwohl eröffnete 1950 der Psychologe Hans Bender (1907–1991) in Freiburg im Breisgau das „Institut für Grenzgebiete der Psychologie und Psychohygiene" (IGPP), das fortan den gesellschaftlichen Diskurs über Okkultismus in Deutschland wesentlich mitprägte. Bundesweit bekannt wurde das Institut durch die Untersuchung des „Spuks von Rosenheim".

In einer Anwaltskanzlei dieser bayerischen Stadt bewegten sich 1967 ohne menschliches Zutun diverse Gegenstände, außerdem ertönten laute Knallgeräusche – eine geregelte Arbeit unter diesen Umständen war unmöglich geworden. Mitarbeiter des Freiburger Instituts stellten fest, dass während des Auftretens aller Phänomene stets die 19-jährige Anwaltsgehilfin Annemarie Schneider zugegen war. Sie wurde als sogenannte Fokusperson identifiziert, also eine Art unbewusstes physikalisches Medium. Medien dieser Art sind meistens jung, labil und können durch ihre Anwesenheit Poltergeist-Phänomene auslösen. Die Gehilfin bestritt ihre Beteiligung an den Vorkommnissen, doch als sie kurz darauf kündigte, hörte der Spuk auf.

Die studentischen Protestströmungen der 1960er-Jahre waren nicht nur gegen Kriegspolitik und Konsum gerichtet, sondern traten auch für eine Neuerforschung des menschlichen Bewusstseins ein. Dabei spielten anfänglich auch psychotrope Drogen wie Haschisch und LSD eine große Rolle, die aber in späteren Jahren ihre Bedeutung in diesem Bereich verloren. Mit dem Aufkommen der sogenannten New-Age-Bewegung, die zu Beginn der 1970er Jahre aus den USA auch nach Deutschland schwappte, rückten einstige Randgebiete der Psychologie plötzlich in den Fokus. Auch fernöstliche Techniken wie Meditation oder Yoga fanden immer stärkeren Anklang.

In diesen Zeiten besaßen Grenzwissenschaften wie der Spiritismus ungeheure Anziehungskraft. Séancen fanden jetzt nicht mehr konspirativ in Hinterzimmern statt, sondern am WG-Tisch in der Studentenbude. Später verbreitete sich in Deutschland zudem ein umstrittenes Hilfsmittel, um mit Geistwesen in Kontakt zu treten: das Ouija-Board. Dieses „Hexenbrett" trat einen kleinen Siegeszug durch deutsche Kinderzimmer an und erregte damit die Aufmerksamkeit der Jugendschützer. Eine Zeit lang war sogar von „Jugendokkultismus" die Rede, mittlerweile sind die Mahner jedoch verstummt.

21. Jahrhundert – Geist in der Maschine

Kaum ein Ereignis der vergangenen Jahrhunderte hat den Alltag des Menschen so nachhaltig beeinflusst wie die digitale Revolution. Informationen aller Art sind nun nicht mehr umständlich über analoge Kanäle zu beschaffen, sondern können per Mausklick sofort aufgerufen werden. Die Folgen dieser Demokratisierung des Wissens sind immer noch nicht abschätzbar. Auch einst geheime oder verfemte Lehren aus dem Bereich des Spiritismus sind heutzutage für jeden Suchenden mit Internetanschluss zugänglich. Der Interessierte hat selbst in Bezug auf spirituelle Medien aller Art eine große Auswahl, denn viele von ihnen sind mittlerweile via Homepage im Netz vertreten.

Dabei bieten sie nicht nur an, tröstende Botschaften aus der jenseitigen Welt an trauernde Angehörige zu vermitteln. In Workshops und Seminaren kann man sowohl brachliegende mediale Fähigkeiten als auch die eigene Sensitivität entwickeln lernen. Die Marginalisierung der menschlichen Medialität durch Kirche und Politik scheint damit endgültig der Vergangenheit anzugehören.

Geschichte der physikalischen Medialität in Deutschland

Unter den Begriff der physikalischen Medialität fallen Phänomene, die sich meistens im Umfeld einer spiritistischen Sitzung ereignen: Materialisationen von Geistwesen und Ektoplasma, Apporte, Levitationen von Gegenständen und Menschen, *direct voices* und Leuchterscheinungen.

Im Mittelpunkt solcher Erscheinungen steht oft ein Medium, das in der Lage ist, Kontakte zu Geistern herzustellen und Mitteilungen aus der jenseitigen Welt zu empfangen. Oft manifestieren sich dabei o.g. physikalische Phänomene. Die Geschichte der physikalischen Medialität in Deutschland lässt sich zwar nicht mit jener in England oder den USA vergleichen, aber sie verdient eine nähere Betrachtung.

Die Begründung der Parapsychologie

Inmitten der aus England herüberschwappenden Industriellen Revolution und der Epoche der rationalisierenden Aufklärung entstand bei den Menschen dieser Zeit bald die Sehnsucht nach einer Welt jenseits aller materialistischen Anforderungen und Gesetze. Die zweckorientierten Vertreter des christlichen Glaubens konnten das Bedürfnis nach Mystik und Entgrenzung nicht mehr stillen.

Wie eine Lichtgestalt erschien daher der Naturwissenschaftler Emanuel Swedenborg (1688–1772) inmitten einer von jeglicher Spiritualität befreiten Gesellschaft. Unbeeindruckt von kirchlicher Repression berichtete er von Visionen einer Geistwelt, die neben der materiellen Welt existierte und Beachtung einforderte. Swedenborg berief sich defätistisch auf die Bibel und fasste die Beschäftigung mit dem Jenseits nicht als Widerspruch zur christlichen Lehre auf.

Auch der deutsche Mediziner Anton Mesmer (1734–1815) ging nach jahrelangen Forschungen davon aus, dass es eine übersinnliche Welt gab, mit der jeder Kontakt aufnehmen konnte. Mesmer, der als Wegbereiter der Parapsychologie gilt, hielt die Behandlung von Kranken bei verändertem Bewusstseinszustand am förderlichsten für eine schnelle Genesung. Beim Handauflegen fand durch den sogenannten menschlichen Magnetismus eine Energieübertragung statt. Die Patienten befanden sich während der Heilungssitzung in einem schlafartigen Zustand. Sie berichteten danach, dass ihre Sinnesorgane ungewöhnlich geschärft waren und sie die üblichen körperlichen Grenzen weit überschreiten konnten. Ja, sie nahmen zum Teil eine andere Welt wahr.

Zu jenen Zeiten wurde ausgerechnet von christlichen Geistlichen oftmals von spukähnlichen Erscheinungen berichtet. So erzählte der Konstanzer Abt Calmet von Vorkommnissen in einer Druckerei, in der 1747 schwere Maschinen von einem Poltergeist durch die Luft geschleudert wurden seien. Der unsichtbare Störenfried schubste sogar Menschen von einer steilen Treppe hinunter. Einige Jahre später trieb ein Klopfgeist in der Nähe Braunschweigs sein Unwesen. Das laute Scheppern, das er in einem ländlichen Anwesen versursachte, rief die Behörden auf den Plan. Diese konnten jedoch keine natürlichen Ursachen für den Spuk feststellen. Heute geht man davon aus, dass eine Bedienstete des Hauses als unbewusste Auslöserin für die übernatürlichen Erscheinungen verantwortlich war.

Blütezeit des modernen Spiritismus

Mitte des 19. Jahrhunderts gründete sich in England und den USA eine Vielzahl an spiritistischen Gruppen, die in Privathäusern Séancen zur Geisterbeschwörung veranstaltete. Dabei wurden mittels Klopfalphabet oder Gläser-und Tischerücken Geister befragt. In Deutschland steckte der Spiritismus hingegen noch in den Kinderschuhen. Trotzdem gab es dank des großen Einflusses Mesmers immer mehr Menschen, die sich mit den Phänomenen der geistigen Welt auseinandersetzen wollten. Der deutschstämmige Spiritist und medial begabte Baron Ludwig von Güldenstubbe (1820–1873) hörte von der wachsenden spiritistischen Bewegung in den USA und begann aus Neugierde, selbst Séancen zu veranstalten. Schon bei seinen ersten Versuchen manifestierten sich laute Klopfgeräusche und einige seiner Möbel bewegten sich durch das Zimmer.

Eine Séance bei Baron Ludwig von Güldenstubbe

In die Mitte eines großen abgedunkelten Raumes stellte er einen Tisch. Am Ende dieses Tisches saß das Medium, zusätzlich platzierte er sechs Personen um den Tisch herum. Die sensibelste dieser Personen nahm den Platz rechts neben dem Medium ein, die positivste links neben dem Medium. Nun legten die Beisitzer jeweils die rechte Hand auf den Tisch, die linke Hand lag derweil auf der Hand des Nachbarn. So war eine magnetische Kette gebildet, während sich das Medium außerhalb dieser Kette befand. Nach einiger Zeit bewegte sich der Tisch ruckartig. Die Person, die links vom Medium saß, versuchte telepathischen Kontakt zu dem betreffenden Geist herzustellen. Ein anderer Teilnehmer spürte, wie seine Hand gegen seinen Willen einen bereitliegenden Stift ergriff und etwas auf ein Blatt Papier kritzelte. Von Güldenstubbe stellte nach der Séance fest, dass es der anwesende Geist gewesen war, der seine Gedanken hatte niederschreiben lassen. Im Laufe der Sitzung manifestierten sich Lichterscheinungen, die irgendwann die Form einer menschlichen Gestalt annahmen. Zugleich spürten die Anwesenden einen kühlen Hauch im Raum. Im Laufe der nächsten Jahre verstärkten sich die medialen Fähigkeiten des Barons von Güldenstubbe. So traten bei einer Séance unter seiner Leitung riesige Gestalten auf, die durch den mit 30 Kerzen hell erleuchteten Raum gingen. Auch Möbel verschoben sich immer wie von Geisterhand und gruppierten sich um.

Angespornt durch diese Erfolge widmete sich von Güldenstubbe nun einem Phänomen, das in England und den USA als „Direct Writing" bekannt war. Von Güldenstubbe legte Papier und Stift in eine kleine Schachtel, verschloss diese und bewahrte den Schlüssel an einem sicheren Ort auf. Als er die Schachtel nach 13 Tagen öffnete, entdeckte er unzusammenhängende Buchstaben auf dem Papier. Er wiederholte dieses Experiment mehrmals und fand bald folgende Worte auf dem unberührten Papier vor: „Ich bin das Leben". Eine weitere Botschaft, die unter diesen Umständen entstand, enthielt die Worte einer kürzlich verstorbenen Frau. Von Güldenstubbe zeigte deren Familie und Freunden den Text. Alle bezeugten übereinstimmend, dass diese Notiz von jener Toten stammen müsse, denn Handschrift und Sprachduktus seien deutlich wiederzuerkennen. 2000 ähnliche Experimente auf dem Gebiet des automatischen Schreibens folgten. Immer häufiger berichteten Zeugen dieser übernatürlichen Vorgänge von eigenen Erfahrungen mit den „Direct Writings".

Auch die Wissenschaft konnte nicht mehr ihre Augen vor dem in Deutschland populärer werdenden Spiritismus verschließen. Der Psychologe und Physiker Gustav Theodor Fechner (1801–1887) sah in der Medialität keinen Widerspruch zu seiner akademischen Weltsicht. Er betrachtete das Universum als beseelt und die Materie nur als sichtbare Hülle. Mit Wissenschaftskollegen untersuchte er 1877 an der Universität Leipzig unter strengen Kontrollbedingungen einige Séancen. Mehrmals kam es dabei zu physikalischen Phänomenen wie Apporten oder auch Telekinese.

Ein Versuch aus den diversen Testreihen lieferte ein besonders interessantes Ergebnis. Ein taghellerRaum an der Leipziger Universität. Unter einem Tisch wurde eine vorher gesäuberte und überprüfte Schiefertafel postiert, daneben legte man ein Stück Kreide. Am Tisch saß das Medium, links und rechts davon zwei Forscher, die die Hände des Mediums fest umklammerten. Die seitwärts gerichteten Beine des Mediums waren gut sichtbar und befanden sich in einiger Entfernung zu der Schiefertafel. Nach wenigen Minuten hörten alle Anwesenden laut und deutlich ein Geräusch, als würde jemand etwas auf die Schiefertafel schreiben. Schnell hoben die Versuchsleiter die Tafel auf und waren völlig erstaunt, dass darauf etwas geschrieben stand: „Die Wahrheit wird allen Irrtum überwinden."

Der spiritistischen Bewegung in Deutschland gab die Aufmerksamkeit und das Wohlwollen respektierter Zeitgenossen ein seriöses Renommee. Selbst der bekannte Schriftsteller Thomas Mann besuchte aus Neugierde eine Séance mit dem Vorsatz, diese später in einem seiner Werke zu karikieren. Letztlich bezeichnete er die Vorgänge dort als „unmöglich", doch er fügte hinzu: „Sie geschehen aber trotzdem." Es ist außerdem kaum bekannt, dass die Bauhaus-Architekten ihre revolutionären Ideen während diverser Besuche von spiritistischen Sitzungen entwickelten.

Das Dritte Reich und die Folgen der Austreibung des Spiritismus

Adolf Hitler war Zeit seines Lebens ein vehementer Gegner des Spiritismus. Im Dritten Reich waren deshalb Séancen und alles, was damit zusammenhing, verboten. Viele Medien wurden verhaftet und landeten in Konzentrationslagern. Eine lebendige spiritistische Szene wurde somit in den Untergrund gedrängt und verblühte schließlich zum Ende des Zweiten Weltkrieges nahezu vollständig. Was der christlichen Kirche all die Jahre zuvor nicht gelungen war, erledigten die Nationalsozialisten. Viele Medien fühlten sich in diesen für sie gefährlichen Zeiten an die kirchliche Hexenverfolgung im Mittelalter erinnert. Die Zeit nach dem Krieg war natürlich dem Wiederaufbau gewidmet. Doch während privater, fast konspirativer Séancen nahmen viele untröstliche Witwen mit ihren im Krieg gefallenen Männern Kontakt auf.

Die Umbrüche in den 1960er Jahren erweckten ein neues Interesse an Spiritismus und Okkultismus. Als der Israeli Uri Geller Anfang der 1970er Jahre in einer deutschen TV-Show durch Geisteskraft physikalische Phänomene zu bewirken schien, löste das in Deutschland eine richtiggehende Okkultismus-Welle aus. Geller schien nur durch Handauflegen kaputte Uhren zu reparieren und massives Besteck zu verbiegen. Tausende Menschen riefen noch während der Sendung bei der Fernsehanstalt an und behaupteten, jahrzehntelang nicht funktionierende Uhren gingen plötzlich wieder bzw. Besteck in der Schublade hätte sich verbogen.

Sicher trugen diese Ereignisse dazu bei, das Verhältnis der Deutschen zu paranormalen Vorgängen zu entspannen. In den letzten Jahren hat sich auch dank der New-Age-Welle der späten 1970er und frühen 1980er Jahre eine große esoterisch-spirituelle Bewegung in Deutschland gebildet. Mittlerweile bieten viele Medien ihre Dienste im Internet an. Auch Workshops und Ausbildungen, um die eigene brachliegende Medialität zu erwecken, werden heutzutage überall offeriert. Vielleicht ist es deswegen nur noch eine Frage der Zeit, bis Deutschland einmal eine ähnlich vitale Szene der physikalischen Medialität hervorbringt, für die England so berühmt ist.

Schamanismus – Tanz mit den Geistern

Im Schamanismus liegt die Wiege der Medialität. Bereits vor 30.000 Jahren waren Menschen in der Lage zur Geistwelt Kontakt aufzunehmen. Ich bin selbst über sechs Jahre im Schamanismus ausgebildet worden und nutze diese Möglichkeit auch heute noch. Dabei hatte ich die große Chance indigene Schamanen aus allen Kulturen arbeiten zu sehen, selbst mit ihnen zu arbeiten und von ihnen zu lernen.

Kennzeichnend für die Kraft eines Schamanen ist seine Fähigkeit, sich in Trance zu versetzen. Trance ist ein bewusstseinsveränderter Zustand. Er ermöglicht dem Schamanen, sich eine Zeit lang von der alltäglichen Wirklichkeit zu lösen um in die nichtalltägliche Wirklichkeit zu reisen, wie der Schamane es nennt. Das schamanische Weltbild ist geprägt durch eine Aufteilung in drei Welten. Die untere, mittlere und obere Welt stehen dabei für die Welt der Seele, die wirkliche Welt im Hier und Jetzt und die obere Welt steht für den Bereich der Ahnen, Götter und Geister.

Mithilfe von Trancetechniken, selten auch bewusstseinsverändernden Pflanzen, kann er in die Wirklichkeit der anders kaum wahrnehmbaren Phänomene wie Geister, Götter, von Tieren und Pflanzen eintreten. In diesem Zustand kann auch eine schamanische Diagnostik stattfinden oder es können Informationen abgerufen werden. Während dieser Trancezustände ist oft das Krafttier der Führer. Dieses nimmt also die gleiche Position wie im medialen Bereich der Geistführer ein.

Es gibt mehrere schamanische Methoden, den Trancezustand zu erreichen. Viele Schamanen benutzen berauschende Pflanzen und Pilze. Fast alle Schamanen erreichen den Trancezustand mithilfe von rhythmischen Musikinstrumenten, Tanz und Gesang. Besonders bekannt ist hier der schamanische Ekstase Tanz.

Den Schamanen zeichnet dabei die Fähigkeit aus, willentlich zwischen Bewusstseinszuständen zu wechseln. Auf diesen Reisen durch die Anderswelt kann er Ursachen von Geist, Körper und Seele wahrnehmen oder die Verletzung von göttlichen Gesetzen erkennen.

Als Träger und Vermittler von hilfreichen Informationen erkennt der Schamane die Zusammenhänge zwischen der Menschenwelt und der geistigen Welt und kann in sie eingreifen und wieder zum Positiven wenden.

Die Fox Sisters – Die geistige Welt klopft an

„Tauchen Sie tief in Ihr Herz ein und lauschen Sie seinem Rhythmus. Die Wesen, die Sie eingeladen haben, verfügen über eine eigene Sprache und werden zu Ihnen sprechen. Wenn Sie nicht aufmerksam zuhören, werden Sie diese Sprache nicht verstehen."

Somè (Dagara)

Medialität ist keine Erfindung der Neuzeit. Schon immer existierten Menschen, die eine bestimmte Gabe hatten, Dinge in ihrem Umfeld klarer wahrzunehmen als andere. Dafür lassen sich viele Beispiele in der Geschichte finden. Erscheinungen, Prophezeiungen und Vorahnungen sind genauso bekannt wie Déjà-vu Ereignisse und unerklärbare Vorkommnisse. Sie gehörten zum alltäglichen Leben. An den alten Fürsten- und Königshöfen gab es Wahrsager, viele Religionen gründen sich auf Prophezeiungen und wohl jeder hat schon einmal vom berühmten Orakel von Delphi gehört. Der einzige Unterschied zu früheren Zeiten ist heute, dass Menschen mit besonderen Fähigkeiten von großen Teilen der Bevölkerung akzeptiert werden und sie nicht mehr im Geheimen arbeiten müssen.

Ein neues Grundverständnis der Welt

Das Leben nach dem Tod ist für die meisten Religionen Bestandteil ihrer Überzeugung. Sei es Wiedergeburt, Himmel oder Hölle, nach dem Tod ist das Leben nicht zu Ende, sondern geht an einem anderen Ort oder in einer anderen Sphäre weiter. Spiritisten sehen die Möglichkeit, mit diesen Orten oder Sphären kommunizieren zu können.

Mit der Industrialisierung veränderten sich die Bereiche des täglichen Lebens entschieden. Die starren Strukturen zwischen Staat und Kirche wurden aufgelöst und als Ergebnis der protestantischen Reformation im 16. Jahrhundert entstanden neue Religionen, die mit ihrer Sicht der Welt neue Ideen und Tendenzen setzten. Nicht jede dieser neuen Religionen war willkommen und so wurden ihre Anhänger verfolgt und mit Verboten belegt. Die Entdeckung Amerikas und die Kolonialisierung boten eine Möglichkeit, Refugien für das neue Gedankengut zu gründen und wurden als Rückzugsmöglichkeit gesehen.

Im Jahr 1681 schenkte König Karl II. dem Quäker William Penn – als Begleichung seiner Schulden – ein großes Stück Land auf dem nordamerikanischen Kontinent. Penn wurde gleichzeitig Gouverneur des neuen Landes, das heute noch unter dem Namen Pennsylvania bekannt ist. Hier entstand eine der größten Quäkerenklaven auf dem amerikanischen Kontinent, mit dem eine Einwanderungswelle aus dem alten England einherging. Zur gleichen Zeit gab es einen reichen Zuwandererstrom evangelischer Deutscher. Da das Land, das Penn überlassen bekam, nur wenige wirtschaftliche Möglichkeiten bot, zogen viele der Zuwanderer nach New York und dessen Umgebung weiter.

Die Congregational Friends

New York galt und gilt als Schmelztiegel der Nationen. Und so vielfältig die Einwanderer waren, so vielfältig waren auch die praktizierten Religionen. Den Einwohner von New York wird nachgesagt, dass sie weltoffen sind und eine hohe Akzeptanz haben. Vielleicht wurde gerade deshalb New York der Ausgangspunkt des Spiritismus. Hier siedelten sich innerhalb kürzester Zeit im Burned Over District verschiedene religiöse Erneuerungsbewegungen an.

In Hydesville, einem kleinen Ort zwanzig Meilen von Rochester entfernt, bezogen John Fox, seine Frau Margaret und die beiden Töchter Kate (11 Jahre), genannt Katy, und Margaretta (15 Jahre), genannt Maggie, am 11. Dezember 1847 ein Haus, das schon mehrere Vorbesitzer hatte. Dem Haus eilte der Ruf voraus, dass es in ihm spuke. Davon ließ sich die Familie Fox, eine deutschamerikanische Einwandererfamilie, die eigentlich Voss hieß, aber nicht einschüchtern. Als Anhänger der aus den Quäkern hervorgegangenen Congregationel Friends Bewegung lehnten sie die starren Regeln rund um die Religion ab. Diese religiöse Bewegung basierte auf der Annahme, dass in jedem Menschen der Geist Gottes strahle. Dieser könne sich aber nur durch die Freiheit des Individuums äußern. Für diese Gruppe waren die spirituellen Erfahrungen am wichtigsten. So waren sie unerklärlichen Phänomenen gegenüber aufgeschlossener und entwickelten sogar ein gewisses Gespür für außergewöhnliche Ereignisse. Zur Fox Familie gehörten zu dieser Zeit insgesamt sechs Kinder, von denen aber nur noch die beiden jüngsten Schwestern zu Hause lebten.

Nur ein Aprilscherz?

Im März 1848 begann die Familie geheimnisvolle Klopfgeräusche zu hören. John Fox, ein praktisch veranlagter Mann, begann das Haus zu untersuchen und eine normale Erklärung zu finden. In den folgenden Tagen verstärkten sich die Geräusche und alles Suchen blieb erfolglos. Die beiden Töchter der Familie Fox wollten nicht mehr allein schlafen und verbrachten die Nächte im elterlichen Schlafzimmer. Manchmal wurden die Geräusche so intensiv, dass die Möbel erzitterten. Margarete Fox erinnerte sich, dass in Hydesville erzählt wurde, dass die Vorbesitzer, die Weakmens, aus dem Haus ausgezogen wären, weil auch sie die Klopfgeräusche gehört und Angst davor gehabt hätten.

Am 31. März 1848 kam es dann zu dem entscheidenden Ereignis, das der Ausgangspunkt der spiritistischen Bewegung werden sollte. In dieser Nacht begannen die Klopfgeräusche intensiver als in anderen Nächten. Maggie Fox, in ihrer kindlichen Neugier, wollte das Phänomen erforschen. Aus Spaß forderte sie den Geist auf, denn für sie war von Anfang an klar, dass es sich um einen Geist handelte, ihr Fingerschnipsen nachzumachen. Zu ihrem eigenen Erstaunen und zum Schrecken ihrer Familie wurde das Schnipsen ihrer Finger in derselben Art und Weise wiederholt. Was anschließend geschah, gab ihre Mutter, Margarete Fox, am 8. April 1848 zu Protokoll.

Können Tote sprechen?

Nachdem Maggie dem Geist aufgetragen hatte, ihr Fingerschnipsen zu imitieren, brachte sich auch Katy ins Geschehen ein. Sie forderte Mr. Splitfoot, so nannten die Kinder den Geist, auf, auch ihre Geräusche zu imitieren. Nach viermaligem Klatschen in die Hände erhielt sie vier Klopfgeräusche als Antwort. Katy sagte daraufhin in ihrer kindlichen Unschuld, dass am nächsten Morgen ja der erste April sei und sich jemand sicher einen Spaß mit ihnen erlauben würde. Davon war ihre Mutter jedoch nicht überzeugt. Sie wollte der Sache auf den Grund gehen und entschloss sich, den Geist mit Fragen, die niemand im Raum sonst beantworten konnte, auf die Probe zu stellen. Auf ihre Frage, wie viele Kinder sie gehabt habe, antwortete der Geist mit der korrekten Anzahl – sieben. Auch auf die Frage, wie viele davon noch leben würden, erhielt sie die richtige Antwort – sechs. Anschließend fragte sie nach dem Alter ihrer Kinder und auch hierauf gab es die richtige Antwort. Die nächste Frage, die sie stellte, war nach der Herkunft der Geräusche. „Ist es ein Mensch, der mir all diese Fragen beantwortet?" Auf diese Frage jedoch erhielt sie keine Antwort. Erst bei der Frage, ob ein Geist all das kommunizieren würde, ertönten erneut als Bestätigung zwei Klopfgeräusche. Auf weitere Nachfragen teilte ihr der Geist mit, dass ihm in diesem Haus Böses widerfahren wäre, er mit 31 Jahren ermordet worden wäre, Familienvater von zwei Söhnen und drei Töchtern sei und auch seine Frau inzwischen nicht mehr leben würde.

Das Leben einer geschändeten Seele

Noch immer erschrocken über diese Begegnung und skeptisch über das Gehörte, entschloss sich Margarete Fox ihre Nachbarn zu bitten, sich das Phänomen anzusehen. Zuerst wurde Mrs. Redfield, die direkte Nachbarin, gebeten, in das Haus zu kommen. Als sie in das elterliche Schlafzimmer der Fox kam, fand sie die beiden Schwestern verstört und zitternd im Bett vor. Mrs. Fox befragte den Geist zu einigen sehr persönlichen Dingen aus dem Leben von Mrs. Redfield. Nachdem die korrekten Antworten gegeben worden waren, rief diese ihren Ehemann. Die Befragung ging weiter und nach und nach fanden sich immer mehr Nachbarn im Hause der Eheleute Fox ein. Bei der anschließenden Befragung übernahm Mr. Duesler, ein weiterer Nachbar, das Ruder. Dabei erfuhren die Anwesenden, dass der junge Mann, der mit ihnen kommunizierte, vor fünf Jahren im östlichen Schlafzimmer des Hauses ermordet worden war. Er sei ein reisender Händler gewesen, dem man im Schlaf die Kehle durchgeschnitten hätte, um sein gesamtes Geld und seine Ware zu stehlen. Anschließend sei er im Keller des Hauses verbrannt und verscharrt worden.

Am 1. April begannen die Fox gemeinsam mit ihren Nachbarn im Keller zu graben. Sie mussten allerdings nach kurzer Zeit aufgeben, als sie auf Grundwasser stießen. In dieser Nacht waren keine Geräusche zu hören. Die Mutter von Katy und Maggie gab am Ende zu Protokoll, dass sie bis zu diesem Zeitpunkt weder an übersinnliche Phänomene noch an Geistererscheinungen geglaubt hatte.

Der Beweis nach 55 Jahren

Die Ausgrabungsarbeiten im Keller der Familie Fox konnten erst im Sommer fortgesetzt werden. In einer Tiefe von fünf Fuß fand man zuerst eine Holzbohle, anschließend Kalk und Holzkohle und letztendlich Knochen und Haare. Zu dieser Zeit wurde behauptet, dass es sich dabei um Tierknochen handeln würde. Nach 55 Jahren erhielt man jedoch die eindeutige Bestätigung, dass etwas Schreckliches in dem Haus geschehen war.

Am 23. November 1904 wurde im Boston Journal, einer nicht spiritistischen Zeitschrift, eine Meldung veröffentlicht, dass am Tage zuvor in einer versteckten Zwischenwand eines Hauses das Skelett einer Person gefunden worden sei. Die Mauer war eingestürzt, als Kinder in dem Keller spielten. Bei dem Haus handelte es sich um das ehemalige Zuhause der Familie Fox.

Sicher wären die Vorkommnisse des Jahres 1848 schnell in Vergessenheit geraten. Denn nicht überall stieß die Gabe, mit Verstorbenen kommunizieren zu können, auf Verständnis. Zwar erhielten die Mitglieder der Familie Fox Zulauf von den umliegenden Farmen, aber von der Methodistenkirche wurden sie aus der Gemeinschaft ausgeschlossen, da die Gabe der Mädchen als unheilig angesehen wurde und man mutmaßte, dass diese vom Teufel gegeben sei. Später erschien ein Informationsheft, in dem E. E. Lewis über die geheimnisvollen Ereignisse im Fox-Haus berichtete.

Die Prophezeiung des Andrew Jackson Davis

Diese Broschüre nahm die Älteste der Fox Schwestern zur Kenntnis, die zu diesem Zeitpunkt in Rochester wohnte. Die 33-jährige Leah Fox Fish erfuhr zu diesem Zeitpunkt zum ersten Mal von den Fähigkeiten ihrer Schwestern. Da sie die

Schriften des schwedischen Mystikers, Theologen und Wissenschaftlers Emanuel Swedenborg kannte, sah sie Parallelen zwischen dessen Prophezeiung und ihren Schwestern.

Swedenborg hatte bereits im 18. Jahrhundert erklärt, dass alles menschliche Sein nur eine Reflexion eines spirituellen Universums sei. Andrew Jackson Davis, der in seinem Buch „The Divine Principle of Nature" zu den Schriften Swedenborgs Stellung nahm, schrieb, dass der Tod in ständigem Kontakt mit dem Leben stehen würde. Davis sagte voraus, dass sich diese Wahrheit in kürzester Zeit durch ein lebendes Beispiel beweisen lassen und die Welt durch die Freude geheilt werden würde. Ein Mensch würde sich öffnen und eine spirituelle Bewegung gegründet werden. Leah Fox Fish sah in den Erscheinungen ihrer Schwestern eine Erfüllung dieser Prophezeiungen. Sie machte sich sofort auf den Weg von Rochester nach Hydesville.

Die Fox Schwestern in Rochester

Hier fand sie zwei völlig verstörte Schwestern vor, die nicht wirklich wussten, was mit ihnen geschah. Leah nahm Katy, das begabtere Medium, mit zu sich nach Rochester. Jedoch schien der Geist Katy und Leah zu begleiten, denn kurze Zeit später begannen die Klopfgeräusche in solch einer Intensität, dass Leah schlussendlich in ein neues Haus ziehen musste. Leah lernte, wie man am besten mit der in Trance befindlichen Katy kommunizieren konnte. Zu den Ersten, die an einer Vorführung im Haus von Leah Fox Fish teilnehmen durften, gehörten das Ehepaar Amy und Isaac Post. Die beiden waren alte Freunde von Leah.

Als diese das erste Mal von den Fähigkeiten ihrer Schwestern erzählte, wurde sie von den Posts ausgelacht und für verrückt erklärt. Nach der Séance wurden sie jedoch eines Besseren belehrt. Der Ruf der Fox Sisters verbreitete sich immer schneller. Bei den Sitzungen begrüßte man sich zuerst. Dann folgten ein kurzes Gebet und einige religiöse Gesänge. Anschließend saß man schweigend zusammen, bis Katy und Maggie in Trance fielen und die Geister sich meldeten. Nachdem sich das Haus der beiden mit immer mehr Menschen gefüllt hatte, die Auskunft über ihre lieben Verstorbenen haben wollten und auch Maggie nach Rochester gezogen war, entschlossen sich die Mädchen, öffentliche Séancen abzuhalten, um mehr Personen an dieser Erfahrung teilhaben zu lassen.

Natürlich standen sie immer unter dem Verdacht, dass sie Betrügerinnen seien. Sie scheuten sich allerdings nicht davor, sich vor und während der Veranstaltungen von Wissenschaftlern und Forschern untersuchen zu lassen. Zudem wurden sie von einer Gruppe Frauen untersucht, die sie buchstäblich bis auf die Unterwäsche auszogen, um sicherzugehen, dass sie keine mechanischen Hilfsmittel versteckt hätten. Alle an den Untersuchungen Beteiligten mussten einräumen, dass die Geräusche nicht durch die Mädchen erzeugt wurden. Ihnen wurde nie nachgewiesen, dass sie die Beobachter betrogen.

Der Beginn der spiritistischen Bewegung

Im Juni des Jahres 1850 kamen die Drei nach einer Tour durch Albany und Troy in New York City an. Hier begannen sie Séancen abzuhalten und Gäste zu empfangen. Bereits nach zwei Tagen gehörten einige der einflussreichsten New Yorker zu ihren Zuhörern. Unter ihnen waren der Historiker George Bancroft, der Poet und Herausgeber der fortschrittlichen Evening Post William Cullen Bryant, der Essayist und Schriftsteller Henry Tuckerman, der Herausgeber des Home Journal Nathaniel Parker Willis und der Schriftsteller James Fenimore Cooper.

An einem dieser Abende beschrieben die Fox Sisters den Reitunfall der Schwester Coopers, der bereits fünfzig Jahre zurücklag. An dieser Zusammenkunft nahm auch George Ripley von der New York Tribune teil, der anschließend schrieb, dass nicht auszumachen war, woher die Geräusche kamen und die Schwestern keinen Einfluss darauf hätten. Auch in New York fanden die Fox Sisters schnell eine große Anhängerschaft und wurden die Leitfiguren einer neuen spiritistischen Gemeinschaft. Im ganzen Land entdeckten und akzeptierten Menschen ihre medialen Fähigkeiten. Und diese zeigten sich in unterschiedlichster Weise. Sarah Helen Whitman, die frühere Verlobte Edgar Allan Poe´s, schrieb in Trance spiritistische Gedichte und in Hartford, Connecticut, erhielten Kranke durch Semantha Mettler Hilfe, die unter Trance wundersame Heilungen erzielte. Doch auch männliche Medien machten auf sich aufmerksam. So zeichneten in der Nähe von Columbus George Walcutt und George Rogers in Trance Bilder von Verstorbenen, die sie niemals zuvor gesehen hatten.

Eine unglückselige Liebe

Im Jahr 1852 hatten sich spiritistische Kreise in Boston, Pittburgh, New York, Cleveland, St. Louis, Chicago, San Francisco, Washington und Cincinnati gebildet. 1854 schätzte man, dass dieser neuen Bewegung bereits ein bis zwei Millionen Amerikaner angehörten. Über den Atlantik gelang das Gedankengut auch nach Europa. Und auch die Fox Schwestern führten ihre Arbeit fort. Leah heiratete nach dem Tod ihres ersten Ehemannes einen einflussreichen Wall Street Bankier. 1852 lernte Maggie den Arktisforscher Elisha Kane kennen. Kane akzeptierte das Talent seiner Frau nicht und aus Liebe zu ihm schwor Maggie dem Spiritismus ab und konvertierte zum katholischen Glauben. Dabei negierte sie zum ersten Mal, dass ihr Talent wirklich bestand und sie mit Geistern kommunizieren konnte. Kane tauschte zwar die Ringe mit Maggie, heiratete sie jedoch nie offiziell. Die Beziehung der beiden endete 1857 mit dem tragischen Tod Kanes, der eine verwirrte, verarmte und verbitterte Maggie zurückließ. Diese wollte nun ihre Tätigkeit als Medium wieder aufnehmen, musste aber feststellen, dass die Geister sich nicht nach Belieben an- und ausschalten lassen. Das stürzte Maggie in eine noch größere Krise, die sich mit der Zeit in mentalem Verfall und Alkoholismus äußerte.

Katys Zeit in England

Kate erging es besser, aber auch sie musste für ihren Ruhm bezahlen. Zu oft hatte sie die Geister für ihre eigenen Zwecke missbraucht. Sie begann ebenfalls zu trinken und oft endeten ihre Séancen in totaler Verwüstung. Sie reiste nach England, wo sich ihr Zustand verbesserte. Dort arbeitete sie mit namhaften Spiritisten zusammen und fand auch ihr persönliches Glück mit dem Rechtsanwalt Henry Jencken. Mit ihm hatte sie zwei Söhne. Ferdinand wurde 1873 geboren und erlebte schon im Alter von drei Jahren seine spirituelle Erweckung.

1888 sollte zum Schicksalsjahr Maggies und Katys werden. Katys Mann starb an einem Schlaganfall und sie musste nach Amerika zurückkehren. Hier verfiel sie erneut ihrer Alkoholabhängigkeit. Später wurde sie wegen Trunkenheit und Landstreicherei verurteilt und die Wohlfahrt entzog ihr das Sorgerecht für ihre Söhne. Sie konnte jedoch erreichen, dass die Beiden in die Obhut ihrer englischen Verwandten kamen.

Geständnis und Widerruf

Maggie wiederum wurde vor eine Untersuchungskommission geladen, wo sie ihre Fähigkeiten unter Beweis stellen sollte. Diesen Test konnte sie jedoch trotz aller Anstrengungen nicht bestehen. Als die beiden verarmten und abhängigen Schwestern dann das Angebot eines Reporters einer großen New Yorker Zeitung erhielten, zuzugeben, dass ihre Fähigkeiten nur auf Tricks und Betrug beruhten, nahmen beide an. Dafür wurde ihnen eine Summe von über 1.500 Dollar gezahlt.

Am 21. Oktober 1888 fand eine öffentliche Vorführung vor über 2.000 Menschen statt, auf der Maggie erklärte, dass die Klopfgeräusche durch die Bewegung ihrer Zehen zustande kommen würden. Natürlich wurde das auch sofort durch einige Ärzte und Wissenschaftler bestätigt, die nur zu begierig darauf waren, zu bestätigen, was die Zuhörerschaft verlangte. Maggie erzählte außerdem, dass Leah, die älteste Schwester, sie gezwungen hätte, alle zu betrügen. Auf der Bühne stand zu diesem Zeitpunkt eine arme verbitterte Frau, die ihre einstige Mentorin und Entdeckerin abgrundtief hasste. Während der ganzen Vorführung äußerte sich Katy nicht ein einziges Mal. Später sagte sie, dass sie mit den von ihrer Schwester geäußerten Worten nicht übereinstimme. Sie arbeitete auch danach als Medium weiter. Maggie widerrief 1891 ihre Erklärung, doch sie konnte nicht wieder als Medium arbeiten.

Im Juli 1892 starb Katy im Alter von 56 Jahren an den Folgen ihrer Alkoholsucht. Nur wenige Monate später folgte ihr Maggie, die im März 1893, im Alter von 59 Jahren und damit 44 Jahre nach dem Beginn ihrer medialen Fähigkeiten in der Wohnung eines Freundes in Brooklyn verstarb.

Eine neue Lehre breitet sich aus

Die Erklärung der beiden Schwestern konnte die Entwicklung des Spiritismus als eigenständige Glaubensrichtung nicht mehr aufhalten. Vor allem in den Vereinigten Staaten entwickelte sich schnell eine eigenständige Gemeinschaft. Von den Europäern als dumme, wilde Farmer belächelt, Schritten die Spiritisten fort auf ihrem Weg der Erkenntnis. Was in Europa noch viele Jahre dauern sollte, dass Menschen verschiedener Glaubensrichtungen, unabhängig von Geschlecht und Hautfarbe miteinander lebten, war in Amerika durch die Zuwanderer vom alten Kontinent nur eine logische Folge. Mit den Einwanderern, die sich zum Teil mit unwirtlichen Verhältnissen auseinandersetzen mussten, begann die Entwicklung eines neuen Weltverständnisses, das von den verschiedensten Religionen beeinflusst wurde. Die Bewegung breitete sich über Kanada und die lateinamerikanischen Länder weiter aus und gelangte schließlich über Frankreich zurück nach Europa.

Ein Mann, der sich hier besonders verdient machte war Dr. Charles Richet.

Charles Richet – Nobelpreis und Medialität

Der französische Mediziner Charles Robert Richet wurde am 25. (oder 26.) August 1850 in Paris, Frankreich, geboren. Richet verstarb mit 85 Jahren am 4. Dezember 1935 ebenfalls in Paris. Der Mediziner erhielt im Jahr 1913 den Nobelpreis für Medizin und gilt außerdem als einer der Wegbereiter der Medialität.

Das Leben des Mediziners

Charles Robert Richet, Sohn von Alfred Richet, einem Professor an der Pariser Fakultät für klinische Chirurgie, sowie Eugenie Richet, schloss bereits im Jahr 1869 sein Medizinstudium mit dem Doktortitel ab. Richet erlangte zudem einen weiteren Doktortitel in Naturwissenschaften im Jahr 1878. Neun Jahre später (1887) berief ihn die Medizinische Fakultät in Paris zum Professor für Physiologie. Zuvor lehrte er an dem Collège de France im Bereich Medizin. Des Weiteren war Charles Robert Richet in den Jahre 1878 bis 1887 Herausgeber des Magazins „Revue Scientifique". Ab 1917 fungierte er als Mitherausgeber des Magazins „Journal et de Pathologie Générale". Im Jahr 1905 wählte ihn die „Society for Psychical Research" zu ihrem Präsidenten. Im Jahr 1877 heiratete er seine langjährige Lebensgefährtin Amélie Aubry, mit der er fünf Söhne und zwei Töchter zeugte. Einer seiner Söhne, Charles Richet, folgte seinem Vater als Professor an der Pariser Medizinischen Fakultät. Jacques Richet, Georges Richet, Albert Richet sowie Alfred Richet, ebenso wie seine Töchter Louise Richet Lesné und Adéle Richet le Ber traten nicht in die Fußstapfen ihres Vaters.

Im Alter von 85 Jahren starb Charles Robert Richet in Paris. Seine Todesursache ist bis heute unklar – vermutet wird jedoch Altersschwäche bzw. Herzversagen.

Der Nobelpreis

Charles Robert Richet war sein ganzes Leben mit physiologischen Fragestellungen beschäftigt. Eines seiner ersten Projekte bestand im Hinterfragen der Temperaturregulation bei gleichwarmen Tieren. Vor allem untersuchte er die Tatsache, wie der Schutz der Überhitzung bei Temperaturerhöhungen wirkte, wenn die Tiere zitterten. Nach jahrelangen Experimenten und Versuchen fand er die Antwort und präsentierte diese der Öffentlichkeit. Bei einem Experiment zeigte er die Entwicklung des Blutes und das Bilden der Antikörper. Somit erfand er ein Serum gegen die Überhitzung und ging damit am 6. Dezember 1890 an die Öffentlichkeit. Doch für diesen Meilenstein erhielt er nicht den Nobelpreis für Medizin.

Charles Robert Richet befasste sich weiterhin mit Überreaktionen des Körpers. Mit der Forschung über Anaphylaxie, die eine bestimmte Überreaktion des Körpers verursacht, konnte er mit bestimmten injizierten Stoffen (oder auch Giften) für eine Regulierung sorgen. Mit diesen Injektionen bewies Charles Robert Richet, dass sehr wohl die Zusammensetzung der Körperflüssigkeiten reguliert werden kann. Vor allem war es möglich, dass man damit das Blut veränderte und somit eine nachhaltige Wirkung erzielte. Für diese Darstellung erhielt er 1913 den Nobelpreis für Medizin und Physiologie. Begründet wurde die Verleihung des Nobelpreises damit, dass man seine Arbeit im Bereich der Anaphylaxie wertschätze und auch belohnen wolle. Charles Robert Richet galt damals als Pionier auf diesem Gebiet; noch heute hat er für die Medizin dahingehend wichtige Erkenntnisse geschaffen. Charles Robert Richet war bei der Verleihung des Nobelpreises 1913 63 Jahre alt. 1926 erhielt Charles Robert Richet außerdem die „French Legion of Honor".

Charles Robert Richet als Anhänger des Spiritismus

Doch Charles Robert Richet befasste sich nicht nur mit der Medizin. Auch wenn die medizinischen Tätigkeiten einen Großteil seiner Arbeit ausmachten, war er auch an Spiritismus interessiert. Dabei befasste er sich nicht nur mit zu dieser Thematik vorhandene Schriften, sondern griff auch selbst zur Feder. Er schrieb unter anderem folgende Bücher: „Lectures on the Muscles and Nerves" (1881), „Lectures on Animal Heat" (1884), „Metapsychical Phenomena: Methods and Observations" (1905), „Anaphylaxis" (1913), „Treaty of Metapsychics" (1922), „Thirty Years of Psychical Research: Being a Treatise on Metaphysics" (1923), „Our Sixth Sense" (1928), „The Future and Premonition" (1931) sowie „The Great Hope" (1933).

Neben dem Spiritismus befasste Charles Robert Richet sich auch mit der Parapsychologie. Er nahm, nach eigenen Angaben, bei einigen Séancen bzw. Dunkelsitzungen teil und überzeugte sich immer wieder von übersinnlichen Fähigkeiten anderer Personen. Heute ist Charles Robert Richet unter anderem auch für die Prägung des Begriffs Ektoplasma bekannt. Ektoplasma und die Parapsychologie sind eng verbunden. Unter dem Ektoplasma versteht man eine Substanz, welche während den Séancen aus den Körperöffnungen der Personen strömt. Richet vertrat die Ansicht, dass diese Substanz einen großen Teil bei Séancen ausmachte.

Heute wird Richets Namen vorwiegend im medizinischen Bereich Beachtung geschenkt – dass er sich über längere Zeit mit dem Spiritismus auseinandersetzte, selbst bei Séancen teilnahm und den Begriff Ektoplasma prägte, ist nur wenigen Personen bekannt. Vor allem Anhänger des Spiritismus wissen um das „zweite Leben" des Mediziners.

Charles Robert Richet war einer der wenigen bekennenden Anhänger des Spiritismus, der dennoch für sein Lebenswerk ausgezeichnet wurde. Das liegt wohl daran, dass er nicht behauptete, selbst übersinnliche Fähigkeiten zu besitzen, sondern sich von anderen Personen überzeugen ließ.

Andrew Jackson Davis – Pionier des Spiritismus

Andrew Jackson Davis wurde am 11. August 1826 in Blooming Grove im US-amerikanischen Staat New York geboren. Als Spiritist erlangte er Berühmtheit.

Neben Heilungen und Sitzungen unter Hypnose schrieb er zahlreiche Bücher zu verschiedenen übernatürlichen Themen und Phänomenen.

Als Sohn eines Schuhmachers, der in ärmlichen Verhältnissen aufwuchs, blieb ihm eine höhere Schulbildung verwehrt. Stattdessen begann er im Alter von 16 Jahren selbst eine Schuhmacherlehre. Bereits in sehr jungen Jahren erlebte Davis Übernatürliches: Er wurde von Visionen heimgesucht und war der Meinung, in einer Art Trancezustand das Paradies gesehen zu haben.

Im Jahre 1843 kam er erstmals mit Mesmeristen in Kontakt. Mesmeristen beschäftigen sich mit Heilung mittels Magnetismus. Dazu werden Kranke durch Handauflegen, Luftstriche oder magnetisiertes Wasser geheilt. Das zugrunde liegende Prinzip ist die Annahme, dass sich bestimmte Flüssigkeiten durch die gesamte Welt und den Körper des Menschen bewegen. Bei Kranken ist dieses Prinzip jedoch in Unordnung geraten, kann jedoch durch einen geeigneten Heiler wieder in geregelte Bahnen gelenkt werden.

Im selben Jahr fand ein weiteres einschneidendes Erlebnis in Davis Leben statt: Ein Hypnotiseur namens Levington versetzte in Hypnose und erkannte, dass Davis in diesem Zustand zu einem Medium wurde.

Durch diese beiden Erlebnisse gelang Davis zu neuen Erkenntnissen über sich selbst und seine Fähigkeiten: Menschen erschienen ihm fortan auf eine bestimmte Art und Weise durchsichtig, er konnte ihre Krankheiten erkennen und diagnostizieren. Folglich arbeitete er fortan als Heiler und hielt Vorträge über die Heilung mittels Magnetismus.

Neben Diagnosen, die er als Medium erstellte, arbeitete er mit traditioneller Volksmedizin. In fortgeschrittenem Alter im Jahr 1886 erwarb er sogar einen universitären Abschluss in Humanmedizin.

Seine Fähigkeit, Krankheiten zu erkennen, brachte ihm den Ruf eines Sehers ein. Tatsächlich wurde er seitdem zeitlebens der „Seher von Poughkeepsie" genannt und ist bis heute unter dieser Bezeichnung bekannt.

Ab 1844 erhielt er laut seinen Aufzeichnungen zunehmend Botschaften aus höheren Sphären, die ihm seinen künftigen Lebensweg aufzeigten. Diese Botschaften stammten einerseits von Galenos, einem griechischen Arzt und Anatom der Antike, und andererseits von Emanuel von Swedenborg, einem Wissenschaftler und Mystiker, der 1772 verstorben war.

In demselben Jahr tat er sich mit dem Geistlichen William Fishbough zusammen und zog nach New York City. Ein Jahr später diktierte er dort unter Trance sein erstes Buch, das zu einem der bedeutendsten spiritistischen Werke seiner Zeit avancierte. Der Titel des Buches lautete „The principles of nature, her divine relations and a voice to mankind". Übersetzen könnte man den Titel mit „Die Prinzipien der Natur, ihre göttlichen Beziehungen und eine Nachricht an die Menschheit".

Tatsächlich diktierte er nicht nur Teile des Buches, sondern das gesamte und sehr umfangreiche Werk komplett in Trance. Inhaltlich beschäftigt sich das Werk mit dem Ursprung und der Entwicklung des Universums, mystischer Philosophie und einer, für die Zeit sehr untypischen, Kritik an der vermeintlichen Unfehlbarkeit der Bibel und Gottes.

Er selbst fühlte sich beim Verfassen des Buches keineswegs wie ein Autor, sondern wie ein Werkzeug höherer Mächte und Geister, die ihm den Text eingaben.

In „The Principles of Nature" beschreibt Davis das Universum als eine unzählbare Vielfalt von Welten, die eine nicht vorstellbar große Einheit bilden. Das Zusammenwirken stellt er sich wie eine riesige Maschine vor, eine Vorstellung, die uns auch in heutiger Zeit noch häufig begegnet.

Die Welt der Toten und die Welt der Lebenden sieht Davis in seinem Werk als gleichberechtigt nebeneinander und stellt zudem fest, dass Kommunikation zwischen diesen beiden Welten durchaus möglich ist. Dies könne beispielsweise durch ein Medium wie ihn geschehen.

In Davis Büchern lassen sich gewisse Ähnlichkeiten zu denen Swedenborgs finden. Bis heute ist jedoch ungeklärt, ob Davis dessen Bücher überhaupt jemals gelesen haben kann oder ob die Ähnlichkeiten tatsächlich auf einer übermenschlichen medialen Kommunikation beruhen.

Verblüffend sind auch seine unter Trance getätigten Aussagen über die Beschaffenheit des Universums: Er spricht von neun Planeten. Das mag zunächst nicht sonderlich erstaunlich anmuten, allerdings wurde der neunte Planet Pluto erst nach Davids Tod 1930 entdeckt. Zu Davids Zeiten gab es nach dem damaligen Kenntnisstand lediglich acht Planeten. Erst vor wenigen Jahren wurde dem Planeten Pluto durch allerneueste und modernste Forschung der Status einen Planeten wieder aberkannt.

Im Jahr 1847 veröffentlichte Davis ein weiteres Werk unter dem Titel „Nature´s Divine Revelations". Dieses Buch wird direkt mit dem Beginn der spiritistischen Bewegung in den USA in Verbindung gebracht. Inhaltlich geht es in dem Werk um die menschliche Seele: Davis vertritt die Ansicht, der menschliche Geist sei unsterblich und existiere nach dem Versterben des Körpers weiter, gelange lediglich in eine höhere oder andere Ebene der Existenz. Die Seele oder der Geist des Verstorbenen könne mit seinen Angehörigen oder mit einem Medium in Kontakt treten.

In demselben Jahr ereigneten sich die Geschehnisse rund um die Familie Fox im US-amerikanischen Hydesville im Staate New York. Sie bestärkten Davis in seinem Tun und ließen viele Skeptiker schweigen.

Dieses Phänomen führte dazu, dass Davis sich fortan stärker mit dem Spiritismus beschäftigte. Gemeinsam mit seinen Mitarbeitern gab er die Zeitschrift „The Univercoelum" heraus, die zwischen 1847 und 1849 erschien und neben spiritistischen auch gesellschaftspolitische Themen behandelte.

Sein Werk „Philosophie des Verkehrs mit Geistern" erschien 1851 und gilt als eines seiner bedeutendsten Werke. Er beschäftigte sich hier ausführlich mit der Welt der Geister.

Nach der Veröffentlichung von „Principles of Nature" hatte Davis bereits viele Anhänger. Diese Zahl wuchs mit jeder seiner zahlreichen Veröffentlichungen, insgesamt stammen über 30 Werke von ihm. Diese diktierte er teilweise in Trance, andere schrieb er selbst, aber nach seinen Angaben stets unter dem Einfluss von Geistern und höheren Mächten. Der Akt des Verfassens seiner Werke versetzte ihn in einen euphorischen Zustand, den er als absolut einzigartig beschrieb.

Von seinen Anfängen auf dem Gebiet des Magnetismus wandte er sich zunehmend ab und konzentrierte sich fast ausschließlich auf die Kommunikation mit der Geisterwelt und setzte sich zunehmend für eine nachhaltige Veränderung der menschlichen Gesellschaft hin zum Besseren ein.

Zwischen 1860 und 1864 wirkte er als Lektor der Wochenzeitschrift „Herald of Progress", die in New York erschien.

Er selbst gründete 1863 ein Lyceum des Fortschritts für Kinder. Ein Lyceum war im antiken Griechenland etwas Ähnliches wie eine Schule. Seine Ansichten über die Einrichtung von Sonntagsschulen wurden in einem „Handbook" veröffentlicht.

In seinen letzten Lebensjahren betrieb Davis in Boston eine Buchhandlung, die vor allem Bücher mit spiritistischen und okkulten Inhalten führte. Zudem machte er 1886 seinen Abschluss in Medizin.

Am 13. Januar 1910 verstarb Andrew Jackson Davis.

Einfluss hatte seine Arbeit unter anderem auf den bekannten Schriftsteller Edgar Allan Poe, der seine Vorträge über den Magnetismus besucht hatte und diese Erfahrungen in der Geschichte „The Facts in the Case of M. Valdemar" verarbeitete.

Bis heute ist Davis in spiritistischen Kreisen von großer Bekanntheit und Bedeutung. Besonders seine medizinischen Diagnosen, die er als Medium stellte, faszinieren die Menschheit bis heute.

Zudem gibt es Berichte darüber, dass er in Trance in perfektem Hebräisch gesprochen habe. Dies könnte nur mit seiner übernatürlichen Verbindung zum Geisterreich erklärt werden, verfügte er doch als Schusterlehrling nur über einen geringen Bildungsgrad.

Verschiedene Arten der Medialität

Seit die Menschen leben, haben sie – unabhängig davon, in welchen Kulturkreisen und in welchen Gesellschaftsformen – Zugang und Kontakt zur geistigen Welt. Mal zeigten sich nur Wenige interessiert, manchmal erreichten die Phänomene viele Menschen wie Ende des 19. Jahrhunderts. Oftmals wurden besonders begabte Menschen, Medien und Seher als Vermittler eingesetzt. Denken wir an die Visionen eines Nostradamus oder einer Hildegard von Bingen, deren Werke uns heute noch beschäftigen, dann wird schnell klar, dass bei einem Kontakt zur geistigen Welt im Idealfall eine sehr hohe Quantität an Informationen die Ebenen wechselt.

Ein Medium muss eine ganz besondere Sensitivität und Wahrnehmung besitzen, um diese subtilen Energien lesen zu können. Dies kann trainiert werden. Medien sind Vermittler zwischen dem Diesseits und dem Jenseits und arbeiten über diese Wahrnehmung und über die vorhandenen Hellsinne, die wir später erklären werden.

Unterschiedliche Formen der Medialität

Bei der Medialität unterscheiden wir zwischen mentaler Medialität, Channeling / Trance-Medialität, Tranceheilung, medialen Malen bzw. Schreiben und der physikalischen Medialität. Man könnte die Medialität auch vereinfacht in zwei große Bereiche unterteilen: aktive und passive Medialität.

Der Unterscheid besteht darin, dass Sie bei ersterer, der aktiven Form, selbst den Kontakt aufnehmen und die Beweise erarbeiten wie zum Beispiel in einem Jenseitskontakt, also wirklich aktiv als Medium sind und vollkommen bewusst. Bei dieser Form der Medialität nimmt das Medium Kontakt mit der geistigen Welt z.B. dem Geistführer, Engeln oder anderen Wesenheiten, Verstorbenen oder Tieren auf und übermittelt die jeweilige Information.

Bei der passiven Medialität ist fast immer Medialität in Trance gemeint, wo das Medium als Kanal für eine Wesenheit dient, die dann aktiv arbeitet. Bei dieser Form befindet sich das Medium in Trance- bzw. in einem meditativen Zustand, um einem Wesen aus der geistigen Welt „Platz" zu machen. Je nachdem wie tief dieser Zustand ist, kann sich die Stimme und Körperhaltung des Mittlers stark verändern. Ein gutes Beispiel hierfür ist die Tranceheilung. Hier liegt die Aktivität in den Händen der geistigen Welt.

Was ist mediales Malen bzw. automatisches Schreiben?

Beim medialen Malen nimmt das Medium Kontakt mit dem Verstorbenen auf z.B. mit einem Künstler wie Renoir oder Rembrandt. Später erfahren Sie noch mehr darüber. Geben Sie doch einfach mal bei YouTube Begriffe ein wie: *psychic art*, *spirit art* oder die Namen der Medien, die wir Ihnen später in diesem Buch vorstellen. Es ist absolut sehenswert und sie erlangen so eine bessere Vorstellung von spiritueller Kunst.

Beim medialen Schreiben werden die jeweiligen Informationen in schriftlicher Form übermittelt. Das automatische Schreiben ist eher eine Ausnahme und gehört in den Bereich der physikalischen Medialität, da der Arm des Mediums nicht selbstständig bewegt wird. Vielmehr legt sich eine manifestierte geistige Hand über die des Mediums. Meist findet dies im Dunkeln oder Halbdunkeln statt.

Große Erfindungen oder Ideen gelangen oft durch Inspiration zu den Menschen. Dabei ist das Wort bereits Programm. *In Spirit* bedeutet, dass diese wahrscheinlich von der geistigen Welt übermittelt wurden. Kreative Menschen berichten immer wieder, dass sie wichtige Inspirationen und Einfälle im Zustand zwischen Wachsein und Schlaf erhielten oder beim Autofahren. Hier spricht man von einer Wachtrance.

Was ist physikalische Medialität?

In der physikalischen Medialität manifestiert sich die geistige Welt physisch, also für alle Anwesenden körperlich sichtbar. Eine der bekanntesten Formen dieser Manifestation ist das Tische- oder Gläserrücken, d.h. der Kontakt und die Informationsweitergabe entsteht über den Tisch oder ein Witchboard bzw. Ouijaboard. Auch Gegenstände, die sich scheinbar aus dem Nichts „materialisieren" oder Dinge, die durch den Raum fliegen, gehören zu diesen Phänomenen, ebenso wie das Phänomen der *direct voice*.

Es dauert oft fünf bis zehn Jahre disziplinierten Sitzens für die geistige Welt in der Dunkelheit, bis sich diese Form der Medialität entwickelt. Heutzutage gibt es nur noch wenige Menschen weltweit, die die Fähigkeit besitzen als physikalisches Medium zu arbeiten. Man weiß bis heute nicht genau, was ein Medium befähigt ein physikalisches Medium zu werden. Sicher ist, dass ein solches Medium einen großen Vorrat an Lebensenergie und Odkraft in verfügbarer Form besitzen und frei von Ego sein muss, denn sonst wäre ein Hinabgleiten in die Volltrance nicht möglich.

Schulung der medialen Fähigkeiten

Alle Menschen verfügen neben den realen (körperlichen) Sinnen auch über feinfühlige, übersinnliche Wahrnehmungsmöglichkeiten, in der Umgangssprache z.b. als sechster oder siebter Sinn bezeichnet. Um den Draht zur geistigen Welt richtig einsetzen und aufbauen zu können, ist eine Schulung der Medialität und der Hellsinne (Hellfühlen, Hellhören, Hellriechen, Hellsehen bzw. Hellwissen) sinnvoll. Je mehr Quellen für die Wahrnehmung von Informationen zur Verfügung stehen, umso genauer und differenzierter kann die Botschaft aus der geistigen Welt übermittelt werden. Denn letztendlich geht es ja um geistige Führung für die ewige Entwicklung unserer Seele

Darüber hinaus sollte ein Grundwissen über die geistige Welt und die geistigen Gesetze vorhanden sein. Auch eine beständige Arbeit an unserer Persönlichkeitsentwicklung ist notwendig, um Medialität in unseren Alltag möglichst gut und frei von Schaden für andere nutzen zu können. Diese Weiterentwicklung bringt uns letztendlich immer mehr dazu, uns unserem wahren Ich und unserem wahren Auftrag zu öffnen und ein freies und selbstbestimmtes Leben im Einklang mit den göttlichen Gesetzen zu führen. Ich kann mir zum Beispiel nicht mehr vorstellen ohne einen Geistführer zu sein. Mittlerweile kann ich ihn auch sehen. Auch wenn seine Ansinnen meistens bei mir nicht auf Gegenliebe stoßen, dennoch, seine Botschaft ist Wachstum und er will, dass mein Geist sich immer weiter öffnet und entwickelt. Denn als Mensch verharrt man leider doch gerne in der eigenen Komfortzone.

Übersinnlichkeit versus Medialität

Viele Begriffe geistern durch die mediale Welt, doch was bedeuten sie wirklich, was ist ihre tatsächliche Definition? Da gibt es Sensitive und Medien, Übersinnliche und morphische Feldleser, da ist jemand ein Christus-Medium und channelt mit Erzengel Metatron. Doch ist wirklich jeder ein Medium und wie kann man als Laie hier Quantität von Qualität unterscheiden?

Die Grundlage von Übersinnlich arbeitenden Menschen und Medien ist die gleiche. Beide arbeiten mit den übernatürlichen Sinnen, mit ihrer Sensitivität. Als Merksatz kann folgendes gelten:

*Ein Übersinnlicher ist kein Medium,
aber ein Medium muss übersinnlich arbeiten können.*

Anders ausgedrückt: Ein Medium erhält die Botschaften von einer Wesenheit, sei es nun ein Verstorbener oder ein Geistführer. Übermittelt werden die Botschaften über die Hellsinne.

Ein Sensitiver oder übersinnlich arbeitender Mensch liest Informationsfelder mit seiner Gabe aus, wie zum Beispiel die Aura oder das morphische Feld. Auch dies ist erlernbar.

Für die Medialität braucht es allerdings eine andere Kraft, Frequenz und Befähigung. In einem Training wird das schnell klar.

Ich lege ja selbst auch die Karten und das ist übersinnliche Arbeit. Dazu brauche ich niemanden aus der geistigen Welt. Ich lese über die Karten das morphische Feld des Menschen aus allen Ebenen aus. Wenn sich nun ein Kartenleger als Kartenmedium bezeichnet, dann ist das inkorrekt, denn hier ist keine mediale Anbindung vonnöten.

Medialität ist immer eine Arbeit ohne Hilfsmittel. Sie findet von Geist zu Geist statt. Hier werden Botschaften übermittelt und diese Form dient nicht unbedingt der Zukunftsvorausschau. Eine Ausnahme bildet das Sehertum, das vor allem durch das Orakel von Delphi der Allgemeinheit bekannt ist.

Die geistige Welt greift nicht in Prozesse ein und sie nimmt uns auch keine Entscheidungen ab. Leben müssen wir leider immer noch selbst. Doch unsere Helfer in der geistigen Welt können uns unterstützen zu wachsen und dadurch die richtigen Entscheidungen zu treffen.

Sie sehen also, Übersinnlichkeit und Medialität sind zwei vollkommen verschieden Wege zu arbeiten.

Ein Laie kann dies so gut wie gar nicht unterscheiden, doch wenn ein Medium channelt, dann muss eine Entität im Raum spürbar sein. Anderenfalls channelt das Medium aus dem Höheren Selbst oder aus dem Ego heraus. Die Sprache der übermittelnden Worte eines Mediums in Trance ist oft zeitlos und von einer Qualität und Tiefe, die sich einem Zuhörer erst nach mehrmaligem Hören erschließt.

Kommen wir nun zu den Sinnen, mit denen ein Medium arbeitet.

Hellsehen

Hellsehen fasziniert den Menschen, glaubt er doch mithilfe dieser Gabe einen Blick in die eigene Zukunft zu erhaschen. Ist es nicht schon jedem von uns passiert, dass wir an einen Freund denken und im nächsten Moment klingelt das Telefon – mit eben jenem Freund am anderen Ende? Solch ein spontanes Hellsehen – also Wissen aus Entfernung ohne vermittelnden Geist – lässt sich leider nicht nach Belieben abrufen. Deswegen scheitern regelmäßig Versuche, Hellsehen unter Laborbedingungen zu erproben. Die naturwissenschaftliche Akzeptanz dieser Form der außersinnlichen Wahrnehmung tendiert also immer noch gegen Null. Dies schert die Menschen, die die Fähigkeit des Hellsehens in stark ausgeprägter Form besitzen, herzlich wenig.

Einer der bekanntesten Hellseher des 20. Jahrhunderts war der Amerikaner Edgar Cayce. Er stellte Tausende medizinische Diagnosen, ohne die Patienten jemals untersucht zu haben. Die behandelnden Ärzte bestätigten im Nachhinein jedoch die Richtigkeit seiner Aussagen. „Träume sind die heutigen Antworten auf die Fragen von morgen." Mit diesem Satz verdeutlichte Cayce seine Ansicht, dass die Kraft der weisen Vorausschau in jedem von uns schlummert. Künstler machen davon sehr bewusst Gebrauch. Die Bilder, die sich ihnen in Träumen, Visionen oder während kreativer Höhenflüge mitteilen, setzen sie in Kunst um. Selbst wenn man weder Künstler noch „geborener" Hellseher ist, kann man diese Fähigkeit durch geduldiges Training kultivieren. Eine einfache Übung für den Anfänger ist es, die Augen zu schließen und sich ein Licht vorzustellen. Nach einiger Zeit wird das Licht heller und heller. Diese Wahrnehmung geschieht durch den feinstofflichen Sehsinn.

Hellfühlen

Viel ist bereits über dieses Thema geschrieben worden. Eigentlich ist jeder Mensch hellfühlig. Wie oft fragen wir unsere Freunde: „Was ist los mit Dir? Ich sehe Dir doch an der Nasenspitze an, dass etwas nicht in Ordnung ist." Was wir damit meinen, ist, dass wir fühlen, dass es ihm nicht gut geht, auch wenn unser Freund uns mit einem Lächeln begrüßt.

Nehmen wir ein anderes Beispiel. Sie stehen in der Küche und Ihr Mann kommt nach Hause und ruft fröhlich: „Hallo Schatz!" Doch Sie spüren, dass etwas Gravierendes passiert sein muss und Ihr Herz rutscht ihnen in den Magen. Sie fühlen es, weil die Energie um sie herum anders ist als sonst.

Oder Sie wachen am Morgen bereits mit einem merkwürdigen, unangenehmen Gefühl im Solarplexus bzw. in der Magengegend auf. Tagsüber haben sie dann einen leichten Auffahrunfall oder ihr Chef spricht eine Kündigung aus. In diesen Fällen spricht man von einer präkognitiven Wahrnehmung, also von einer außersinnlichen Wahrnehmung, die bereits, auf einem Zeitstrahl gesehen, vor dem eigentlichen Ereignis eintritt. Das Gegenteil hierfür wäre die Retrokognition, die außersinnliche Wahrnehmung eines Geschehens der Vergangenheit.

Dabei ist das Wort außersinnlich eigentlich falsch, denn natürlich wird diese Wahrnehmung über einen Sinn empfangen. Es findet also keine Informationsübermittlung außerhalb der Sinne statt. Diese könnten wir auch gar nicht wahrnehmen, denn unsere Wahrnehmungsorgane sind das Fühlen und Tasten, das Riechen, das Schmecken, das Sehen und das Wissen. Letzteres ist strenggenommen kein Tastorgan, da uns dieses Wissen über den Verstand zugeführt wird. Allerdings müssen wir fühlen, dass es da ist, wir müssen eine solche Information erst einmal wahrnehmen können und somit wird Hellwissen, dann doch letztendlich als Fühlsinn eingeordnet.

Außersinnliches Wahrnehmen selbst wird in der Wissenschaft als nicht beweisbar angesehen und doch versuchen Forscher immer wieder, dieses Geheimnis zu lüften. Einer der Gründe, warum den Wissenschaftlern die Beweisführung so schwer fällt, liegt darin, dass diese Phänomene nicht immer und unter allen Umständen wiederholbar sind. Man muss allerdings hierbei beachten, dass wie zusätzlich von veränderten Bewusstseinszuständen sprechen. Da wir niemals für eine Wiederholung in exakt den gleichen Zustand bewusst gelangen können, ist auch hier kein starres Schema anwendbar. Leider muss die Wissenschaft mit starren Schemata arbeiten, da ansonsten keine Vergleichsmöglichkeiten gegeben sind.

Sie sehen also, dass wir alle hellfühlige Wesen sind, auf die eine oder andere Weise. Frauen haben hier ein eindeutig höheres Potenzial um Hellfühligkeit zu entwickeln, denn sie müssen einen siebten Sinn haben, wenn bei ihrem Baby etwas nicht stimmt, da das Baby sich in den ersten Monaten nicht verbal äußern kann. Somit ist das Überleben des Nachwuchses durch die Entwicklung der Hellfühligkeit gesichert.

Menschen, die sehr stark hellfühlig sind, bezeichnet man oft als Sensitive. Hellfühlende Menschen empfinden sich oft wie ohne Haut, denn sie nehmen Emotionen und selbst Gedanken anderer Personen körperlich wahr. Ihre Fähigkeit, feinstoffliche Schwingungen ungefiltert zu empfangen, ist also Segen und Fluch zugleich. Besonders im täglichen Miteinander kann diese Gabe zu Komplikationen führen, meistens ist sie aber Grundlage für innige empathische Beziehungen.

Auch Vorahnungen jedweder Art subsumiert man unter Hellfühligkeit. Bekannt sind solche Geschichten wie die vom Reisenden, der wegen eines unguten Gefühls seinen Flug nicht antritt. Später erfährt er von dem Absturz der Maschine, bei dem alle Passagiere ums Leben gekommen sind. Das berühmte Bauchgefühl in alltäglichen Situationen wie bei der Berufswahl oder beim Schließen von Freundschaften gehört auch in den Bereich der Hellfühligkeit. Es ist erstaunlich, wie oft man mit einer Entscheidung „aus dem Bauch heraus" letztlich doch richtig liegt.

Regelmäßige Meditation hilft, die Hellfühligkeit zu verfeinern. Solche Achtsamkeitsübungen sind überhaupt sehr wichtig, um Eigen- und Fremdgefühle unterscheiden zu lernen. Der Hellfühlende wird sonst zu oft überwältigt sein von dem Emotionsgewitter, das ihn umgibt.

Hellhören

In unserer lauten und hektischen Zeit ist es oft sehr schwer diesen Sinn wirklich zu entwickeln. Daher wundert es nicht, dass bei 90 % aller Menschen der Sinn brach liegt. Hellhören ist die auditive Form des Hellsehens. In meinen Seminaren werden die Übungen zum Hellhören oft als am schwierigsten empfunden, dabei handelt es sich nicht um objektives Hören.

Objektives Hören wäre es, wenn jemand neben Ihnen Gitarre spielt und sie das hören. Hellhören ist eher eine Empfindung, die sich wie eine Erinnerung an einen Ton, Klang oder ein Geräusch anfühlt. Dieses innere Hören ist somit kein objektives, sondern ein subjektives Hören.

Menschen denken oft, dass im medialen Bereich eine geistige Stimme am Ohr des Mediums alle Information leise vor sich hin flüstert. Das wäre dann wiederum objektives Hören, wobei eine Stimme physisch, also körperlich hörbar ist. Dies ist wiederum nur möglich, wenn das Medium selbst physikalische Qualitäten aufweist. Allein dies ist bereits so selten, dass wir nahezu immer von einem inneren Hören ausgehen können.

Wir müssen uns allerdings bewusst machen, dass es ein hörbares Spektrum gibt. Beim Menschen reicht es ungefähr von 20 bis 20.000 Hertz, wobei diese Schwellenwerte flexibel zu handhaben sind. Ab 4.000 Hertz lässt unsere Hörfähigkeit nach. Wir verschließen unser Ohr wieder, da wir nun in Richtung Schmerzschwelle gehen. Das akustische Ereignis wird schallwellenartig durch eine Masse wie Luft, Äther oder Wasser an uns herangetragen und führt dann im Ohr zu einem Anschlag. Wir fühlen also den Schalldruck und dementsprechend nehmen wir das Geräusch oder die Worte wahr.

Im medialen Sinne rufen wir eher das Geräusch von einer inneren vorhandenen Hördatenbank ab. Damit ist auch sofort klar, dass unser inneres Hören äußerst begrenzt ist. Wir speichern viele Geräusche nicht ab, da sie so selbstverständlich für uns sind.

Nehmen wir ein Beispiel:

Sicherlich haben Sie schon oft die Kirchturmglocke ihres Ortes gehört. Wahrscheinlich schon ihr ganzes Leben, wenn Sie nicht zwischenzeitlich umgezogen sind. Können Sie diesen Klang innerlich reproduzieren oder könnten Sie diesen Klang unter zehn verschiedenen Glockenklängen herausfinden? Sicherlich nicht. Sie messen diesen Klängen keine Bedeutung bei und daher ist hier keine Priorität zum Speichern vorhanden.

Ein anderes Beispiel: Würden Sie die Stimme ihres Kindes unter zehn verschiedenen spielenden Kindern herausfinden? Natürlich, denn hier ist eine andere Wichtigkeit gegeben und daher haben sie den Klang der Stimme ihres Kindes abgespeichert und zwar in allen Variationen von glücklich, über kränklich, weinerlich bis hin zur Trotzigkeit. Sie kennen jede einzelne Klangfärbung.

Wenn wir daraus als Medium einen Schluss ziehen wollen, dann müssen wir erst einmal unsere akustische Hördatenbank füllen und zwar ganz bewusst. Um diesen Sinn zu verstärken, sollten wir also mit offenen Ohren durch die Lande gehen. Gleichzeitig trainieren wir damit unsere Wahrnehmung auf Klänge aller Art.

Selbst wenn Sie nicht alle geschriebenen Songs auf der Festplatte gespeichert haben, so können sie dennoch in einem Jenseitskontakt sagen, welche bevorzugte Musikrichtung ihr Kommunikator aus der geistigen Welt hat, denn Klassik, Volksmusik, Heavy Metal, Jazz, Rock, Meditationsmusik, Schlager und Blasmusik haben unverwechselbare Schwingungen und eindeutige Wellenformen und Charakteristika. Sie müssen sich also hier nicht jede einzelne Note aneignen, sondern es reicht, wenn Sie die Charakteristik eines Stückes beschreiben können. Als Medium sollten Sie sich einmal hinsetzen und unterschiedlichen Stilrichtungen lauschen. Versuchen Sie dabei herauszufinden, wie Sie diese gefühlsmäßig beschreiben können. Dann werden Sie dies auch bei ihren Kontakten in Zukunft nutzen können.

Ein Blechblasinstrument klingt anders als ein Symphonieorchester und eine E-Gitarre in einem Heavy Metal Song klingt anders als eine Gitarre, die sanften Jazz spielt. Auch die Rhythmik von solchen Stücken wird sich deutlich unterscheiden. Sie müssen also keine Ahnung von Musik haben. Sie müssen lediglich für sich selbst die Unterschiede herauskristallisieren können und dies ganz bewusst abspeichern und schon haben Sie ihre Hördatenbank an einem Nachmittag enorm erweitert.

Genauso ergeht es uns mit dem Klang von Fremdsprachen. Wir wissen oft sehr genau, ohne die jeweilige Sprache zu beherrschen, dass hier jemand türkisch oder slawisch spricht, ungarisch oder französisch. Wir können sogar unterscheiden, ob wir einen Amerikaner oder einen Briten vor uns haben. Beide sprechen ihr Englisch ganz anders aus. Italiener klingen anders als Spanier und Araber anders als Chinesen. Sprachen haben ihren unverwechselbaren Klang und wenn Sie demnächst eine Sprache hören, dann speichern Sie diese Sprache ganz bewusst ab. Selbst wenn sie im nächsten Jenseitskontakt nicht „hören" können, dass jemand arabisch spricht. Sie werden die Schwingung, die Wellenform der Sprache in der Information wiedererkennen.

Viele Menschen haben schon die Erfahrung gemacht, eine vertraute Stimme zu hören, ohne dass die betreffende Person überhaupt in der Nähe war. Im Stadium zwischen Wachen und Schlafen kann es passieren, dass man plötzlich einer zu Herzen gehenden Melodie lauscht, deren Herkunft rätselhaft ist. Einige hellhörende Menschen behaupten, ihre innere Stimme bzw. ihren Schutzengel auditiv wahrzunehmen. Über Ludwig van Beethoven ist bekannt, dass er in späteren Jahren völlig taub war. Trotz dieser Behinderung war er in der Lage, immer noch großartige Musik zu komponieren. Dem Tonsetzer schien es möglich zu sein, die Klänge auf andere Weise zu erfassen als mit seinen unempfänglichen Ohren über das sogenannte innere Hören.

Auch die feinstoffliche Sinnesempfindung des Hellhörens lässt sich trainieren. Zwar führt dies nicht zwangsläufig zum Komponieren einer Beethoven'schen „Missa Solemnis", aber für ein besseres Gespür jener Töne unterhalb der groben Wahrnehmungsschwelle reicht es allemal. Um den feinstofflichen Hörsinn zu schärfen, sollte man ein Lieblingsmusikstück anhören und dabei versuchen, sich jeweils auf ein bestimmtes Instrument oder eine bestimmte Stimme zu konzentrieren. Später kann man dann spielerisch zwischen den Instrumenten bzw. Stimmen hin- und herswitchen z.B. Gitarre, dann Schlagzeug, dann Backgroundgesang, dann wieder Gitarre. Durch häufiges Üben erlernt man so die Fähigkeit, selektiv zu hören, auch jenseits des grobstofflichen Sinnes.

Eine andere Möglichkeit besteht darin, in einem geschlossenen Raum zu beginnen und zu versuchen, alle Geräusche wahrzunehmen und das Bewusstsein dann auszudehnen, um die Geräusche jenseits des Raumes zu erfassen. Geräusche, die sich im Haus befinden oder im Garten oder außerhalb auf der Straße. Dadurch wird der Hörsinn geschärft und trainiert und die akustische Datenbank wächst.

Auch dies ist beim Jenseitskontakt von Vorteil. Manche Medien hören die komplette Kommunikation, die ein Verstorbener übermitteln möchte.

Zwei großartige Medien aus der Vergangenheit möchte ich hier nicht unerwähnt lassen. Allerdings handelt es sich hier um eine dritte Form des Hellhörens, die man eigentlich nicht als Hellhören bezeichnen kann. Man nennt dieses Phänomen *direct voice*. Es gehört zum Spektrum der physikalischen Medialität. Diese direkten Stimmen kommen aus dem Jenseits und sprechen nicht über oder durch ein Medium. Das Medium, das physikalische Qualitäten haben muss, geht in der Regel in Trance – im Falle von Leslie Flint ging es manchmal auch ohne die Trance. Eine künstliche Kehle, eine Voicebox aus Ektoplasma wird geformt und durch diese Kehle werden die Stimmen der Wesenheiten im Raum hörbar. Besondere Medien waren hier Leslie Flint aus England und John Campbell Sloan aus Schottland. Diese beiden Medien waren über jeden Zweifel hinaus glaubwürdig und nie fiel auch nur der Hauch eines Schattens über sie.

Hellwissen

Es kann ein starkes, intensives Gefühl von einer Vorahnung sein, es kann sich auch nur durch einen schwer erklärbaren Drang äußern, etwas zu tun oder auch nicht zu tun: eine hellwissende Vorahnung. Hellwissende wissen mehr oder minder kurz vorher, was passieren wird. Mit etwas Übung lässt sich diese Zeitspanne ausdehnen, um ihnen Reaktionszeit zu verschaffen und das Hellwissen für sie nutzbar zu machen. Doch was ist Hellsehen wirklich, wie lässt es sich erklären und wie kann man es trainieren, um die Gabe selbst für sich und andere nutzen zu können?

Was ist Hellwissen?

Wer hellwissend ist, ob bereits geübt oder nicht, wird schon mit dem Begriff allein bestimmt sofort etwas anfangen können. Unmittelbar vor einem Ereignis haben Hellwissende eine Vorahnung, dass es so kommen wird. Bilder, Gedanken und Stimmen spielen dabei keine Rolle, die Eingebung ist einfach da und nur für den Hellwissenden greifbar, geschweige denn erklärbar. Während Außenstehende den vermeintlichen Gedankengang nicht nachvollziehen können, kann ein Hellwissender wiederum nicht erklären, wie er zu seiner Eingebung kommt und warum sie für ihn wie der einzige richtige Weg wirkt. Bei jungen Hellwissenden und denen, die sich vorher nie viel aus dieser Gabe gemacht haben, erscheinen solche Vorankündigungen eines Ereignisses meist völlig unkontrolliert in sehr weiten Abständen und absolut unregelmäßig. Ob sie den Hellwissenden so überhaupt helfen können, sei dahingestellt.

Manche Hellwissende entwickelten Methoden, um die Gabe zu trainieren. Jedoch sind auch diese Möglichkeiten eher begrenzt. Da Hellwissen eine so diffuse Gabe ist und es schwer zu begreifen sein kann, was überhaupt trainiert wird, gelingt das längst nicht jedem Hellwissenden. Die, die es können, haben aber häufig mehr hellwissende Momente, die auch Ereignisse ankündigen, die weiter in der Zukunft liegen und die sich nicht mehr nur auf sie selbst beziehen, ab und an helfen sie auch den Menschen in ihrer Umgebung. Eine „auf Knopfdruck" abrufbare

Gabe wird Hellwissen aber nie, denn so weit lässt sie sich schlichtweg nicht trainieren und kann auch meist nicht willentlich eingesetzt werden.

Wie äußert sich Hellwissen?

Hellwissende haben eine große Gemeinsamkeit: Sie alle wissen sicher, dass die Eingebung ihnen helfen wird, genau das Richtige zu tun, und sie hinterfragen das auch nicht. Sie wissen, dass sie nur nach ihrer Eingebung zu handeln brauchen und alles wird so kommen, wie es für sie und ihnen wichtige Menschen gut ist. Das ist auch durchaus richtig so, doch wie sie diese Eingebung wahrnehmen, ist fast schon von Mensch zu Mensch unterschiedlich.

Bei manchen Hellwissenden handelt es sich um kurze Blicke in die Zukunft, die mal näher und mal weiter wegliegen. Beispielsweise können Sie ahnen, dass Sie jetzt nicht zuerst einkaufen und dann noch schnell ins Modegeschäft gehen sollten, nur damit sich herausstellt, dass der Modeladen heute ausnahmsweise und unerwartet früher schließt. Oder aber Sie zerbrechen sich schon seit Tagen den Kopf über die Lösung eines Problems, das unlösbar scheint, Sie finden etwa Ihren Schlüssel nicht mehr oder haben ein wichtiges Dokument verlegt, oder ein anderer Mensch sucht verzweifelt etwas. Auf einmal wissen Sie, wo die Lösung liegt und worin sie besteht, und damit liegen Sie richtig – dabei lässt sich vernünftig gar nicht erklären, woher Sie das Wissen haben sollen. Manchmal sind Sie so außenstehend, haben gar keinen Bezug zu dem, was gesucht wird, dass Sie nicht einmal beratend zur Seite stehen können, und doch kennen Sie die Lösung. Ein Blick in die Zukunft ist das zwar nicht, da das Hellwissen in der Gegenwart seine Rolle spielt. Dennoch ist auch das Hellwissen, denn ohne eine besondere Gabe hätten Menschen diese Eingebung vermutlich nicht haben können.

Woher kommt Hellwissen?

Viele Hellwissende berichten von anderen Familienmitgliedern, die ebenfalls eine Form von hellwissenden Eingebungen gehabt haben sollen. Dass das nicht selten weibliche Familienangehörige sind, mag damit zusammenhängen, dass Frauen eher darüber reden und Männer eine solche Gabe vor allem früher eher ignoriert oder für sich behalten hätten. Hellwissen kann beide Geschlechter gleichermaßen begleiten. Natürlich gibt es auch Hellwissende, in deren Familien sonst niemand hellwissend war oder zumindest nicht davon gesprochen hat. Was aber beobachtet werden kann, ist, dass sich Häufungen der Gabe darin äußern können, dass die jeweils nächste Generation es leichter hat, sich das Hellwissen zunutze zu machen oder es zumindest wahrzunehmen, wenn es auftritt. Das mag sicherlich auch am offenen Umgang mit der Gabe in der Familie liegen, während in der Gesellschaft wohl eher selten und mit weniger Vertrauen in die Aussagekraft dieser Eingebungen über sie gesprochen wird.

Grundsätzlich kann man Hellwissen aber von Eingebungen unterscheiden, die jeder Mensch haben kann. Eine hellwissende Ahnung ist spürbar intensiver als das Gefühl, das man hätte, wenn man sich beispielsweise wieder daran erinnert, wo die wichtigen Dokumente aufbewahrt werden. Bereits, wenn sie kommt, spürt man, dass sie nicht dem Verstand entspringt, der normalerweise mit Lösungen aufwartet und sich an Details erinnert. Außerdem zweifelt man diese hellwissenden Eingebungen in der Regel keine Sekunde an, sondern handelt nach ihnen, da man absolut überzeugt von ihrer Richtigkeit ist.

Kann Hellwissen geübt werden?

Hellwissen ist eine der unheimlichsten Formen der besonderen Gaben, die Menschen haben können, was sicher auch daran liegt, dass sie so schwer (be-)greifbar ist. Ob hellwissende Eingebungen überhaupt entstehen, kann mit Sicherheit niemand beeinflussen, die Gabe muss dafür bereits vorhanden sein – ist sie es nicht, kann daran niemand etwas ändern. Häufig äußert sie sich schon im Kindesalter, wobei Kinder meistens noch schwerer zwischen Hellwissen und einem einfachen Geistesblitz unterscheiden können. Teenager werden darin schon wesentlich besser und beginnen oft auch erst jetzt, sich für ihr Hellwissen zu interessieren und Wege zu suchen, sich darin zu üben. Ob Hellwissen eine Eingebung eines höheren Wesens oder eine Botschaft aus einem sehr weisen Teil von uns selbst ist, dazu herrschen ganz verschiedene Meinungen – doch wer auch immer uns diese Eingebungen verschafft, lässt sich darum weder bitten noch darauf abrichten, sie willentlich erscheinen zu lassen. Wohl aber kann es eine

Steigerung bringen, sich bewusst auf den Umstand einzulassen, dass eine hellwissende Eingebung kommen kann. Wenn sie kommt, können sich Betroffene ohnehin darauf verlassen, dass sie ihnen nichts Falsches vorschlagen wird, also sollen und dürfen sie sich danach richten – auch das wird helfen, das Hellwissen deutlicher in Erscheinung treten zu lassen. Annahme und Akzeptanz ihres Daseins ist auch bei fast jeder anderen besonderen Gabe der erste Schritt, bewusst etwas aus ihr zu machen. Beim Hellwissen endet damit aber auch schon die Möglichkeit, sie zu trainieren. Bis zu welchem Punkt sie sich dadurch entwickelt und wie hilfreich sie werden kann, hängt wiederum vom Menschen und von der Stärke der Gabe ab.

Kann Hellwissen genutzt werden?

Da eine hellwissende Eingebung nie bewusst zu einem bestimmten Zeitpunkt oder für eine bestimmte Person herbeigeführt werden kann, lässt sie sich leider nicht so nutzen wie etwa das Hellsehen. Das bedeutet aber nicht, dass sie immer nur ein gelegentlicher Beigeschmack des Lebens bleiben muss, der keine echte Hilfe darstellt. Hellwissen kann zunächst für den begabten Menschen selbst eine Hilfe werden, die sporadisch kommt – nicht selten sogar dann, wenn er sie gerade wirklich gut gebrauchen kann. In erster Hinsicht sollte man also lernen, Hellwissen für sich selbst anzunehmen und die Eingebungen kommen zu lassen, wenn sie es denn tun. Es kann sein, dass sie in ihrem Umfang dadurch mit der Zeit größer und nützlicher werden. Sie beziehen sich nicht mehr auf unwichtige Ereignisse, sondern sorgen dafür, dass wir vorher wissen, wenn wichtige Dinge passieren werden. In manchen Fällen kann man sich durch die Eingebung sogar auf ein Ereignis einstellen, da man es rechtzeitig hat kommen sehen und sogar die Zeit hatte, sich Gedanken über eine angemessene Reaktion darauf zu machen.

Selbstverständlich ist das aber nicht, es ist vielmehr die Ausnahme. Manchmal beziehen sich die Eingebungen nicht mehr nur auf die eigene Person, sondern hauptsächlich auf eine andere. Viele Hellwissende beobachten aber, dass das nur bei Menschen möglich ist, die ihnen nahestehen – entfernte Bekannte werden von ihrer hellwissenden Gabe eher außen vor gelassen, wenn sie nicht gerade eine wichtige Rolle spielen.

Anstatt also mit hellwissenden Eingebungen fest zu rechnen oder zu versuchen, sie herbeizuführen, sollte man lieber einfach akzeptieren, dass sie kommen, wenn sie wollen – das wird mit der Zeit am meisten bringen.

Beziehungen zu höheren Wesen aufbauen

Wer der Überzeugung ist, Hellwissen könnte eine Eingebung von höheren Wesen oder gar Engeln sein, wird sich sicherlich ohnehin für das Thema interessieren und auch andere Wege kennen, sich mit Engeln in Verbindung zu setzen. Je mehr und je öfter man das macht, desto besser stehen die Chancen, eine Art Beziehung zu ihnen zu schaffen. Ähnlich wie bei einer guten Freundschaft erwarten die anderen, dass man sich ab und an Zeit für sie nimmt und ein offenes Ohr für sie hat. Wenn sie schon ihren Rat erteilen, dann investieren sie ihre Zeit und wollen, dass man zumindest über den Ratschlag nachdenkt. Bei Engeln und höheren Wesen ist das genauso. Durch Channeling und die Arbeit an anderen besonderen Gaben wie dem Hellsehen kann mit der Zeit auch das Hellwissen verstärkt werden. Wieder geht es um die Akzeptanz der Gabe und die Offenheit, mehr über sie zu erfahren und etwas über den Umgang mit ihr zu lernen. Ein höheres Wesen wird sich niemals verschließen, wenn ein Mensch seine Hilfe sucht, so ist es auch mit dem Hellwissen. Wer also diese eine Gabe gerne mehr nutzen und sie besser verstehen und kennenlernen will, sollte ein reges Interesse für das Thema Engel und höhere Wesen entwickeln und Wege finden, mit ihnen eine Verbindung aufzubauen und zu lernen, ihnen und ihrer Weisheit zu vertrauen. Das wiederum hilft, die Akzeptanz für das Vorhandensein des Hellwissens zu entwickeln und es noch mehr zulassen zu können.

Hellriechen und Hellschmecken

Beide Sinne werden nur ganz selten zum Einsatz kommen. Natürlich riechen und schmecken wir den ganzen Tag etwas. Das fängt frühmorgens mit der Zahnpasta an und hört abends mit dem Geschmack von einem Tee auf. Dazwischen liegt ein Meer von angenehmen und unangenehmen Geschmäcke und Gerüche, die wir fast alle nicht mehr wirklich wahrnehmen, denn sie hinterlassen nur dann einen Eindruck, wenn wir ihnen auf einer ganz extremen Art und Weise begegnen.

Ansonsten sind unsere Sinne regelrecht abgestumpft. Von Medialität sprechen wir dann, wenn auf einmal ein Duft im Raum ist, der uns an unsere Oma erinnert mit ihrem Veilchenduft. Oder wir riechen die Pfeife unseres Vaters, der verstorben ist, obwohl keine wirklich erkennbare Quelle für Pfeifengeruch erkennbar ist.

Riechen alle Anwesenden das Gleiche, sprechen wir von einem physikalischen Phänomen, denn es ist für alle riech- oder erfahrbar.

Ist es eher die Erinnerung an einen Geruch oder Geschmack, dann sprechen wir von Hellriechen oder Hellschmecken, da hier unsere feinstoffliche Wahrnehmung durch einen Besucher aus der geistigen Welt getriggert wird.

Intuition

Intuition dagegen gehört nicht zu den medialen Fähigkeiten und dennoch werden in vielen Büchern immer wieder intuitive Übungen als sogenannte Übungen zur Förderung der Hellsinne verkauft.
Intuition urteilt aufgrund der Summe unserer irdischen Erfahrungswelt und rechnet in Bruchteilen einer Sekunde eine wahrscheinliche Entwicklung hoch.

Sind für eine Situation keine Erfahrungswerte vorhanden, dann geraten wir oft in Panik, da Intuition dann nicht anwendbar ist. Im Prinzip sind unsere intuitiven Entscheidungen aufgrund einer Prognose gefallen. Wir haben unser Bauchhirn befragt und haben eine wahrscheinliche Antwort bekommen. In diesen Prozess ist die geistige Welt nicht involviert. Natürlich kann ein intuitiver Prozess über die Sinne ablaufen, da wir ja fühlen, ob die Entscheidung intuitiv richtig oder falsch ist, aber diese Sinne schalten sich aufgrund einer ähnlichen Erfahrung aus der Vergangenheit ein, daher ist Intuition nicht der Medialität zuzuordnen.

Jenseitskontakt

Medium – Mittler zwischen zwei Welten

Wir müssen nur einmal ein Biologiebuch aufschlagen und uns dort mit den Facettenaugen einer Fliege beschäftigen, um zu begreifen, dass unsere Sicht und die Dimension, die wir wahrnehmen, nur eine von vielen ist. Genauso wenig wie es *die eine Wahrheit* gibt, existiert *die eine Wahrnehmung*. Und so leben seit jeher in allen Kulturen der Welt Menschen, die von Geburt an eine Art erweiterte Wahrnehmung aufweisen, so wie andere ein extrem feines Gehör oder besonders gute Augen haben. Diese Form der Wahrnehmung nennt man auch Medialität. Eine mediale Begabung wird den meisten betroffenen Menschen schon im Kleinkindalter bewusst, aber viele wissen nicht so recht, wie sie die fremden Bilder im Kopf, die Vorahnungen und das seltsame Kribbeln, das sie an bestimmten Orten befällt, einordnen sollen. Sie verstehen nicht, wieso sie scheinbar mehr wissen als andere und gleichzeitig selbst an diesem Wissen zweifeln. Man nennt diese Personen Medien (lat. Mitte, oder hier auch: Mittler), da sie aus unserer wahrnehmbaren Welt Kontakt in die geistige Welt aufnehmen können. Diesen Menschen verdanken wir das Wissen um unsere Schutzengel bzw. Geistführer.

Menschen mit hellsichtigen Fähigkeiten sind keine Wahrsager oder dergleichen. Wen der Lebensweg zu einem Medium führt, der sucht in der Regel keine Weissagung über die Zukunft, sondern eine Antwort aus der Vergangenheit. Wer Kontakt zur geistigen Welt aufnehmen will, ist meist auf der Suche nach sich selbst oder hat das Gefühl, dass noch etwas im Leben fehlt. Oft bekommen Suchende dann durch die geistige Welt einen Hinweis. Wenn wir geistige Welt sagen, meinen wir damit jene Dimension um uns herum, in der die Seelen der Verstorbenen als Energien weiterleben. Die Vorstellung, dass man womöglich ständig beobachtet wird, noch dazu von einem Geist, mag viele von uns im ersten Moment erschrecken. Die Erfahrung zeigt aber, dass diese Geistwesen rein gar nichts mit den Poltergeistern aus Film und Fernsehen zu tun haben, sondern dass sie uns sehr wohlgesonnen sind. Manche Menschen berichten, dass das Zusammentreffen mit einem Verstorbenen, ein sogenannter Jenseitskontakt, für sie eine absolut bereichernde und rührende Erfahrung war und dass der Verstorbene sogar schon lange in liebevoller Erwartung war.

Auf der Reise zum eigenen Schutzengel

Aus jener Welt entstammen also Wesen, die uns zur Seite stehen, um uns zu beschützen und uns den rechten Weg zu weisen, wenn wir nicht mehr weiterwissen. Sie sind immer da, auch wenn wir sie nicht sehen. Diese Geistwesen, manche nennen sie auch gerne Schutzengel, sind um uns herum, ohne dass wir sie mit unseren sechs Sinnen wahrnehmen können. Zumindest dürfte das auf die Mehrheit der Menschen zutreffen. Das liegt aber nicht etwa daran, dass sie den medialen sechsten Sinn nicht hätten – er ist vermutlich nur verkümmert, wie ein Muskel erschlafft, wenn wir ihn lange nicht benutzen. Jeden Menschen begleiten ein persönlicher Geistführer und viele Helfer aus der anderen Dimension. Wer lernt, diese liebevollen Hinweise zu erkennen, wird unschätzbare Freunde finden. In vielen Lebensfragen können wir uns an ihn wenden und ihn um Rat fragen. Es kann ein Mensch – zum Beispiel ein verstorbener Verwandter–, aber genauso gut ein Tier sein, das sich einem offenbart. Um mit ihnen in Kontakt treten zu können, müssen wir uns jedoch von eingefahrenen und anerzogenen Glaubenssätzen trennen. Wir müssen tief in unserem Inneren zulassen, dass es mehr zwischen Himmel und Erde gibt, als wir mit den Augen sehen, mit den Fingern tasten oder mit den Ohren hören können. Dass es etwas gibt, was wir nur mit dem Herzen spüren können.

Auch wenn wir vieles nicht begreifen können oder wollen, passieren doch alle Dinge im Leben genau zu der Zeit, zu der wir sie benötigen, damit wir auf unserem Lebensweg voranschreiten können. Manchmal müssen Wunden oder Traumata aus der Vergangenheit aufgelöst werden, damit wir uns weiterentwickeln können. Und dies müssen nicht immer eigene Traumata sein.

Dem Herzen vertrauen

Medialität ist ein Wunder der Natur und doch ist sie weiter verbreitet, als viele von uns glauben. In vielen indigenen Kulturen genießen Heiler, Medizinmänner und Schamanen nämlich bis heute hohes Ansehen – aber in unserer verkopften mitteleuropäischen Welt ist das Verständnis für andere Dimensionen vor allem durch die rasante Entwicklung von Wissenschaft und Technik in den letzten Jahrzehnten stark zurückgegangen. Dennoch gilt, was schon immer galt und für immer gelten wird: Gewisse Dinge können wir nur mit dem Herzen spüren. Und auf unser Herz sollten wir vertrauen.

Ein Medium hat immer ein ganz weit geöffnetes Herzchakra, denn ohne die mitfühlende Natur ist eine Öffnung nicht wirklich möglich. Der Kontakt bliebe dann technisch zwar überzeugend, aber nichts von der Liebe der geistigen Welt wäre übermittelbar. Ein guter Lehrer wird daher auch immer seinen Schülern helfen, die Persönlichkeit zu entwickeln, da hier bei der Entwicklung zum Jenseitskontaktmedium oft mögliche Stagnationsursachen liegen.

Jenseitskontakt

Jedes Mal, wenn ein geliebter Mensch für immer gehen muss, bedeutet das für viele Menschen das endgültige Aus. Aber stimmt das wirklich? Gibt es nicht mehr zwischen Himmel und Erde als Leben und Tod? Gibt es da nicht auch noch die Ewigkeit, der wir alle angehören?

Ein Medium ist ein Mensch, welcher Jenseitskontakte herstellen kann. Für manch einen ist dies unvorstellbar, aber ein erfahrenes Medium ist in der Lage mit Vorurteilen aufzuräumen und stellt immer wieder unter Beweis, dass aus dem Jenseits oft sehr präzise Informationen fließen, welche diesem vorher gar nicht zugänglich waren. Jeder medial tätige Mensch hat seine eigene Art die Botschaften zu übermitteln. Manchmal werden diese nur als Gedanken übertragen, manchmal sind Medien auch in der Lage, als Schreib- oder Sprechmedium zu fungieren.

Wer mit Toten sprechen und die Botschaften von Verstorbenen erhalten möchte, sollte sich ausschließlich an ein Medium wenden, welches eine mediale Ausbildung vorweisen kann, die die Fähigkeiten von Menschen, die für Botschaften von Verstorbenen empfänglich sind, unterstützt und fördert. Durch Ausbildungen werden die vorhandenen Potenziale verfeinert und so ist das Medium in der Lage eine Tiefe zu erreichen, die präzise Beweise in Form von Beschreibungen, Erinnerungen, Orten, Wissen aus dem Leben des Verstorbenen und des Lebenden und vieles mehr beinhaltet. Dinge, die das Medium nicht wissen kann.

Wer einmal ein solches Sitting erlebt hat, weiß mit Sicherheit, wie mannigfaltig die Botschaften sind, die von Verstorbenen kommen. So manches Missverständnis konnte durch Jenseitskontakte bereits aus der Welt geschafft werden, sodass die Hinterbliebenen hinterher erleichtert waren und ihren Alltag wieder mit mehr Freude erleben konnten. Oftmals werden in einem solchen Kontakt die Hände der Versöhnung über die Brücke des Todes hinweggereicht.

Grundsätzlich sollte für ein Sitting ausschließlich ein Medium gewählt werden, das eine entsprechend intensive Ausbildung genossen hat und dieses Wissen auch rückhaltlos umsetzen kann. Nur dann ist gewährleistet, dass ein echter Kontakt zu einem Verstorbenen zustande kommt. Ein solch medial begabtes und ausgebildetes Jenseitskontaktmedium ist in erster Linie an seinem Umgang mit den Ratsuchenden zu erkennen. In der Regel ist sehr schnell ersichtlich, ob es demjenigen nur um das schnelle Geld geht oder es wirklich im Sinne des großen Ganzen handelt und gerne bereit ist Hilfe anzubieten und Verstorbene zu kontaktieren. Auf der Suche nach einem solchen spirituellen Menschen sollte das Gefühl entscheiden und nicht der Verstand, dann wird sicher der passende Übermittler gefunden.

Was können Sie erwarten von einem Jenseitskontakt?

Als Jenseitsmedium habe ich viele Wochen Ausbildungen in England, Deutschland und der Schweiz absolviert und ich bilde mich immer noch fort. In England durfte ich bereits Erfahrungen in „public speaking" sammeln und bin öffentlich in spirituellen Kirchen aufgetreten.

Wir wissen, dass viele Menschen, die verstorben sind, Kontakt suchen zu ihren Liebsten hier auf der Erde. Oft wollen wir mit einem ganz bestimmten, durch ein Medium, Kontakt aufnehmen, weil uns die Trauer schier erdrückt oder weil wir eine brennende Frage im Herzen tragen. Doch nicht immer kommt die erwartete Person. Manchmal kann auch anstelle der verstorbenen Mutter, die Urgroßmutter oder der Opa kommen, da nur sie, aus ihrer Lebensgeschichte heraus Ihnen die beste Antwort geben können.

Rechnen Sie nicht damit, dass bei einem Sitting nur ein Verstorbener durchkommt. Oft sind viele da, um Ihnen zu zeigen, dass man sich in der geistigen Welt gefunden hat und nun in Liebe vereint ist. Fast immer kommt beispielsweise in meinen Sitzungen auch ein geliebtes Tier vorbei. Ich kann natürlich hier nur von mir sprechen. Andere Medien arbeiten vielleicht anders. Dies dient nur zur Anschauung, damit Sie sich einen Jenseitskontakt besser vorstellen können.

Sie dürfen von mir eine klare Beweisführung erwarten, sodass wir beide sicher sind, wer aus dem Jenseits nun mit Ihnen sprechen möchte. Ein Sitting soll Ihnen zeigen, dass niemand wirklich stirbt und Ihre Lieben immer noch für Sie da sind, Sie behüten und beschützen. Unsere Verstorbenen sind die wahren Schutzengel unseres Lebens und lebendiger als je zuvor. Oft sind es bis zu acht Personen, die sich zusammen zeigen und auf diese Weise demonstrieren, dass auch alle in der Ewigkeit wieder zueinandergefunden haben. Was ist tröstlicher als sein verstorbenes Kind an der Hand der verstorbenen Mutter zu sehen und zu wissen, dass dieses Kind auch im nächsten Leben behütet und beschützt wird? Sie alle kommen mit ihrer ganzen Persönlichkeit und Liebe und wenn ich meinen Job richtig mache, werden Sie diese Präsenz fühlen können. Ein Sitting kann sehr emotional werden und ist oft zwischen Lachen und Weinen angesiedelt. Ich nehme jeden Jenseitskontakt auf und Sie erhalten eine CD zum Mitnehmen.

Sollte kein Kontakt zustande kommen, muss man bei mir selbstverständlich nichts bezahlen. Dies ist allerdings in der Praxis noch nie vorgekommen. Ein Jenseitskontakt kann auch telefonisch erfolgen.

In der letzten Zeit kommt auch öfter der Geistführer meines Klienten durch und nutzt die Möglichkeit, den Klienten vielleicht sanft wieder auf seinen eigentlichen Auftrag hinzuweisen.

Es ist die befriedigendste Arbeit, die ich mir vorstellen kann und ich sehe mich als einen Brückenbauer und Menschenentwickler, denn niemand, der als Klient oder als Schüler kommt, bleibt so, wie er gekommen ist. Immer findet eine Entwicklung statt, die durch die Präsenz der geistigen Welt initiiert wird. Das ist für mich das Wunder der Liebe, die still und leise zwischen den Zeilen wirkt.

Remote Viewing – Übersinnliches Sehen in die Ferne

Unter dem Begriff Remote Viewing – oder auch Fernwahrnehmung – versteht man eine zu erlernende Technik, bei der sich das Bewusstsein kontrolliert durch den Raum und die Zeit bewegt. Eine weitere Bezeichnung für Remote Viewing ist das „Bewusstseins-Bewegen", bei welchem es möglich ist, an jedem Platz, jedes Lebewesen sowie jedes Ereignis sowohl in der Gegenwart als auch in der Zukunft oder Vergangenheit für Fragestellungen zu gewinnen.

Mit Remote Viewing die Welt mit anderen Augen sehen

Mit der zu erlernenden Technik des Remote Viewing ist es möglich, dass die Sinneswahrnehmungen ausgeweitet werden. Das liegt daran, dass der Mensch in diesem veränderten Bewusstseinszustand aufgrund trainierter Zellen unter anderem verstärkt sieht, hört sowie schmeckt und riecht. Grob gesagt: Die menschlichen Zellen sind nichts anderes als Informationsschwingungen, die Dinge aufnehmen und codieren. Dies kann man steuern, sofern man das Bewusstsein trainiert. Bereits in der Schule lernt das Kind die unterschiedlichen Buchstaben zu trennen und zu verbinden, damit Worte entstehen. Remote Viewing basiert auf einer ähnlichen Vorgehensweise. Auch hier erlernt man das Lesen von sogenannten Informationsfeldern. Diese liegen um den Menschen direkt herum oder auch am anderen Ende des Universums. Es gibt keine Grenzen.

Warum das Militär und der CIA Remote Viewing anwendeten

Natürlich klingt das in erster Linie überwältigend – aber auch verrückt. Russle Targ, Hal Puthoff sowie Ingo Swan prägten während ihrer Forschungsarbeit mit dem Titel „Bewusstsein und paranormale Ereignisse" Coordinate Remote Viewing – kurz CRV. Die Forscher präsentierten ihr Projekt am Stanford Research Institute in Kalifornien in den 1970er Jahren. Auch das Militär war jahrelang an der Studie interessiert und bildete mit dem amerikanischen Geheimdienst „Psychic Spies" aus. Diesen gewöhnlichen Soldaten war es möglich, psychische Spione zu werden. So konnte man unter anderem streng vertraute Daten und Geheimnisse anderer Staaten ausspionieren. Das Geheimnis des Militärs und der Geheimdienste flog in den 1990er Jahren mit der Veröffentlichung diverser Bücher auf.

Doch worin unterscheidet sich Remote Viewing beim Militär von dem der normalen Bürger? Benötigt ein normaler Mensch die Fähigkeit des Remote Viewing? Im Endeffekt ist Remote Viewing eine Art bewusstseinsverändernde Technik, die jedoch frei von jeglichen Drogen ist. Heute gilt Remote Viewing als besondere und außergewöhnliche neue Lebenseinsicht und auch Einstellung. Viele Personen sind überrascht und überwältigt, wie lange sie in Wahrheit ihre Sinnesorgane falsch einsetzten. Es gibt einige Gründe, weshalb Remote Viewing empfehlenswert ist. Man braucht keine Karriere beim CIA oder dem Militär anstreben, aber man kann für ein besseres und offeneres Leben sorgen.

Was passiert bei Remote Viewing?

In erster Linie vermittelt Remote Viewing eine komplett neue Weltanschauung. Das bedeutet, dass durch das Erlernen der Technik mit Sicherheit die Welt anders aussieht als zuvor. Vor allem erlebt der Mensch eine tiefe Verbundenheit mit Dingen, die er vorher wohl nicht wahrnahm oder gar nicht bemerkte. „Wir sind mit allem verbunden was ist", bekommt hier eine neue Bedeutung. Heute sind viele Personen durch Stress blockiert, erleben den Tag nur als Pflichtaufgabe – mit Remote Viewing hingegen sieht man den Tag mit anderen Augen. Ebenfalls erlebt man durch Remote Viewing neue Orte sowie Plätze, die man im normalen Leben vielleicht nie kennenlernen oder bereisen wird. Wichtig ist, dass man die erlernte Technik zulässt und sich nicht davor im Vorfeld verschließt. Vertrauen in die eigenen Fähigkeiten und den Spaß eines Kindes am Entdecken können hier helfen sich dieser neuen Wahrnehmungsart zu nähern.

Remote Viewing ist eine Lebensbereicherung, die mit Sicherheit das Leben jedes Menschen prägt, der sich damit intensiv befasst. Durch das Erlernen der speziellen Technik wird nicht nur das Bewusstsein geschärft und verändert, sondern auch die Wahrnehmung. Ebenfalls beginnt Remote Viewing bereits in allen Lebenslagen zu wirken. Ob es bei der Beziehung ist, im Straßenverkehr oder beim Einkauf. Selbst beim

Arzt oder beim Arbeiten ist Remote Viewing immer anzuwenden und sorgt dafür, dass ein klares und neu definiertes Bild auftritt. Man verändert sein Sehen von einem eindimensionalen Bild ohne Tiefe in ein holistisches Bild voller Weite, Emotionen, Gerüche und eventuell auch Geräusche. Dadurch entsteht ein vollkommeneres und differenzierteres Weltbild.

Das Erlernen von Remote Viewing hat also positive Auswirkungen auf den Menschen, auf den Geist und die Seele. Viele Anwender beginnen bereits nach wenigen Trainingseinheiten andere Menschen zu werden. Sie erkennen Dinge, die sie vorher nicht kannten, sie fühlen sich verbunden mit Objekten, die sie vorher nicht wahrnahmen und sie bekommen eine andere Achtung. Remote Viewer werden schnell sensitiver. Wer sich mit Remote Viewing auseinandersetzt, bemerkt, in welchem Ausmaß eine Veränderung des Bewusstseins möglich ist. Und welche positiven Aspekte vorhanden sind. Remote Viewing macht Spaß. Das Erlernen sowie das Training von Remote Viewing sorgt für ein neues und anderes Lebensgefühl. Ein Lebensgefühl, das durchaus positiv ist und mit Sicherheit keinen Platz für negative Erfahrungen lässt.

Jeder, der sich mit der Technik befasst, bemerkt binnen kürzester Zeit, wie sehr sein Leben positiv verändert wurde. Fakt ist: Remote Viewing kann jeder trainieren und erleben. Es gibt keine Personen, die es nicht dürfen – es gibt nur Personen, die es nicht möchten. Auf der Suche nach einem veränderten Bewusstsein und eines Bewusstsein bildenden Menschen, ist man mit Sicherheit bei Remote Viewing auf der richtigen Spur.

In der Medialität wird Remote Viewing zum Beispiel bei einem Jenseitskontakt eingesetzt. Ist die Fähigkeit bei einem Medium vorhanden, kann die geistige Welt dieses Potenzial auch nutzen. Erscheint beispielsweise die Oma eines Klienten, so kann sie uns mitnehmen an den Ort, an dem sie gelebt hat und wir können diesen Ort dann unserem Klienten schildern, als wären wir selbst dort gewesen. Das kann für Klienten ein eindrucksvolles Erlebnis sein.

Sollte die Familie eventuell nach dem verschwundenen Testament suchen, so wäre man auch in der Lage hier den Ort zu bestimmen und die genaue Lage und Ortsbeschreibung wiederzugeben.

Manche Remote Viewer sind sogar in der Lage unterirdische Felder aufzuspüren wie Gas- und Erdölvorkommen oder Seen und technische Anlagen, die unter der Erde gebaut wurden. Wieder andere Remote Viewer schilderten und zeichneten bereits die genaue Struktur der Oberfläche und Atmosphäre von Planeten, bevor eine Raumsonde diese Bilder bestätigte.

Der menschliche Geist ist also absolut in der Lage in die Ferne zu sehen. Sei es nun über eine Distanz über viele Tausend Kilometer oder über eine Distanz von Jahrhunderten. Man muss diese Fähigkeit über ein Training einfach wieder aktivieren. Im Jenseitskontakt brauchen wir nicht das ganze Spektrum eines Remote Viewers, aber wichtig zu wissen ist, dass der Remote Viewer über alle Sinne arbeitet und auch ein gefühltes Bild des Zielgebietes aufmalt.

Er versucht also auch die Schwingung eines Ortes wahrzunehmen oder die Akustik. Damit ist klar, dass das Remote Viewing nicht nur ein Training des Sehens, sondern ein Training aller Sinne ist. Strenggenommen gehört Remote Viewing zu den außersinnlichen Wahrnehmungen und wird im medialen Kontext als übersinnliche empfangene Eindrücke bezeichnet.

Als mediales Remote Viewing würden wir es nur dann bezeichnen, wenn der verstorbene Kommunikator uns an die Hand nimmt und durch seine Wohnung führt und sagt: „Hier rechts ist mein grünes Ledersofa. Dort habe ich abends immer mit meiner Frau gesessen. Wenn man aus dem Fenster sieht, dann kann man das Vogelhäuschen erkennen, das ich selbst gebaut habe."

Nur dann ist es ein medialer Kontakt oder mediales Remote Viewing, da wir hier einen Kommunikator haben, der uns an einen Ort mitnimmt und uns diesen zeigt und erklärt und Zusatzinformationen bereithält.

Psychometrie – Lesen aus Energiefeldern von Gegenständen

Psychometrie ist eine übersinnliche Fähigkeit, in der eine Person durch Berührung die Vergangenheit, Gegenwart und Zukunft eines Objektes oder eines Gegenstandes lesen kann. Ein solches Medium empfängt Eindrücke, Gefühle, Gerüche oder Bilder, in dem sie es in der Hand hält oder berührt. Manche halten die Objekte auch an die Stirn, an das dritte Auge.

Psychometrie ist eine Form des Wahrsagens, man kann die Geschichte eines Menschen aus einem Foto herauslesen oder den Lebensverlauf eines Verstorbenen aus einem Schmuckstück. Ein alter Schrank kann viel erzählen, denn er übernimmt die Energien, die um ihn herum herrscht und die von einem begabten Medium lesbar ist.

Psychometrie ist eine Form, das nicht Sichtbare sichtbar oder fühlbar zu machen. Manche benutzen dazu eine Kristallkugel, einen schwarzen Spiegel oder die glatte Oberfläche eines Teiches. Ein Psychometrie-Medium nimmt einen Gegenstand in die Hand und beginnt zu erzählen.

Nehmen wir an, ein solcher Psychometrist würde einen Ring einer verstorbenen Person in die Hand nehmen. Er schließt die Augen und nimmt wahr. Er könnte etwas über den Träger des Rings erzählen, das Geschlecht, den Familienstand. Er könnte wahrnehmen, ob es ein Geschenk war oder ein Erbstück. Er könnte über die Sinne die Emotionen der verstorbenen Person abrufen, die Todesursache und die Momente im Leben, die eine emotionale Spur hinterlassen haben. Denn Emotionen kann man in einem Objekt am stärksten wahrnehmen. Nicht immer funktioniert das mit jedem beliebigen Objekt. Mit Geld zum Beispiel geht es nicht, da Geld durch viele Hände fließt und ein wildes Durcheinander nicht eindeutig zuordenbarer Informationen wahrnehmbar wäre. Es kommt auf den Grad der Imprägnierung an.

Manche Medien helfen mit dieser Fähigkeit sogar der Polizei, indem sie ein Kleidungsstück einer vermissten Person in die Hand nehmen und über diese Schwingung sagen können, ob derjenige noch lebt und in welcher Verfassung er ist. Kommt noch die Fähigkeit des Remote Viewings dazu, dann könnte ein ausgebildetes Medium sogar beschreiben, an welchem Ort jemand festgehalten wird oder wo er sich befindet.

Geschichte der Psychometrie

Das Wort Psychometrie tauchte erstmals 1842 auf, als Joseph R. Buchanan die ersten Experimente im Bereich Psychometrie anstrebte. Es setzt sich zusammen aus dem griechischen Wort *psyche*, das Seele bedeutet und dem griechischen Wort *metron*, das mit Maßeinheit bzw. messen übersetzt werden kann.

Buchanan platzierte Drogen bzw. Medikamente in Glasröhrchen und bat seine Studenten zu fühlen, was es wäre. Die Ergebnisse lagen weit über dem möglichen Durchschnitt. Seiner Theorie nach hat jedes Objekt eine Seele und damit ist es auch in der Lage Informationen zu speichern und sich zu erinnern.

Inspiriert von diesen Erfahrungen führte der amerikanische Professor William F. Denton diese Experimente fort, indem er geologische Formationen in ein Tuch wickelte und seine Schwester bat, diese sich an die Stirn zu halten und herauszufinden, was in diesen eingewickelten Päckchen wäre. Sie war absolut in der Lage akkurat den jeweiligen Inhalt zu beschreiben.

Gustav Pagenstecher, ein deutscher Arzt, hatte die mexikanische Sensitive Maria Reyes de Zierold als Patientin, bei der er hohe psychometrische Fähigkeiten vermutete. Zwischen 1919 und 1922 konnte sich Maria bei den Experimenten in Trance versetzen und, während sie das Objekt in der Hand hielt, beweisbare Fakten über das Objekt und die Träger übermitteln, indem sie das beschrieb, was sie empfing.

So übergab er ihr zum Beispiel ein Stück Schnur, an dem einst die Erkennungsmarke eines deutschen Soldaten befestigt gewesen war. Ohne diese Umstände zu kennen, begann sie bei der Berührung des Fadens folgende, hellseherisch übermittelten Eindrücke wiederzugeben: „Es ist sehr kalt und ein nebliger Tag ... Ich bin auf einem Schlachtfeld, es riecht nach Schießpulver. Vor mir ein großer Mann, stehend, in einem grauen Mantel, der bis zu seinen Füßen reicht. Hinter ihm sehe ich drei andere

Männer stehen. Sie sprechen deutsch oder, besser gesagt, sie brüllen..."
(D. Rogo, Parapsychologie)

Pagenstechers Theorie war, dass sich ein Psychometrist in die Vibration eines Objektes einfühlen könne und die Frequenzen dann in der Lage sei zu lesen.

In seinem Buch „The holographic universe" sagt Michael Talbot, dass diese Fähigkeiten bedeuten, dass die Vergangenheit nicht verloren geht, sondern in irgendeiner Form durch übersinnliche Fähigkeit im vollen Umfang zugänglich gemacht werden kann.

Physikalisch gesehen, existiert jede Form auf einer subatomaren Ebene als Vibration und dass die Realität (Vergangenheit, Gegenwart und Zukunft) und das Bewusstsein eines Objektes als Erinnerungen gespeichert sind in einem vierdimensionalen Raum. Ein sensitives Medium könnte durchaus in der Lage sein, einen solchen Raum aufzusuchen und die dort gespeicherten Informationen abzurufen. Wir nennen eine solche Information eine Imprägnierung, abgeleitet vom lateinischen Verb *impraegnare* für schwängern, durchtränken, füllen mit einer Substanz. Manche nennen es auch ein Hologramm.

Dadurch wird deutlich, dass Räume, die besonders stark mit Emotionen wie Wut, Zorn, Depression, Trauma, also tiefgehenden Gefühlen imprägniert sind, leichter aufzufinden sind, als Räume mit positiver Schwingung. Eine solche Imprägnierung hinterlässt einen tieferen Eindruck als eine freudvolle Erfahrung. Wenn man Menschen nach ihrem besten Erlebnis befragt, brauchen sie immer eine lange Zeit, bis ihnen etwas einfällt. Wenn man Menschen aber nach ihrem schlechtesten oder traumatischsten Ereignis befragt, dann fallen ihnen oft sofort mehrere Begebenheiten ein.

Andere Forscher wiederum denken, dass es das energetische Feld der Aura eines Objektes ist, zu dem ein psychometrisches Medium Zugang hat.

Manche wiederum vergleichen die Psychometrie mit einem Kassettenrecorder. Wenn ein Schmuckstück durch mehrere Hände vererbt wurde, dann kann ein sensitives Medium nach und nach auf einer Zeitlinie zurückgehen, als würde man das Band einer Kassette zurückspulen und alle Informationen über alle Besitzer sammeln.

Andere PSI-Forscher halten die Psychometrie für eine besondere Form der Hellsicht. Sie denken, dass der Gegenstand lediglich als Fokus dient und die Informationen das Medium dann hellsichtig oder hellfühlend erreichen.

Übungen zur Psychometrie

Obwohl manche Forscher glauben, dass Psychometrie durch geistige Wesenheiten kontrolliert wird, denke ich doch, dass dieses Talent in jedem von uns schlummert. Da wir natürlich auch auf diese Weise in unseren medialen Ausbildungen arbeiten, kann ich nur sagen, dass bisher jeder Teilnehmer zufriedenstellende Ergebnisse bereits beim ersten Übungsdurchgang erreichte. Es ist lediglich nötig übersinnlich arbeiten zu können, also durch Hellsehen oder Hellfühlen.

Suchen Sie sich einen Ort, der möglichst frei von Geräuschen und Störungen ist. Stille ist notwendig, da Psychometrie eine hohe Konzentration erfordert. Setzen Sie sich in eine aufrechte Position und formen Sie Ihre Hände zu einer Schale. Bitten Sie nun eine Person etwas in Ihre Hände zu legen. Die Person sollte nichts zu dem Gegenstand sagen. Einfach den Gegenstand in Ihre Hände legen.

Konzentrieren Sie sich und nehmen Sie alles wahr, was passiert und sprechen Sie es laut aus und zwar sofort, ohne darüber nachzudenken. Den Fehler, den die meisten begehen, ist, dass sie nicht in den ersten ein bis zwei Sekunden sprechen. Sprechen Sie Gefühle, Bilder laut aus. Riechen Sie etwas? Wie verändert sich Ihre emotionale Stimmung mit dem Objekt in Ihren Händen? Zweifeln Sie nicht an Ihren Eindrücken, dichten Sie nichts hinzu. Vielleicht erscheint Ihnen alles, was sie sagen, vollkommen bedeutungslos, doch Ihre Information kann für den Besitzer des Objektes viel bedeuten.

Diese Übung ein einziges Mal durchzuführen macht keinen Sinn. Je öfter Sie diese Übung versuchen, desto mehr nehmen Sie wahr und desto besser werden Sie. Erfinden Sie keine Geschichten über das Objekt, schmücken Sie nichts aus, bleiben Sie bei den Fakten, die kommen. Eine erste Information ist innerhalb von Sekunden da. Ihre Aufgabe ist es herauszufinden, ob diese eine emotionale, eine bildhafte oder eine wissende Information ist.

Im ersten Schritt werden Sie froh sein etwas zu bekommen. Fortgeschrittene nehmen dann zum Beispiel das erhaltene Bild und fühlen sich tiefer hinein Sie folgen quasi dem Informationsstrang, denn hier liegen oft mehr Informationen als an der Oberfläche.

Machen Sie sich am Anfang keine Gedanken darüber, ob ihre Ergebnisse über oder unter dem Durchschnitt liegen. Spielen Sie! Gehen Sie wie ein Kind an diese Aufgabe heran!

Übrigens: Kinder bis 12 Jahre haben noch eine unglaubliche Trefferquote in allen medialen Fähigkeiten. Wir haben eine Motivations-AG an einer Realschule ein Jahr geleitet und hier mit den Kindern viele mediale und telepathische Übungen gemacht. Die Ergebnisse waren erstaunlich. Fast alle Kinder hatten eine Trefferquote von 90 %. Daher behaupten wir auch, dass jeder mediale Fähigkeiten hat, doch nicht jeder sie benutzen will.

Denken Sie daran, dass erfahrene Psychometristen nur eine Erfolgsquote zwischen 80 bis 95 % aufweisen. Diese Prozentzahl ist allerdings signifikant, da man bereits bei einer Quote ab 35 % von paranormalen Fähigkeiten spricht. Wichtig ist, die Dinge in der Reihenfolge der Wahrnehmung auszusprechen. Oft sind es die am wenigsten als stimmig empfundenen Bilder, die dann korrekt sind und einen hohen Wert für den Klienten aufweisen. Also trauen Sie sich und sprechen Sie alles aus. Nur so lernen Sie falsche und richtige Informationen zu unterscheiden.

Übung macht auch hier den Meister. Wer in medialen Dingen schnell aufgibt, wird leider nicht viel erreichen. Nur Training bringt Sicherheit und damit entsteht eine Gewissheit und Kraft, mit der sich viel erreichen lässt. Ganz nebenbei schulen Sie auch hier wieder Ihre Hellsicht und Hellfühligkeit. Das kommt Ihnen in jedem anderen medialen Bereich zugute.

Trance – Die verschiedenen Bewusstseinszustände eines Mediums

Die Trance ist ein Bewusstseinszustand, der zwischen Schlaf und Wachsein eingeordnet ist. Anders als im Schlaf ist das Medium im Trancezustand meist noch in der Lage, bewusst Inhalte wahrzunehmen. Wird dieser Zustand allerdings sehr intensiv, so wird sich die Person nach dem „Aufwachen" nur mehr bruchstückhaft an das erinnern, was sie gesagt oder getan hat.

Eine Frage der Schwingungen

Im Wachzustand schwingen die Gehirnwellen etwa acht- bis 13-mal in der Sekunde. Die Aufmerksamkeit ist vollständig gegeben. Menschen in diesem Zustand gehen ihrer Arbeit nach, führen Hobbys oder sportliche Betätigungen aus oder treten in Interaktion mit anderen Menschen. Sie leben meist voll und ganz in der Außenwelt, ihre Aufmerksamkeit ist vor allem dorthin gerichtet. Ganz anders ist der Tiefschlaf. Die Gehirnströme schwingen in diesem Zustand nur etwa zweimal pro Sekunde. Das Wachbewusstsein ist ausgeschaltet, der Mensch kann sich meist überhaupt nicht erinnern, was vorgefallen ist, während er geschlafen hat. Die Ausnahme ist der Traum. Während der Traumphasen ist die Aktivität des Gehirns stark erhöht. Auch hier fällt aber auf, dass die Aufmerksamkeit voll und ganz nach innen gerichtet ist. Was in dem Moment um den Schläfer herum vorgeht, hat nur sehr wenig Einfluss auf das Traumgeschehen. Er befindet sich auf einer anderen Bewusstseinsebene.

Trance – der Zwischenzustand

Zwischen Wachen und Schlafen gibt es den Schwingungsbereich von vier bis acht Schwingungen pro Sekunde. Menschen, deren Gehirn sich in diesem Aktivitätsniveau befindet, sind weder wach, noch schlafen sie. Jeder erlebt solche Zustände kurz vor dem Einschlafen. Die Welt verschwimmt schon ein bisschen, Trauminhalte mischen sich in bewusste Gedanken, das Erinnerungsvermögen ist einmal da, dann schleicht es sich davon. In diesem Zustand wechselt die Aufmerksamkeit vom äußeren Geschehen zum inneren Geschehen.

Bewusst herbeigeführt

Das Besondere an der Trance, die ein Medium benutzt, um seine Klarsicht zu unterstützen, ist, dass es diesen Zustand bewusst herbeiführen kann. Manche Menschen bedienen sich verschiedener Hilfsmittel wie der Musik in bestimmten Frequenzen. Hier geht es darum, das Gehirn auf die Frequenz von vier bis acht Schwüngen pro Sekunde einzustellen. Auch gewisse Bilder können einen Trancezustand auslösen oder unterstützen. Tanz und Gesänge sind ebenfalls für manche Menschen hilfreich, um die Trance zu erreichen. Auch manche Drogen induzieren diesen Zustand, ihre Verwendung ist jedoch verboten. Mit viel Erfahrung kann das Medium die Zeit seines Trancezustandes benutzen, um sich Zugang zu speziellen Informationen auf Ebenen zu verschaffen, die Menschen weder im Wach- noch im Schlafzustand erreichen können.

Verschiedene Trancezustände

Je nach Tiefe der Trance kann das Medium unterschiedliche Erfahrungen machen bzw. Zugang zu verschiedenen Informationen erhalten. Der Zustand wird umso tiefer, je langsamer die Gehirnfrequenz wird. So spricht die Fachwelt bei einer Trance, die an der Grenze des Tagesbewusstseins angesiedelt ist – also bei rund sieben Schwingungen pro Sekunde – von einem leichten Trancezustand. Das Medium ist hier noch sehr klar, kann sogar mit Menschen kommunizieren und Fragen beantworten. Eine sehr tiefe Trance ist dann gegeben, wenn sich die Hirnfrequenz dem Schlaf bei etwa drei bis vier Schwingungen pro Sekunde immer mehr annähert. Die Eindrücke des Mediums werden immer unbewusster, kommen von sehr tiefen Ebenen. Für die Person, die sich in diesen Zustand begibt, sind die Inhalte der Trance manchmal nicht mehr erinnerlich – nur das Publikum erlebt selbst im Wachbewusstsein genau mit, was das Medium sagt und tut.

Frequenzbereiche der Trance

Delta-Wellen

Diese Frequenz entspricht einem Bereich von 0,1 bis vier Hertz, was der entsprechenden Zahl an Schwingungen pro Sekunde gleichkommt. Typisch ist diese Schwingung für den Tiefschlaf. Medien verwenden Frequenzen von rund vier Hertz für sehr tiefe Trancezustände. Sie sind in diesem Zustand sehr nah an den Quellen ihres Wissens und können tiefe Einsichten gewinnen. Nach Beendigung der Trance kann es jedoch zu Erinnerungslücken kommen. Diese Trance ist unabdingbar für Physikalische Medialität. Nur die Volltrance erlaubt es physikalische Phänomene zu kreieren.

Theta-Wellen

Dieser Bereich zwischen vier und acht Hertz beinhaltet die typischen Trance-Frequenzen. Je mehr Schwingungen pro Sekunde die Gehirnwellen zeigen, desto weniger tief ist die Trance. Am Grenzbereich zum Wachbewusstsein sind Kommunikation oder hellfühlende Eindrücke möglich. Medien mit viel Erfahrung können in diesem Zustand auch Anregungen von außen – etwa Fragen – in den Prozess einbauen. Meist sind sie jedoch nicht in der Lage, zielgerichtet zu reagieren. Die Antwort kommt entweder unbewusst oder wenig bewusst während der Trance oder erst, wenn das Medium wieder ins Wachbewusstsein gewechselt hat.

Alpha-Wellen

Dies sind die Gehirnwellen, die das zentrale Nervensystem im normalen Wachzustand erzeugt. Sie entsprechen acht bis 13 Hertz. Für Medien ist dieser Bereich natürlich genauso wichtig wie für andere Menschen. Sie sind in der Lage, ihre Erfahrungen aus der Trance mit in das Alltagsbewusstsein zu holen und zu kommunizieren. Geübte Medien können blitzschnell von einem in den anderen Zustand wechseln. So ist es ihnen möglich, Fragen aufzunehmen, in die Trance zu gehen und die erhaltenen Informationen sofort danach im Wachbewusstsein weiterzugeben. Die meisten Meditationen finden in diesem Zustand statt.

Beta-Wellen

Diese decken den Frequenzbereich zwischen 13 und 30 Hertz ab. Diese Wellen sind typisch für den Wachzustand eines Menschen. Manche Übersinnliche wählen diesen Weg, um sich mit ihren Ebenen des Wissens, also sogenannten Informationsfeldern, zu verbinden. Dabei sind gleitende Zustände zwischen Alpha- und Beta-Frequenzen eher die Norm.

Gamma-Wellen

Sehr hohe Frequenzen über 30 Hertz sind die Gamma-Wellen. Sie treten bei sehr starker Konzentration auf. In der medialen Arbeit dienen sie dazu, sich intensiv mit der Materie, die gerade bearbeitet werden soll, zu verbinden. Sie wirken dabei stark auf das System des Mediums und treten dann während der Trance deutlich in den Vordergrund. Die Trance selbst findet jedoch innerhalb der niedrigen Frequenzbereiche der Theta-Wellen statt.

Schnelles Wechseln von Gehirnfrequenzen

Ein gutes Medium ist in der Lage, schnell von einer zur anderen Gehirnfrequenz zu wechseln. So wird es zur Aufnahme der Materie in die hochfrequente Gamma-Frequenz gehen, um sofort danach in den Trancezustand zu gleiten. Im Bereich der Alpha-Wellen kann es seine Erlebnisse und die Informationen, die es gewonnen hat, kommunizieren. Für das Gehirn ist dieser schnelle Wechsel etwas Ähnliches wie ein Marathonlauf für den Körper. Er verbraucht viel Energie und ein Medium benötigt Vorbereitungs- und Trainingszeit.

Tiefes Eintauchen in die Zustände

Weiterhin ist es für ein Medium nötig, alle Zustände möglichst bewusst mitzuerleben und sich intensiv darin zu versenken. Den Theta-Zustand der Trance erlebt jeder Mensch etwa knapp vor dem Einschlafen. Doch passiert dies auf einer sehr unbewussten und ungesteuerten Ebene. Der Vorstoß in Bereiche, die dem Medium tieferes Wissen und die Sicht auf Informationen gibt, die im Wachbewusstsein vorborgen sind, benötigt in den meisten Fällen intensive Übung. Es gelingt dann, die verschiedenen Zustände des Gehirns gezielt einzusetzen und in großer Bewusstheit genau die Ebenen aufzusuchen, in denen die Informationen vorliegen, die für das Medium gerade von Interesse sind. Neurofeedbacktraining ist eine Möglichkeit, dies zu tun.

Channeling – Das gesprochene Wort

Channeling bezeichnet das Mittel, eine direkte Verbindung zu einem nicht-physischen bzw. körperlosen Wesen herzustellen, das man Geistführer oder – wie im Englischen – Guide nennt. Bei dem Vorgang des Channelings stellt man eine aktive Verbindung zu Wesen her, die auf anderen Realitätsebenen (manche bezeichnen dies auch als Frequenzbereiche) existieren. Diejenigen, die in der Lage sind, eine solche Verbindung herzustellen, nennt man daher auch Channels.

Durch die gesamte Geschichte der Menschheit hindurch channelte man Engel und Guides und identifizierte sie als Boten Gottes oder selbst als Götter. Dabei kann das Channeln in unterschiedlichen Bewusstseinsstufen erfolgen. Bei einem sehr hoch entwickelten Medium ist Channeln auch im Wachzustand möglich. Andere Medien arbeiteten in Volltrance. Heute arbeiten die meisten Medien irgendwo dazwischen.

Die Arbeit eines Channels ist zu unterscheiden von dem, was ein Medium tut. Medien arbeiten mit den Verstorbenen, die nicht einfach verschwinden, sondern ebenfalls auf einer anderen Ebene weiterexistieren, was hier aber nicht das Thema sein soll. Ein Medium möchte den Lebenden einen Kontakt zu ihren befreundeten oder verwandten Verstorbenen ermöglichen oder überhaupt beweisen, dass dies möglich ist. Wohingegen die Arbeit des Channels weniger eng begrenzt ist, was nicht bedeutet, dass das eine über dem anderen steht. Vielmehr verhalten sich beide Bereiche komplementär zueinander.

Die antiken Ägypter channelten z.B. göttliche Energien, die sie als ihre Götter identifizierten, während im antiken Griechenland das Orakel von Delphi konsultiert wurde. Auch in der Bibel, im Alten Testament, channeln die Propheten und identifizieren die Energien als Gott. Helena Petrova Blavatsky, Madame Blavatsky genannt, war die Gründerin der modernen Theosophie. Blavatsky channelte verschiedene höhere Wesen, die ihr dabei halfen, „Isis Entschleiert", ihre klassische Arbeit über die antiken Religionen und ihre Bedeutung für die moderne Zeit zu schreiben. Ein weiterer wichtiger Beitrag zum modernen Channeling stammt von Alice Bailey, die – durch ihren tibetischen Meister inspiriert – die Arkane Schule gründete.

Andere Channels des vergangenen Jahrhunderts sind Edgar Cayce, der in eine Hypnose fiel, und Sitzungen hielt, in denen er erstaunlich präzise Äußerungen für seine Zuhörer und Kunden treffen konnte und Jane Roberts, die auch eine anerkannte Prosa- und Lyrik-Autorin war und die über ihren Geistführer Seth massenhaft Informationen erhielt, die sie in ihren Büchern niederschrieb, die wir heute erstmalig begreifen. In der Zeit, in der das Seth-Material erschien war, es geradezu spektakulär. In heutiger Zeit sind Sanaya Roman sowie Lee Carroll der die Wesenheit Kryon channelt bekannte Channelmedien, die eine ungeheure Dichte an Informationen channeln. Manche Menschen hören ihre Geistführer in klaren Worten, andere sehen Bilder, die sie beschreiben und andere bekommen einfach einen Sinn davon, was ihnen ihr Guide vermitteln möchte. Wenn man selbst zu channeln beginnt, wird die Verbindung anfangs etwas diffus und nicht ohne Unsicherheit und Störung verlaufen können. Wie alles, was Übung braucht, funktioniert aber auch dies mit der Zeit routinierter und reibungsloser.

Die spirituellen Wesen existieren außerhalb von Raum und Zeit und können daher zu jeder Zeit gechannelt werden. Sie haben keinen physischen Körper, auch wenn es einmal eine Zeit gab, in der sie einen hatten. Die meisten Geistführer erinnern sich an diese Zeit gut und können davon berichten, wenn man sie darum bittet. Solche Geistführer verstehen sich als Lehrer, meist auch schon als sie noch körperhaft waren. Seitdem sie gestorben oder übergetreten sind, leben und entwickeln sie sich spirituell weiter.

Lebenssinn

Die höheren Ebenen, auf oder in denen die Guides existieren, sind voll von positiver Energie. Das Ziel eines Guides ist es, einen Menschen fester, unabhängiger und selbstbewusster zu machen. Zu einem Guide hat man eine persönliche Bindung, er empfindet Mitgefühl und versteht die Probleme, die man hat. Er kennt den persönlichen Sinn im Leben und weiß, weshalb man es sich einmal ausgesucht hat, zu genau dieser Zeit und unter diesen Bedingungen zu leben. Bereits vor der Geburt haben wir uns selbst eine Aufgabe gegeben, die unseren Lebenssinn ausmacht. Ein Guide kann diesen Sinn gewissermaßen ablesen und uns eine Einsicht darüber vermitteln.

Daher ist das Steigen auf einen Berg eventuell eine gute Metapher für das, was Channeling ist. Man wird mehr über sich, andere und das Leben erfahren, da man das Ganze von einer breiteren und höheren Perspektive aus betrachten kann, von der aus man auch den tieferen Sinn des Lebens, in dem man sich befindet, verstehen lernt. Als Channel zu arbeiten setzt eine Hingabe voraus und je freier ein Channelmedium von seinem Ego arbeiten kann, desto reiner kann die Botschaft durch diesen Kanal gelangen.

Ein Mittel zur Selbsthilfe

Bis hierher klingt das Channeling vielleicht wie etwas Magisches, das einem das Leben erklärt und es verbessert, ohne dass man selbst etwas beitragen muss. Man sollte das Channeling aber in jedem Fall nicht als „Wundermittel" oder Zauberei verstehen, das mit einem Schlag das ganze Leben verändert. Es hilft einem nicht wie durch Magie, das Leben zu verbessern. In den Dingen, die man sich nicht vornimmt, kommt man nicht voran – das ist beim Channeling genauso wie im ganz normalen Leben.

Das Channeling kann daher im Alltag dieses Lebens nur eine Stütze sein. Es kann dabei helfen, die alltäglichen Gemeinheiten und Widerstände mit etwas Distanz und Besonnenheit zu betrachten, wodurch sie weniger schwerfallen. Durch das Channeling erhält man ein besseres Gespür oder einen besseren Sinn davon, was man im Leben erreichen und schaffen will. Dies aber im zweiten Schritt auch konsequent durchzusetzen, ist immer noch Aufgabe eines jeden selbst. Ein Guide kann dabei helfen, indem er positive Energie vermittelt.

Diese positive Energie kann für alles verwendet werden, was man sich vornimmt. Sie ist sowohl für alltägliche als auch spirituelle Aktivitäten einsetzbar. Man kann die Energie nutzen, um mit Menschen positiv zu kommunizieren und subtil eine gewisse Botschaft dabei zu vermitteln, z.B. dass das Leben gut ist und einen Sinn hat. Mit ihrer Hilfe kann man aber auch künstlerisch aktiv werden oder heilende oder hellseherische Fähigkeiten zur Unterstützung von anderen entwickeln und anwenden (dazu im entsprechenden Artikel mehr).

Wer kann ein Channel werden?

Grundsätzlich kann jeder, der möchte, ein Channel werden, da die Guides uns gerne zur Seite stehen und jedem Wesen helfen wollen, das Hilfe benötigt. Es gibt aber dennoch Eigenschaften, die begabte Channels von weniger begabten Channels trennt.

Gute Channels sind in der Regel sehr nachdenkliche, oft auch in sich gekehrte Menschen. Sie wollen einen Weg einschlagen, auf dem sie anderen helfen und dienlich sein können, besonders Menschen mit Veranlagung zum Heilen weisen diese Züge auf. Sie sind in der Regel unabhängig, offenherzig, selbstbewusst sowie sensibel und eng mit den eigenen Gefühlen vertraut. Sie sind Menschen, die gerne lernen und empfänglich für neue Fähigkeiten, Ideen und Wissen sind. Um als Channel effektiv zu sein, braucht man einen starken Willen, nicht nur für die Ausbildung zum Channel, sondern generell. Schließlich soll das eigene Leben in jeder möglichen Beziehung funktionieren.

Viele, die das Channeln erlernen, profitieren ihr ganzes Leben lang davon. Zwar geben einige das Channeln auch wieder auf, doch auch von diesen wird das Channeln immer als etwas Positives betrachtet.

Spiritual Assessment und Trancereading

Ein Spiritual Assessment ist ein Reading, das sowohl hellsichtig und übersinnlich als auch in Trance stattfinden kann. Bei diesem Reading spricht die geistige Welt durch das Medium zum Klienten. Dabei ist bei einem übersinnlichen Reading davon auszugehen, dass sich das Medium in einem inspirierten Zustand befindet. Bei einem Trancereading spricht ein Geistführer oder ein Lehrer aus der geistigen Welt direkt zum Klienten.

Diese Readings sind ganz individuell und besprechen oft Entwicklungsschritte des Klienten und erklären ihm näher die Zusammenhänge in seinem Leben. Sie sind eine spirituelle Bestandsaufnahme und geben Lebensrat, greifen aber nie in den freien Willen des Ratsuchenden ein. Ein gutes hellsichtiges Medium kann durch Auralesen oder durch das Lesen des morphischen Feldes Informationen erlangen unter gleichzeitiger Inspiration eines Verstorbenen oder des Geistführers des Klienten.

Bei einem Trancereading kommt die Wesenheit unter Umgehung des Verstandes des Mediums durch und spricht direkt mit dem Klienten. Dabei kann es durchaus sein, dass der Klient Fragen gestellt bekommt und auch selbst Fragen an die geistige Welt stellen kann.

Ein solches Reading hat, korrekt ausgeführt, eine unglaubliche Tiefe und bietet auch Jahre später noch eine Inspirationsquelle, da diese Readings oft einen sehr zeitlosen Rahmen haben. Oft werden diese Readings aufgenommen, damit sich der Klient später in aller Ruhe das Gesagte noch einmal anhören kann.

Tranceheilung – Verstorbene Ärzte im Dienst der Heilung

Tranceheilung ist eine der reinsten Formen der Medialität. Hier gibt das Medium sein Ego ganz auf und Ärzte und Heiler aus der geistigen Welt arbeiten durch das humane Energiefeld des Mediums.

Tranceheilung

Manches Wissen erreicht uns Menschen erst nach dem Tod. Über die heilenden Kräfte aus den von Menschen noch unerforschten und der Wissenschaft unzugänglichen Bereichen wie dem Jenseits oder der geistigen Welt ist in der Öffentlichkeit nur wenig bekannt. Häufig werden diesbezügliche Berichte sogar belächelt oder verspottet. Aber dennoch gibt es sie, die Menschen, die über Wissen bezüglich der heilenden Kräfte verfügen, die sich aus der geistigen Welt herbeibeschwören lassen. Ein spiritueller Berater mit den entsprechenden Fähigkeiten kann auf diese Weise seinen Klienten heilende Kräfte vermitteln, die mit dem gebündelten Wissen der Heilung mehrerer Jahrtausende eine heilende Wirkung entfalten können, die für Menschen im Diesseits nur schwer zu erreichen ist.

Personen, die den Beruf des Arztes ergreifen, sind häufig von Nächstenliebe und Sensibilität gegenüber den Krankheiten anderer Menschen motiviert. Bei einigen ist dieser Wunsch zu helfen tatsächlich derart groß, dass sie selbst nach dem eigenen Tod noch ihr Fachwissen und ihre heilenden Kräfte anderen Menschen zur Verfügung stellen möchten, um diese von ihren Gebrechen und anderen Problemen zu heilen. Nach der Meinung einiger Medien liegt dies laut deren eigener Erfahrung daran, dass die besonders starken Eigenschaften der menschlichen Seele selbst durch den Tod nicht ausgemerzt werden können.

Auf diese Weise ergibt sich ein großes Potential für schier unerschöpfliche Heilwirkungen. Ein Berater, der über die entsprechenden Fähigkeiten verfügt, um mit diesen absoluten Philanthropen unter den verstorbenen Ärzten Kontakt aufzunehmen, versetzt sich dazu in Trance und kann so mit den Seelen der verstorbenen Ärzte für seinen Klienten heilsame Kräfte und positive Energien aus dem Jenseits mobilisieren. Dabei kann ein erfahrener Berater unter den Heilwirkungen der verschiedenen Epochen wählen, die alle im Jenseits konzentriert sind. Auf diese Weise lässt sich von einem erfahrenen Berater auch mit Experten Kontakt aufnehmen, deren Wissen vielleicht in der modernen Schulmedizin gar nicht mehr enthalten ist. Im Jenseits stehen diese im stetigen Austausch mit ihren Kollegen aus moderneren Zeiten und können so gemeinsam die besten Eigenschaften der Heilungskunst aus verschiedenen Epochen kombinieren. Hierbei liegt es auch an dem Berater, die Eignung des jeweiligen Gesprächspartners aus dem Jenseits für die heilsame Wirkung angemessen zu beurteilen. So kann es manchmal vorkommen, dass man sofort zu einem kompetenten und einfühlsamen Arzt aus der geistigen Welt Kontakt aufnehmen kann, während es in anderen Fällen etwas länger dauern kann, bis der richtige verstorbene Mediziner aus dem Jenseits zur Verfügung steht.

Erfahrene Berater leiten in Trance sachkundig durch die geistige Welt

Die Inanspruchnahme eines erfahrenen Beraters bietet darüber hinaus den Vorteil, dass man sich selbst nicht in die Trance begeben muss und auch über keine Erfahrung mit den erweiterten Bewusstseinszuständen verfügen muss, die sich in der Trance erreichen lassen und die bei vielen Medien notwendig sind, um Kontakt mit der geistigen Welt aufzunehmen, da sie den Schlüssel darstellen, um das Tor zwischen Diesseits und der geistigen Welt zu öffnen.

Um sich zielgerichtet in der zunächst endlos erscheinenden geistigen Welt bewegen zu können und schnell in den Kontakt mit dem gewünschten Gesprächspartner zu kommen, ist eine gewisse Erfahrung und Expertise sicher keine schlechte Voraussetzung. Selbst begabten, aber nicht weiter ausgebildeten Menschen, die über den siebten Sinn oder sonstige einfühlsame Fähigkeiten verfügen, die spirituelle Reisen in die geistige Welt ermöglichen, fällt die Orientierung in dieser ungewohnten Umgebung laut eigener Aussage häufig zunächst schwer. Dementsprechend schwierig ist es dann auch, während der Reise in Kontakt mit den verstorbenen Medizinern aus der geistigen Welt zu gelangen. Der fachkundige und in der Praxis erfahrene Berater kann hier eine wertvolle Hilfe und auch emotionale Stütze sein. Darüber hinaus lassen sich viele der Ärzte aus der geistigen Welt auch nach ihren eigenen Fähigkeiten befragen und geben üblicherweise wahrheitsgemäß Auskunft darüber, ob sie sich eine Heilung oder Linderung der Gebrechen des Klienten zutrauen.

Heilsame Kräfte aus der geistigen Welt

Die heilsamen Kräfte wirken meist nach der Sitzung noch einige Zeit nach und verschaffen dem Klienten in vielen Fällen eine positive Stimmung oder ein angenehmes Körpergefühl. Dies ist aber durchaus von der Schwere und von der Art der Erkrankung abhängig. Außerdem kommt es erfahrungsgemäß auch auf die eigene Empfindsamkeit und Sensibilität gegenüber den Energien aus dem Jenseits an. Wenn die heilsamen Mächte des Jenseits ihre Wirkung voll entfalten sollen, ist es ratsam, diesen aufgeschlossen und unvoreingenommen entgegenzutreten, um das optimale Heilungspotential zu entfalten. Hier kann der in Trance versetzte Berater auch zusätzlich als Vermittler dienen, um einen „guten Draht" zwischen den verstorbenen Ärzten und seinem Klienten herzustellen und eine optimale Diagnose und geeignete Therapie mit von der Wissenschaft zum Teil noch unverstandenen Kräften zu ermöglichen. In dem Zusammenhang ist die besondere Einfühlsamkeit des Beraters gefragt, denn ebenso wie lebende Menschen sind auch die verstorbenen Ärzte der geistigen Welt trotz ihrer großen Weisheit sehr unterschiedliche und mitunter etwas verschrobene Charaktere, denen das Wohl ihrer Besucher aus dem Diesseits aber stets am Herzen liegt.

Warum helfen die toten Ärzte aus der geistigen Welt den Lebenden?

Was ist die Motivation der Ärzte, ihre heilsamen Hände auch nach ihrem eigenen Tod nicht ruhen zu lassen? Zum einen dürfte dabei, wie bereits erwähnt, die Nächstenliebe eine große Rolle spielen, die den Beruf des Arztes schon seit vielen Generationen begleitet und die viele Ärzte bereits zu Lebzeiten aufweisen. Aber darüber hinaus existieren vielleicht auch Seelen von Medizinern, die auf diese Weise nach ihrer eigenen Erlösung oder ihrem eigenen Seelenheil streben – kann man doch unter Umständen vieles, was man im Leben nicht ganz richtig gehandhabt hat, nach dem Tode wieder gutmachen, nachdem man in der geistigen Welt erwacht ist. Wenn man sich den heilenden Händen dieser Ärzte hingibt, so trägt man auf diese Weise möglicherweise auch zu deren eigener seelischer Heilung bei und hilft ihnen, die eigene erlösende ewige Ruhe zu finden. So berichtete ein Berater einmal, dass ein Mediziner der geistigen Welt einem Klienten zutiefst gedankt habe, weil er ihn einen schrecklichen Fehler, den er als junger, unerfahrener Arzt gemacht hatte, mit dem erweiterten, ihm nun zur Verfügung stehenden Wissen der geistigen Welt mit seiner heilenden Wirkung auf diesen Patienten wiedergutmachen ließ. Der Klient selbst berichtete gerührt von der großen Einfühlsamkeit und Vorsicht der heilenden Kräfte, die in den darauffolgenden Tagen durch seinen Geist und Körper flossen.

Die Tranceheilung bietet also nicht nur die Möglichkeit, eigene Probleme und Gebrechen von Experten aus der geistigen Welt begutachten zu lassen, sondern darüber hinaus auch ein Potential, diesen verstorbenen Medizinern bei deren eigener Erlösung zu helfen. Dies ist eine klare Win-Win-Situation für beide Seiten: Denn schließlich ist die eigene Erlösung das, wonach alle Menschen, ob Lebende oder Verstorbene, ob Akademiker oder nicht, streben. Somit kann man durch die Trance-Heilung außer sich selbst auch noch anderen etwas Gutes tun. In jedem Fall ist es sicher einen Versuch wert. Eine negative Wirkung der Tranceheilung durch einen erfahrenen Berater auf den Klienten konnte bislang nicht beobachtet werden.

Bei Unsicherheit: Eine Probesitzung kann bei der Entscheidung helfen

Wer sich unsicher ist, wie stark er oder sie durch diese Energien der geistigen Welt beeinflusst werden und ihre heilsame Wirkung erfahren kann, sollte zunächst eine Probesitzung bei einem entsprechend begabten und ausgebildeten Tranceheiler buchen. Oftmals findet bereits nach einer der ersten Sitzungen ein positiver Energiefluss statt, der sich im Allgemeinen geistigen und/oder körperlichen Wohlbefinden bemerkbar machen kann. Die stete Voraussetzung dafür ist aber, sich der Heilung aus der geistigen Welt zu öffnen und für diese empfänglich zu sein. Aber ein offener Geist braucht meistens ein wenig Zeit, um sich voll zu entwickeln. Besonders Menschen mit schweren Erkrankungen sollten deshalb zusätzlich zu den Möglichkeiten der Tranceheilung auch alle Möglichkeiten der modernen Medizin ausnutzen, da Heilwirkungen aus der geistigen Welt normalerweise problemlos mit denen der modernen Medizin kombiniert werden können und die therapeutische Wirkungen der verschiedenen heilenden Energien aus dem Diesseits und Jenseits lückenlos ineinandergreifen. Lassen Sie sich bei Ihren Erkrankungen also auch immer zusätzlich von einem lebenden Arzt ihres Vertrauens beraten, um alle Chancen auf Heilung optimal zu nutzen.

Edgar Cayce – Diagnosen aus der geistigen Welt

Edgar Cayce war eines der prominentesten Medien des 20. Jahrhunderts. Der US-Amerikaner erlangte Berühmtheit, als er ohne medizinische Kenntnisse kranken Menschen die Art, Ursache und mögliche Therapie ihres Leidens nannte. Cayce befand sich dabei immer in einer selbst induzierten Trance und erhielt deswegen auch den Beinamen „Schlafender Prophet". Die Diagnosen und die von ihm vorgeschlagenen Heilmethoden erwiesen sich meistens als erstaunlich präzise und hilfreich.

Cayces Anfänge

Edgar Cayce wurde 1877 in den USA geboren und wuchs als Sohn eines Landwirts und einer Hausfrau auf einer Farm in Kentucky auf. Wie seine sechs Geschwister genoss er eine nur unzureichende Schulerziehung. Cayce absolvierte anschließend eine Ausbildung zum Fotografen. Als Mittzwanziger verlor er nach einer Erkältung plötzlich seine Stimme. Alle Behandlungsmethoden blieben erfolglos, sodass Cayce sich nur noch flüsternd verständigen konnte. Ein Hypnotiseur bot dem Erkrankten schließlich seine Hilfe an. Cayce stimmte zu. In diesem Zustand beschrieb er dann detailreich seine angegriffenen Stimmbänder und behauptete, dass mangelnde Blutzirkulation dafür verantwortlich sei. Der Hypnotiseur suggerierte seinem Patienten daraufhin stark durchblutete Stimmbänder. Cayce gesundete nicht nur vollständig, sondern entdeckte nebenbei seine außerordentliche mediale Begabung.

Schlafender Prophet

Obwohl er keinerlei medizinische Kenntnisse besaß, fing Cayce nun an, im Trancezustand Diagnosen und entsprechende Therapien für Hilfesuchende Kranke zu nennen. In den allermeisten Fällen kannte er seine Patienten nicht und hatte diese auch niemals zuvor zu Gesicht bekommen. Alles, was er für ein „Reading" benötigte, waren Name, Adresse sowie den Aufenthaltsort des Betroffenen. Seine Frau Gertrude Evans, die Cayce 1903 geheiratet hatte, stellte ihrem in Trance versetzten Mann die Fragen, um den Rapport anzufertigen. Eine Sekretärin notierte alles, was Cayce in diesem Zustand von sich gab – meist tat er das in einem bestimmenden Tonfall. Nach dem Erwachen aus der Trance konnte sich Cayce selbst nicht erklären, was währenddessen mit ihm passiert war. Die Heilungserfolge sprachen sich schnell herum, auch im Ausland nahm man Notiz von Cayces Fähigkeiten. Immer mehr Menschen wandten sich in den folgenden Jahren an den einfachen Mann aus Kentucky. Bald arbeitete der „schlafende Prophet" Vollzeit, denn er wies Kranke niemals zurück. Da Cayce ausnahmslos jeden Patienten kostenlos behandelte, bat er bald um freiwillige Spenden.

Metaphysisches Neuland

Im Jahr 1923 trat der spirituell hochinteressierte Arthur Lammers in Cayces Leben und gab desen Leben eine neue Ausrichtung. Lammers schlug Cayce den Versuch vor, im Trancezustand metaphysische Fragen zu beantworten: Woher kommt der Mensch? Was ist der Sinn von Leben und Tod? In den nun folgenden „Readings", die wie die Heilungs-Sitzungen protokolliert wurden, eröffneten sich für Cayce und seine Umwelt ganz neue Dimensionen. Der streng gläubige Christ sprach in Trance von Reinkarnation, vom alten Ägypten, von Tibet, sogar von Atlantis war die Rede. Als man ihn im Wachzustand mit seinen philosophisch-metaphysischen Darlegungen konfrontierte, war Cayce fassungslos und beschämt. Diese Aussagen waren nicht mit der Bibel vereinbar. Erst nach und nach erkannte Cayce die universelle Gültigkeit des von ihm in Trance Offenbarten an. Er sah darin auch keinen Widerspruch mehr zum Christentum. Als man ihn einmal in Trance befragte, woher er seine Informationen erhalte, nannte er das individuelle sowie das kollektive Unbewusste bzw. die Akasha-Chronik als seine Quellen.

1945 starb Edgar Cayce im Alter von 67 Jahren. Er hinterließ insgesamt 300 Bücher, von denen viele aus Protokollen seiner Trance-Sitzungen bestehen. Edgar-Cayce-Zentren auf der ganzen Welt sorgen zusätzlich dafür, dass das unschätzbare Vermächtnis des „schlafenden Propheten" in lebendiger Erinnerung bleibt.

Harry Edwards – Heilen in englischer Tradition

Kaum ein Geistheiler hat jemals mehr Menschen behandelt als der Brite Harry Edwards. Dabei kam der ausgebildete Drucker und aspirierende Politiker erst im Alter von über 40 Jahren zum Heilen. Edwards war zudem einer der ersten Heiler, der öffentlich kundtat, dass längst verstorbene Mediziner und Forscher durch ihn wirkten.

Welt im Umbruch

Harry Edwards kam 1893 in London zur Welt. Die Verhältnisse, in die er geboren wurde, waren einfach – sein Vater arbeitete als Drucker, die Mutter war Schneiderin, zudem hatte er acht Geschwister. Schon mit 14 Jahren begann Edwards eine mehrjährige Ausbildung zum Drucker. Der politisch sehr interessierte junge Mann engagierte sich bald in einer örtlichen Partei. Alles veränderte sich jedoch, als 1914 der Erste Weltkrieg ausbrach. Edwards meldete sich freiwillig als Soldat, ein Engagement, das ihn bis in den Irak führte. Dort gingen kranke oder verletzte Einheimische zu Edwards, um sich medizinisch versorgen zu lassen. Der konnte sie mithilfe seines Erste-Hilfe-Köfferchens zwar nur grundversorgen, aber die Genesungsraten waren dafür ungewöhnlich hoch. Schnell sprach sich herum, dass der englische Soldat eine besondere Kraft besitzen müsse.

Späte Berufung

Bald nach seiner Rückkehr in die Heimat heiratete Edwards 1921 seine Freundin Phyllis. Er war zu dieser Zeit gewillt, seine politischen Ambitionen stärker zu verfolgen und kandidierte mehrmals für die liberale Partei. Da er die jeweiligen Wahlen verlor, betrieb Edwards mit seiner Frau schließlich den kleinen Druckereiladen weiter, den sie unlängst eröffnet hatten. Ihre Lage war nicht einfach, denn sie mussten zudem vier eigene Kinder versorgen. Im Jahr 1936 nahm Edwards aus Neugierde an einem offenen Heilungszirkel teil. Einige anwesende Medien sagten ihm ins Gesicht, dass er große Heilkräfte besäße. Ermutigt durch die Fürsprache erfahrener Geistheiler, begann

Edwards mit seiner Arbeit. In der Regel legte er seine Hände für wenige Minuten auf den jeweiligen Patienten. Edwards war aber auch in der Lage aus der Ferne zu heilen, wenn ihn Menschen per Brief um Hilfe baten. Als Edwards einen todkranken Tuberkulosepatienten heilte und zur Genesung eines schwer von Krebs gezeichneten Mannes beitrug, stieg seine Bekanntheit rapide an.

Aufstieg des Heilers

Von nun an begannen Leidende vor seinem Haus anzustehen, um geheilt zu werden, und ihn erreichten unzählige Briefe von Menschen, für die er die letzte Hoffnung war. Bei Ausbruch des Zweiten Weltkrieges 1939 diente Edwards in der Bürgerwehr, während er als Heiler weiter die zunehmende Anzahl an Hilfesuchenden bewältigen musste.

Nach dem Krieg funktionierte er große Bereiche seiner wechselnden Anwesen in Behandlungsräume um, die er „Heilungs-Sanktuarien" nannte. Manchmal behandelte er dort 100 Personen am Tag, abgesehen von den vielen Briefen, die ihn täglich erreichten. Bescheiden gab er aber immer wieder zu verstehen, dass er nur das Werkzeug bedeutender Verstorbener wie Louis Pasteur war. In den folgenden Jahren demonstrierte Edwards seine außergewöhnlichen Heilkräfte vor bis zu 6.000 Menschen u.a. in der berühmten Royal Festival Hall in London. Die Krönung des Schaffens von Harry Edwards war die Gründung der britischen Vereinigung der Geistheiler NFSH, deren erster Präsident er wurde und die bis zum heutigen Tage besteht.

Harry Edwards starb 1976 im Alter von 83 Jahren. Als einer der herausragendsten Vertreter englischer Spiritualität im Bereich der Heilung inspiriert er noch heute Generationen von neuen Heilern. Die von Edwards etablierte tägliche „10-Uhr-Heilungsminute" befolgen noch immer viele seiner Anhänger und spüren in dieser Zeit die innige Verbindung zu seiner heilenden Kraft.

Joao de Deus – John of God

Joao Teixeira de Faria, meistens genannt Joao de Deus (auch John of God), ist ein weltbekanntes Heilmedium, dass in Volltrance von über 20 Wesenheiten inkorporiert wird. Er ist besonders bekannt für seine speziellen Heilkräfte. Viele berichten von verblüffenden Heilungen dieses brasilianischen Wundermannes.

Joao de Deus wurde südwestlich von Brasilia in einer Kleinstadt Abadiânia geboren, welche in der Provinz Goiás liegt. Er wurde als Sohn eines Postangestellten in sehr einfachen Verhältnissen aufgezogen. Oftmals reichte das Gehalt seines Vaters nicht, um die Familie vor Hunger zu bewahren. Da eine Schule in Brasilien zu jener Zeit als ein Luxusgut angesehen wurde, ging Joao nur zwei Jahre zur Schule. Anschließend lehrte sein Vater ihm das Schneiderhandwerk. Schon in seinen jüngeren Jahren sagte Joao de Deus einige Ereignisse voraus. Allerdings machte er sich zu jener Zeit damit noch keine Freunde.

Erste übernatürliche Erfahrungen

Als er sechzehn Jahre alt war und als Schneider bei seinem Vater im Campo Grande arbeitete, badete er an einem heißen Tag in einem Fluss. Er traute seinen Ohren nicht, als er jemanden seinen Namen rufen hörte. Plötzlich sah er eine Art Frauengestalt vor sich, mit der er daraufhin ungefähr eine Stunde redete. Später stellte sich heraus, dass er mit der Schutzpatronin Brasiliens, Santa Rita de Cassia, gesprochen hatte. Am nächsten Tag, den Kopf voller Fragen, ging er zurück zum Fluss, wo er mir der Santa Rita de Cassia geredet hatte. Dort hörte er erneut jemanden nach ihm rufen, der ihm sagte, er solle in das „Zentrum des Erlösers" gehen, man erwarte ihn dort. Als er dorthin gelangte, wartete bereits ein Mann, der ihn freudig in Empfang nahm.

Joao selbst sagte, er erinnere sich nicht mehr an die letzten Stunden nach dem Treffen mit dem Mann. Er erinnere sich nur daran, dass er mitten in einer Menschenmenge, die ihn umringte, aufgewacht wäre, die ihm fröhlich die Hände schüttelte. Dies war das erste Erlebnis, das Joao de Deus ohne volles Bewusstsein hatte. Er realisierte später, dass er vom Geist des Königs Salomon inkorporiert gewesen war.

Nach diesem Ereignis beschloss er, sich mehr mit diesem Thema zu befassen, seine Fähigkeiten zu fördern und ernst zu nehmen, so blieb er für eine lange Zeit im spirituellen Zentrum von Campo Grande, wo er seine ersten Arbeiten im spirituellen Bereich und in der Heilarbeit ausführte, die für ihn sehr wertvoll waren. Sein Wunsch, seiner Bestimmung zu folgen, wurde immer größer und zu seiner höchsten Priorität.

Die Casa de Dom Inacio

Doch nach drei Monaten kehrte er aufgrund von Mangel an Nahrung und Geld in seiner Familie nach Hause zurück und arbeitete wieder als Schneiderhandwerker, die Heilarbeit erbrachte er nur selten und aus eigenem Verlangen. Allerdings geriet er aufgrund seiner Heilkünste in Konflikt mit der Regierung, weil er besonders oft zu Hause seine Heilungen vollbrachte. Als Konsequenz musste er oft seinen Wohnort wechseln. Er arbeitete weitere neun Jahre als Militärschneider und kaufte sich mit seinen Ersparnissen eine Farm. Diese war zwar nicht besonders fruchtbar, doch smaragdhaltig, was ihm ermöglichte, in Abadiânia ein kleines Heilzentrum zu errichten. Mit seinem hellsichtigen Freund, dem Heiler Chico Xavier, benannte er das Zentrum nach dem aus dem Spanischen stammenden Hochadel Don Ignatio de Loyola, der den Jesuitenorden gründete. Das Heilzentrum wurde die Casa de Dom Inacio genannt. Ignatio von Loyola ist eine der Wesenheiten, die täglich in Joas Körper inkorporieren

Im Jahr 1987 wurde Joao de Deus mit seinem spirituellen Heilzentrum sehr bekannt. Als dramatische Ereignisse für Wirbel in der Presse und in den Medien sorgten, wurde es dem Heilmedium zu viel: Aufgrund des anhaltenden Wirbels erlitt Joao einen Schlaganfall. Er wurde umgehend ins Krankenhaus transportiert und die Ärzte brachten ihn zur Untersuchung. Genau in diesem Moment fiel der ganze Strom im Hospital aus. Joao versuchte währenddessen aus dem Krankenhaus zu fliehen, um sich zu Hause selbst zu versorgen, doch in seinem Zustand war dies nicht möglich.

Nach ein paar Monaten dachte er darüber nach, sich selbst zu operieren. Während ihn Hunderte von Kameras und Menschen umringten, brachte er sich selbst in Volltrance. Er führte einen drei Zentimeter langen Schnitt unter seinem Herz durch und fuhr mit den Fingern in die Öffnung, um Gewebe zu entfernen. Er nähte die Wunde und nach ein paar Minuten war schon alles vorbei. Als er aufwachte, war jegliche Lähmung verschwunden, es waren nicht einmal Anzeichen einer Beeinträchtigung zu sehen.

Joao de Deus empfängt in der Casa de Dom Inacio Hunderte Menschen aus aller Welt. Viele sind einfach begeistert von seinen Heiltätigkeiten und den positiven Wirkungen.

Joao sagt selbst, er sei nur ein Werkzeug Gottes in seinen göttlichen Händen, das den Auftrag bekommen habe, die Menschen zu heilen und zu trösten.

Verfahren der Heilung

In der Casa de Dom Inacio erscheinen täglich sehr viele Menschen mit Krankheiten. Menschen, die im Rollstuhl sitzen, unter den Folgen eines Schlaganfalls oder einer anderen Krankheit leiden. In der Casa läuft die Heilung des Joao de Deus anders ab als in Europa.

Da sehr viele Menschen erscheinen, gibt es einen extra Warteraum. Im Raum gegenüber führt das Heilmedium, auch mit vielen Kameras und Zuschauern im Rücken, sein Verfahren durch. Der Patient wird auf eine Art Bühne gebracht. Joao de Deus arbeitet mit ungefähr vier Assistenten zusammen, die die notwendigen Materialien für die Operationen wie Präparate und natürliche Medikamente sowie Skalpelle und andere Werkzeuge wie Tücher etc. zur Reinigung und zur Desinfektion bereithalten. Vor der Heilung spricht Joao ein paar Worte, gerichtet an Gott und die Menschen, die seine Hilfe brauchen. Dann bereitet er sich vor, den Patienten in die Volltrance zu leiten. Der Patient schließt die Augen, während Joao de Deus einen Satz sagt, um die Person in Trance zu leiten. Dabei hält er den Kopf des Erkrankten fest. Schon nach ein paar Minuten gelangt der Patient in Volltrance, sodass er nicht mehr spürt, was an seinem Körper und um ihn herum passiert.

Meistens macht Joao einen einfachen Schnitt an der Stelle, die am meisten von der Krankheit betroffen ist. Der Schnitt ist sehr klein, aber tief. Des Öfteren sind Gewebe und Geschwüre zu sehen, die er Stück für

Stück entfernt. Er benutzt dabei sehr feine Skalpelle und extrahiert die befallenen Stellen. So regenerieren sich die Gewebe, womit die Krankheit langsam aus dem Körper schwindet wie bei seiner eigenen Operation. Zuletzt näht er die Wunde mit einem gut verträglichen Stoff zu. Anschließend weckt Joao de Deus den Patienten mithilfe eines Satzes auf.

Wenn die Person wieder aufwacht, erinnert sie sich nicht mehr an das, was während der Operation geschah. Die Symptome der vormaligen Krankheit sind jedoch verschwunden.

Im Zusammenhang mit den Operationen von João de Deus wird häufig von Wundern gesprochen, denn nicht selten sah man Menschen, die seit etlichen Jahren im Rollstuhl saßen, wieder aufstehen und laufen, als hätten sie niemals in einem Rollstuhl gesessen.

Diese Heilkünste und die Demut und Hingabe, den Menschen zu helfen, zeichnen John of God aus.

Medialität durch Inspiration

Spirit Arts – Bilder aus einer anderen Welt

Spirit Art-Bilder, die aus dem Nichts entstehen. Porträts von Menschen, die nicht mehr unter den Lebenden weilen oder die Hand, die von einem längst verstorbenen Malergenie geführt wird. Bilder, bei denen Farben und Techniken benutzt werden, die nicht zu erklären sind und den Prüfungen von Kunstexperten standhalten. Eine Verbindung zwischen dem Reich der Seelen und der Welt der Sterblichen, hergestellt durch ein Medium, das die feinen Schwingungen spürt und Werkzeug und Sprachrohr zugleich ist.

Physikalische Medialität und Trancemalerei

Man könnte sagen, dass Spirit Art die höchste Entwicklungsstufe des medialen Schreibens ist. Hier empfängt ein Medium Botschaften und bringt diese zu Papier. Das kann in Schriftform erfolgen und manchmal kann es passieren, dass das Medium dazu Sprachen benutzt, die es selbst nicht spricht.

Spirit Art ist in vieler Hinsicht ein komplexes Phänomen. Denn hier empfängt das Medium nicht nur Worte, sondern komplexe Bilder, die es auf eine Leinwand bringt. Dazu werden zumeist weder Pinsel noch andere Werkzeuge benutzt. Man unterscheidet zwischen zwei Erscheinungsformen. Zum einen kann sich ein Bild durch ein Medium materialisieren und erscheint ohne Zutun des Mediums auf einer Leinwand. Diese Form konnte man zum Beispiel bei den Bangs Sisters und den Campbell Brothers Ende des 19. und zu Beginn des 20. Jahrhunderts beobachten. Jedoch kann man davon ausgehen, dass bereits die Urvölker diese Form des Kontaktes zwischen der Welt der Seelen und der Lebenden benutzten, denkt man an die prähistorischen Höhlenmalereien, an denen Schamanen und Medizinmänner Jagd- und Kultszenen darstellten. Diese heiligen Orte strahlen noch heute einen einzigartigen Reiz auf die Besucher aus.

Das wohl bekannteste spontan erschienene Bild stammt aus dem 16. Jahrhundert. Hier entwickelte sich vor den Augen Juan Diegos das Bild der Jungfrau von Guadalupe auf einem Umhang. Diese Erscheinung wurde vom Vatikan als Wunder deklariert und ist heute noch in der Kathedrale in New Mexico zu sehen.

Die andere Form der Spirit Arts ist die Schöpfung von Bildern in Trance. Hier empfängt und reproduziert das Medium Bilder und ist das Werkzeug des Künstlers. Viele dieser Bilder entstehen dabei ohne Hilfsmittel und in kürzester Zeit, sind in der spezifischen Technik des Künstlers hergestellt und tragen die typischen Merkmale des jeweiligen Malers.

Immer wieder gab es besondere Medien, deren zeichnerische Fähigkeiten und Talente von der geistigen Welt benutzt wurden. Dadurch entstanden unzählige Bilder als Zeitzeugnisse der Medialität. Viele davon haben die Jahrzehnte überdauert und befinden sich sowohl in Museen als auch in Privatbesitz. Jedes dieser Bilder ist ein sichtbar gewordenes Zeichen der geistigen Welt. In den letzten 100 Jahren gab es viele Medien, die die geistige Welt auf die Leinwand bannten. Jedes dieser Bilder kam durch einen spirituellen Kontakt zustande.

In all diesen Fällen erscheint der Tote vor dem geistigen Auge des Mediums. Dieses beginnt zu zeichnen und während die Portraits entstehen, werden oft mündlich Beweise und Botschaften des Toten durch das Medium dem Klienten überbracht. Spirit Art oder wie wir im Englischen sagen „Psychic Art" kann uns ein Bildnis geben. So können nicht nur Gesichter und Portraits von Verstorbenen übermittelt werden, sondern auch Portraits von Geistführern oder Helfern. Einige der bekanntesten Künstler in diesem Bereich waren die Bang Sisters in Amerika, Frank Leah und Coral Polge. Dabei gibt es unterschiedliche Methoden, deren sich die geistige Welt bedient. Bei manchen Medien ist Trance vonnöten, das heißt hier arbeiten geistige Maler durch ein Medium. Dabei muss das Medium keinerlei künstlerisches Talent mitbringen, sondern dem geistigen Wesen erlauben durch die Trance hindurch sich des Körpers des Mediums zu bedienen um diese wundervollen Bilder aus der geistigen Welt zu schaffen.

Coral Polge – Die Gesichter der Toten

Mit großer Hingabe malte die britische Künstlerin Coral Polge viele Tausend spirituelle Portraits von Personen, die bereits verstorben waren. Die weltberühmte Malerin erstellte ihre Werke, ohne die Menschen jemals persönlich oder auf Fotos gesehen zu haben. Coral Polge half mit ihrer Kunst vielen Hinterbliebenen, den Übergang ihrer Lieben in eine andere Welt besser zu begreifen und wieder einen herzlichen Zugang zu deren Seelen zu gewinnen. Noch heute, mehr als ein Jahrzehnt nach ihrem Tod am 29. April 2001, ist sie wahrscheinlich die bekannteste spirituelle Malerin weltweit.

Kindheit und Jugend

Geboren in London, Hackney, am 22. September 1924, wurde sie auf den Namen Coral Annetta Potts getauft. Zur Zeit ihrer Geburt war ihr Vater der Leiter eines Kinos. Weder er noch ihre Mutter zeigten auffallende spirituelle Fähigkeiten. Ihr Vater liebte es jedoch, von Zeit zu Zeit aus den Karten zu lesen. Später erst interessierten sich die Eltern für Spiritualismus und es zeigte sich, dass die beiden Schwestern von Corals Mutter tatsächlich medial veranlagt waren.

Die britische Künstlerin wusste zuerst selbst nichts von ihrer Fähigkeit. Während des Zweiten Weltkrieges machte ein Medium sie darauf aufmerksam, dass sie eines Tages eine weltberühmte spirituelle Künstlerin sein würde. Coral glaubte kein Wort. Als später weitere medial begabte Menschen ihr dieselbe Botschaft überbrachten, begann ihre Skepsis langsam zu weichen.

Schließlich widmete sie 54 Jahre ihres Lebens der Kunst und portraitierte in dieser Zeit rund 60.000 verstorbene Menschen, ohne diese gekannt oder Fotos von ihnen gesehen zu haben. Coral Polge wirkte in beinahe allen Ländern dieser Erde und konnte vielen Menschen Trost spenden, die ihre Lieben gerade erst verloren hatten.

Künstlerische Entwicklung

Wahrscheinlich war es Corals spiritueller Führer, der sie nach und nach lehrte, aus einzelnen Strichen Zeichnungen und schließlich lebensechte Portraits zu entwickeln. Sie schulte ihr Talent zu Hause durch rastloses Üben. Schließlich gelang es ihr, diesen Führer auf Papier zu bringen. Es war Maurice de Latour, wahrscheinlich ein Portraitist aus dem 18. Jahrhundert. Mit ihm hatte Coral einen wahrhaft guten Lehrer für ihre persönliche Art der Kommunikation mit der spirituellen Ebene gefunden.

Die Werke von Coral Polge

Wurde die Künstlerin um ein Bild eines Verstorbenen gebeten, so nahm sie einfach einen Stift zur Hand und ließ sich von ihren Eingebungen leiten. Nach und nach bildeten sich die Gesichtszüge des Menschen, der in die andere Welt gegangen war. Nicht selten sprach Carol dazu und erläuterte liebevoll die Charakterzüge der Person, die sie gerade abbildete. Sie erklärte den Bezug zwischen den Gesichtszügen und den Eigenschaften des Menschen und berührte die Hinterbliebenen damit tief.

Rund 60.000 Werke schuf sie in ihrem Leben, bis sie am 29. April 2001 ins Surrey selbst verschied.

Wie es häufig der Fall ist, zeigten sich die Verstorbenen in Corals Bildern jünger als sie zur Zeit ihres Todes tatsächlich waren. Manchmal waren Menschen, die sich an die Künstlerin um Hilfe wandten, enttäuscht, denn sie erkannten ihre Lieben auf den Portraits nicht. Wochen oder Monate später erhielt Coral dann die Nachricht, dass eine alte Fotografie aufgetaucht wäre, auf der der Verstorbene genauso aussah wie auf dem spirituellen Kunstwerk.

Jedes einzelne Portrait strahlt in liebevoller Weise die Lebendigkeit des abgebildeten Menschen aus. Coral gelang es meisterhaft, genau die Eigenschaften einer Person einzufangen, die ihre Angehörigen im Leben am meisten gebraucht und geliebt hatten. Indem sie den Hinterbliebenen diesen wesentlichen Beitrag so deutlich vor Augen führte, besänftigte sie meist die große Trauer. Es gelang ihr – ohne es gezielt zu wollen –, Menschen einen neuen Zugang zu der Welt zu eröffnen, die die Verstorbenen durch ihren Tod betraten.

Heute noch sind ihre Kunstwerke auf der ganzen Welt in eingeweihten Kreisen bekannt und geschätzt. Die Liebe, die sie beim Zeichnen in jeden Strich fließen ließ, strahlt heute noch aus ihren Bildern.

Ihre Arbeit für Menschen

Durch ihre Kunst gelang es Coral, Menschen, die soeben erst ihre Liebsten verloren hatten, zu trösten und ihnen eine völlig andere Sicht auf den Tod als solches zu zeigen. Sie selbst war überzeugt davon, dass der Tod, richtig betrachtet, ein sehr schönes Erlebnis für alle Beteiligten ist.

Mit ihrem besonderen Einfühlungsvermögen zeigte sie Hilfesuchenden auf der ganzen Welt, dass die sichtbare Ebene nicht die einzige ist. Sie stellte sich in ihrer warmherzigen Art vielen Fragen in Interviews in Radio und Fernsehen.

Ihre Spirituelle Philosophie

Gott, so sagte die Künstlerin, sei keine Person, sondern eine schöpferische Energie, die hinter allem stehe. Er schaffe eine Balance zwischen der physischen und der spirituellen Welt. Coral Polge versuchte selbst, diese Balance durch ihre Kunst zum Ausdruck zu bringen. Menschen, die zu ihr kamen, gingen meist mit der Gewissheit, dass diese greifbare Welt nicht die einzige ist. Sie waren versöhnt mit dem Dahinscheiden der liebsten Menschen in ihrem Leben. Denn nun verstanden sie, dass diese nur in eine andere Existenz gewechselt waren.

Coral sah sich dabei selbst nicht als etwas Besonderes. Sie folgte ihrer Bestimmung mit Liebe und Hingabe und zeichnete einfach, was sich vor ihrem geistigen Auge an Gefühlen und Stimmungen formte. Meist, so erklärte sie, wusste sie gar nicht, was das Endergebnis sein würde. Ja, manchmal war ihr nicht einmal klar, ob das Portrait einen Mann oder eine Frau darstellen würde. Sie fühlte sich in die Charakterzüge der Person ein, um deren Bildnis Menschen sie baten. Wie von selbst erschien eine bestimmte Kinnlinie, der Ausdruck in den Augen, die Nase, bis schließlich die Person so auf dem Papier zu sehen war, wie sie im Leben tatsächlich ausgesehen hatte.

„Es gibt sehr viele Medien", meinte Coral Polge. Sie war sogar überzeugt, dass alle Menschen mediale Kräfte besitzen. Einzig die Überzeugung fehle. Mit größer werdender Sicherheit den eigenen Intuitionen und Empfindungen gegenüber, so war die Künstlerin überzeugt, würden Menschen wie sie nicht mehr nötig sein. Jeder sei dann sein eigenes Medium und könne ohne Aufwand mit den spirituellen Ebenen sein.

Mediale Tradition – Die Bangs Sisters

Die Bangs Sisters bekamen ihre Medialität bereits in die Wiege gelegt, denn die Mutter der beiden war ebenfalls ein bekanntes Medium. Mary E. Bangs, genannt May, wurde 1860 in Atchinson, Kansas geboren. Die Familie zog 1861 nach Chicago, wo 1864 Elizabeth Snow Bangs, genannt Lizzie, auf die Welt kam. Schon frühzeitig erkannte die Mutter das mediale Talent ihrer beiden Töchter. Das Haus der Bangs war Treffpunkt Chicagoer Spiritualisten. Regelmäßig wurden Séancen abgehalten, bei denen die beiden Mädchen ihrer Mutter assistierten. Eine dieser Séancen wurde 1872 im Religio-Philosphical Journal von Steve Sanborn Jones unter dem Titel „Ein Abend mit den Bangs Kindern" beschrieben.

In demselben Jahr trat das Talent des medialen Schreibens einer der beiden Bangs Sisters zu Tage. Sie schaffte es, Botschaften aus der anderen Welt auf Papier zu bringen. Bereits seit ihrer frühsten Jugend musste sich die Bangs Familie Anfeindungen und Betrugsvorwürfen stellen. So wurde Mary 1881 gemeinsam mit ihrer Mutter verhaftet und unter Anklage gestellt. Die Bangs Sisters ließen sich jedoch nicht einschüchtern und führten ihre spiritistische Arbeit fort. 1888 kam es zu einem tragischen Zwischenfall. May und Lizzie wurden während einer Sitzung von zwei Polizisten in Zivil festgenommen und wegen Gewerbetreibens ohne Lizenz unter Arrest genommen. Während der Haftzeit starb Lizzies sieben Jahre alte Tochter. Beim Begräbnis fiel Lizzie in Trance und redete mit ihrer Tochter. Es schien, dass dieses tragische Ereignis die Bangs Sisters auf eine neue spirituelle Ebene geführt hätte.

Spirit Arts – Porträts, die aus dem Nichts erscheinen

Im Jahr 1894 manifestierte sich das erste, unter Trance entstandene Bild. Ähnlich wie beim medialen Schreiben, wurden zwei weiße, leere Leinwände gegeneinander gelegt. Die Sitzungen fanden in der Regel bei Tageslicht statt. Die Leinwände standen, Leinwand zu Leinwand, vor einem hellen Fenster und wurden von den Bangs Sisters auf jeweils einer Seite gehalten. Im Raum waren ebenfalls Zuschauer zugegen sowie die Person, die mit dem Verstorbenen Kontakt aufnehmen wollte. Nach einigen Minuten erschienen erste Striche auf der Leinwand, die gut durch das einfallende Sonnenlicht zu sehen waren. Diese ersten Zeichen glichen den Entwürfen eines Künstlers zu einem Bild. Mit der Zeit verdichteten sich die Linien, erschienen und verschwanden und schließlich füllten sich die Zwischenräume mit Farbe. Am Ende nahmen die Augen Gestalt an und öffneten sich wie von allein. Diese Bilder entstanden sowohl in einer einzelnen Sitzung als auch über mehrere hinweg. Der Auftraggeber wurde gebeten, ein Bild des Verstorbenen mitzubringen, das die beiden Schwestern aber nicht vorher sahen.

Auch hatten in den Anfängen der Fotografie nicht viele Menschen Bilder ihrer Angehörigen und Fotos waren im Allgemeinen sehr teuer. Einige Porträts veränderten nach der Fertigstellung noch ihr Aussehen. So erschien auf einem der Kunstwerke, nachdem es vom Auftraggeber mit nach Hause genommen worden war eine Perlenkette. Oft wurden die Zuschauer gebeten, ihre persönlichen Markierungen auf den Leinwänden anzubringen. Damit wollte man vermeiden, dass die Leinwände vielleicht ausgetauscht werden könnten. Die Bilder erschienen auf der Leinwand, die zu den Zuschauern gewandt war. Auf der anderen Leinwand gab es keine Abdrücke. Die Farbe war trocken und hinterließ keine Spuren. Spätere Analysen der Bilder ergaben, dass diese weder mit Kreide, noch mit Ölfarben hergestellt waren. Man verglich die verwendete Farbe mit den feinen Farbpartikeln von Schmetterlingsflügeln.

Die Bangs Sisters arbeiteten bis in die 1920er Jahre als Medien. Heute kann man ihre Bilder unter anderem im spirituellen Zentrum in Lily Dale im Staate New York und in der Mystiker-Schule Astara in Kalifornien sehen. Bis heute ändern sich noch Details in den Bildern.

Gegen alle Konventionen – Die Campbell Brothers

Zur gleichen Zeit wie die Bangs Sisters arbeiteten die Campbell Brothers ebenfalls als Medien. Das wohl bekannteste Bild, das sich während einer Séance materialisierte, ist das Bild von Azur, dem spirituellen Helfer Campbells.

Allen Campbell wurde 1833 in England geboren und emigrierte in die Vereinigten Staaten. Hier traf er auf Charles Shourds. Gemeinsam bauten sie einen Import-Export-Handel auf. In den späten 1890er Jahren machten sie sich zudem einen Namen als spiritistische Medien. Die Campbell Brothers arbeiteten unter ähnlichen Bedingungen wie die Bangs Sisters. Während ihrer Séancen war es ausreichend hell im Raum. Besondere Berühmtheit erlangten sie durch Schriftbotschaften, die mittels einer Williams Schreibmaschine entstanden.

Die Schreibmaschine wurde dazu gemeinsam mit einer Schiefertafel, Stiften, Tinte und Papier in einen Schrank gestellt. Die beiden Medien und die Zuschauer saßen außerhalb des Schrankes und hielten sich bei den Händen. Bis zu 60 Botschaften erschienen während der Sitzungen. Auf der Schiefertafel wurden ebenfalls Botschaften und kleine Zeichnungen erkennbar. In manchen Sitzungen wurden Porzellanstücke in den Schrank gelegt. Diese verwandelten sich in überaus fein gearbeitete Miniaturen. Eines der am besten dokumentierten Bilder der Campbell Brothers war die Entstehung des Selbstbildnisses von Azur, das noch heute im Maplewood Hotel in Lily Dale ausgestellt ist.

Am 15. Juni 1898 wurde Allen Campbell von seinem spirituellen Helfer Azur angewiesen, eine leere Leinwand bereitzustellen. Als alle Gäste zur Abendséance eingetroffen waren, fand man sich im ägyptischen Zimmer des Campbell Hauses ein. Nachdem die Leinwand spiritistisch aufgeladen wurde, schrieben die Besucher Zeichen, Worte und Zahlen auf die Rückseite. Allen Campbell lud einen der Zuschauer ein, sich gemeinsam mit ihm hinter den seidenen Vorhang zu setzen, der die Leinwand vom übrigen Zimmer abtrennte und bei der Entstehung des Bildes zuzuschauen. Während der eineinhalbstündigen Séance wechselten die Beisitzer, sodass jeder Anwesende bei den verschiedenen Entstehungsschritten anwesend war und alle während der Wechsel sehen konnten, wie sich das Bild immer mehr materialisierte. Allen Campbell war zu diesem Zeitpunkt in Trance und gleichzeitig Sprachrohr von Azur, der alle Anwesenden mit warmen Worten begrüßte. Nach 90 Minuten öffnete sich der Vorhang ein letztes Mal und die Anwesenden konnten das fertige Bild bewundern. Währenddessen materialisierte sich vor den Augen aller ein sechseckiger Stern hinter dem Kopf von Azur.

Allen Campbell starb 1919 in Atlantic City nach vielen Jahren erfolgreicher Arbeit als Medium. Charles Shourds folgte ihm 1926. Die Asche dieser beiden großen Männer und einzigartigen Talente wurde dem Atlantischen Ozean übergeben.

Im Geiste mit Monet, Renoir und Gauguin – José Medrado, der Trancemaler

José Medrado, 1961 geboren, hatte als Kind viele Talente, aber unter diesen war sicher nicht das Malen. Bereits als Kind und in seiner Jugend hatte er die ersten spirituellen Erlebnisse. Jedoch verlief sein Leben bis zu seinem 27. Lebensjahr eher in geordneten Bahnen. Er absolvierte an der katholischen Universität von Salvador ein Studium der Sprache und Philosophie. Zwar arbeitete er zu dieser Zeit bereits als Medium, doch erst im Dezember des Jahres 1988 kam es zu einer entscheidenden Begegnung, die das Leben Medrados für immer verändern sollte.

Während einer Séance erschien ihm der Impressionist Pierre Auguste Renoir und unterbreitete ihm den Vorschlag, Bilder in Brot zu verwandeln, um minderbemittelten Menschen zu helfen. Zu Beginn lehnte José Medrado das Ansinnen ab, da er keinerlei Erfahrung im Umgang mit Farbe und Leinwand hatte. Er hatte jedoch den Vorschlag Renoirs falsch verstanden. Denn nicht er sollte die Bilder malen, sondern nur das Werkzeug sein, um die Gemälde auf die Leinwand zu bringen. Renoir und andere Maler wollten Medrado als Pinsel benutzen. Eines der Ziele war die Rettung des vor einigen Jahren gegründeten Waisenhauses und der Schule „Stadt des Lichtes" in Salvador de Bahía.

Am 20. Dezember 1988 während einer der Sitzungen, begleitet von einem anderen großen Künstler, Ludwig van Beethoven und seiner 9. Sinfonie, hatte Medrado Kontakt mit Vincent van Gogh. An diesem Abend entstand das erste Bild, dem noch viele folgen sollten. Mit der Zeit gab José Medrado viele Bilder, vor allem der großen französischen Impressionisten. Dabei sind die Gemälde keine Kopien bereits bekannter Werke, sondern es entstehen vollkommen neue Motive. Zum Malen benutzt Medrado hauptsächlich seine Hände. Nur für kleinste Details kommt ein Pinsel zum Einsatz. Ein Bild entsteht zumeist in einer einzigen Sitzung und in wenigen Minuten. Mit seinen behandschuhten Händen lässt Medrado Werke von Gauguin, Pierre Auguste Renoir, Vincent van Gogh, Claude Monet, Edgar Degas, Paul Gauguin, Edouard Manet, Bert Moriston und Paul Cézanne entstehen.

Eines der Phänomene dabei ist, dass sich, obwohl er sich die Hände während des Malens nicht wäscht, die benutzten Farben nicht vermischen. Wie viele andere Medien auch musste sich Medrado mit seinen Kritikern auseinandersetzen. 1990 wurden einige der Gemälde von unabhängigen Kunstexperten begutachtet. Dabei wurde bestätigt, dass es keine Erklärung gäbe, wie die Gemälde innerhalb kürzester Zeit und ohne die entsprechende künstlerische Ausbildung entstehen konnten.

Die Erlöse aus den geschaffenen Meisterwerken sowie der zahlreichen Demonstrationen und Seminare werden für die Organisation „Stadt des Lichtes" verwendet, welche neben dem Waisenhaus, eine Schule, eine Suppenküche und andere karitative Einrichtungen unterhält. Neben seiner Tätigkeit als Medium arbeitet José Medrado im Arbeitsministerium als Leiter der Abteilung für Spezialprojekte. 2008 schrieb er die Abschlussarbeit seines Magisterstudiums mit dem Titel „Die Familie in der modernen Gesellschaft" und veröffentlichte verschiedene Bücher. Dennoch sind es mittlerweile viele, die in der Trance durch Jose Medrado arbeiten, unter anderem Eugène Boudin und Gustave Courbet.

Die Besonderheit ist allerdings weniger die schnelle Entstehungszeit der Gemälde oder das Malen in Trance. Das Faszinosum besteht darin, dass die Ölfarben, mit denen er malt, sich nicht vermischen. Jeder, der in Öl malt, weiß, dass die Schichten erst einmal trocknen müssen, bevor eine zweite Farbe aufgetragen wird und hier entstehen mit vielen Ölfarben in wenigen Minuten komplexe Gemälde, ohne das die Farben ineinander verlaufen. Technisch nicht möglich. Für die geistige Welt schon.

Frank Leah – ein erstaunlicher spiritueller Künstler

Frank Leah brachte mit seiner einzigartigen Kunst jeden ins Staunen, sodass er als einer der besten spirituellen Künstler bekannt wurde. Das künstlerische Multitalent erblickte 1886 in Stockport, in Nordengland, das Licht der Welt. Niemand in seiner Familie ahnte, welche Begabung ihm mit in die Wiege gelegt wurde. Das älteste Kind einer Arbeiterfamilie besaß die Fähigkeit, Verstorbene zu zeichnen. Dabei hatte er sie nie zuvor lebendig gesehen oder ein Foto betrachtet, um sie auf diese Weise zu skizzieren. Mithilfe seiner Hell- und Hörsichtigkeit konnte er die Toten vor sich sehen und auch hören. Auf diese Weise belegte er, dass der Tod nicht das endgültige Ende ist. Damit legte er die ersten Grundsteine für spirituelle Kunst und galt als Pionier in diesem Bereich.

Frühe Karriere

Bevor er diese Gabe als hellsichtiges und hellhöriges Medium beruflich nutzte, begann seine Karriere als Karikaturist, Illustrator und Redakteur. Schon mit 12 Jahren verkaufte er seinen ersten Cartoon an eine Zeitung. Drei Jahre später zog er von seiner Heimatstadt Stockport nach Dublin. Dort arbeitete er als Illustrator für eine Zeitung. Darauf folgten weitere Arbeitsaufträge. Für fünf Zeitschriften in Dublin, u. a. *Weekly Freeman*, war er als Karikaturist und Redakteur in der Sektion Kunst tätig. Frank Leah veröffentlichte seine Cartoons in der *Dublin Evening Telegraph*. Darsteller aus dem irischen Theater ließen sich von ihm porträtieren. Joseph Holloway spendete diese Kunstsammlung der *National Library of Ireland*. 1917 wirkte er als Trickfilmzeichner für den ersten irisch animierten Film mit.

Der Aufstieg als Medium

Im Laufe seines Lebens hörte er wahrscheinlich Klagerufe der Trauernden, die sich danach sehnten, noch einmal ein Gesicht ihrer verstorbenen Liebsten sehen zu können. Nachdem er seiner erfolgreichen Karriere in Dublin den Rücken gekehrt hatte, richtete er ein kleines Studio in der Fleet Street in London für Besuche aus dem Jenseits ein. Bevor ihm seine spirituelle Lebensaufgabe bewusst war, ängstigte er sich vor seiner Berufung. Selbst ein Medium muss seine Gabe bewusst wahrnehmen, die Techniken ausbauen und entwickeln, bevor es mit seiner erfolgversprechenden Arbeit beginnen kann. Für diese Aufgabe gab er alles auf.

Zu Beginn seiner Arbeit traf er sich mit einer spirituellen Gemeinschaft, über die er Kontakt zu den Verstorbenen herstellen konnte. Vorerst erschienen sie ihm anonym. Für ihn waren sie keine Geister oder Phantome, sondern lebendige Wesen, so als ob er ihnen auf den Straßen Londons begegnet wäre. Er sah sie ganz klar vor sich, ob in seinem Atelier oder oben in einem Doppeldeckerbus. Das Wort „tot" kam in seinem Wortschatz nicht vor.

Durch seine Hellsichtig- und Hellhörigkeit lauschte er den Geschichten, die von den Verstorbenen erzählt wurden. Dabei skizzierte er sie sehr sorgfältig. So zeichnete er sie in unterschiedlichen Geschwindigkeiten, je nachdem welches Modell vor ihm saß. Mal hatte er es mit dickköpfigen oder zurückhaltenden Toten zu tun, sodass sich die Fertigstellung des Porträts stark verzögerte oder erschwerte. So kam es vor, dass er für ein Porträt neun Jahre brauchte, bis die Details auf der Zeichnung vervollständigt waren. Ein anderes Mal vollbrachte er innerhalb von neun Sekunden ein anderes Bildnis. In anderen Fällen sah er lebensgroße Gesichter, wobei er Schwierigkeiten hatte, sie auf das Blatt zu projizieren. Ähnlich verhielt es sich mit den Lichtverhältnissen. Manchmal benutzte er rotes Dämmlicht, ebenso elektrisches Licht oder sogar Tageslicht. Die Gesichter tauchten in seinem Kopf auf, bevor die Toten vor ihm richtig in Erscheinung traten.

Als Frank Leah die Bildnisse seiner verstorbenen Modelle beendet und die Informationen in Erfahrung gebracht hatte, lud er die Hinterbliebenen zur Übergabe ein. Sie lehnten die Zeichnungen ab. Erst mit dem genauen Abgleich eines Fotos, erkannten sie persönliche Besonderheiten im Gesicht, die über die Jahre längst in Vergessenheit geraten waren. Daher suchten immer mehr Hinterbliebene seine wertvolle Dienstleistung auf, sodass er mit Aufträgen überschüttet wurde. Regelmäßig veröffentlichte *Psychic News* 40 Jahre lang Artikel über seine Arbeit. Auf diese Weise machten sie ihn dem breiteren Publikum bekannt. 1943 schrieb Paul Miller eine Biografie über ihn und seine erstaunliche Begabung.

Beispiel einer Sitzung

Nach einer nächtelangen Fliegerbombenübung kam er erst sehr spät am nächsten Morgen nach Hause. Folglich war er sehr müde, sodass er für drei Minuten auf einem Stuhl einnickte. In seinem Kopf tauchte das Bild eines Mannes auf, klar und deutlich zu sehen. Er erzählte ihm seine Geschichte. Daraufhin teilte er ihm mit, dass seine Tochter ihn anrufen würde. Sie wollte einen Termin mit Frank Leah vereinbaren, in der Hoffnung ihren verstorbenen Vater anzutreffen. Tatsächlich rief sie in den nächsten 30 Minuten an. Er beschrieb ihren Vater und klärte, wie sie zueinander standen. Ebenso ließ er sie wissen, dass das Porträt fertig wäre. Ihr Vater hatte ihn schon vor dem Telefonanruf im Studio besucht und sich zeichnen lassen.

Zur damaligen Zeit existierte kein anderer mit dieser Begabung. Frank Leah machte seine Begabung zur Lebensaufgabe. Im Dienste der Spiritualität stand er als Vermittler zwischen der Welt der Toten und der Welt der Hinterbliebenen. Einmal sagte er: „Ich bin über tausend Tode gestorben." Fast 30 Jahre später, 1972, ging Frank Leah selbst ins Totenreich.

Auragraphen – mediale Spiegelbilder der Seele

Der Auragraph wird auch als „Spiegel der Seele" bezeichnet. Ebenso wie das Auragramm stellt der Auragraph in gemalter Form die Persönlichkeit eines Menschen dar. Der Termin Auragraph setzt sich aus den beiden griechischen Wörtern *aura* und *gráphein* zusammen. Aura ist nicht nur die griechische Göttin der Morgenbrise, sondern steht auch für die Ausstrahlung einer Person und in der esoterischen Lehre speziell für die wahrnehmbare Ausstrahlung eines Energiekörpers. Ähnlich verhält es sich mit dem Wort Auragramm, wobei der Aura das griechische Wort *grámma* (Buchstabe) angehängt ist. Trotzdem ist das Auragramm keine schriftliche Aufzeichnung eines Energiekörpers. Sowohl der Auragraph als auch das Auragramm stellen das Energiefeld eines Menschen in bildhafter Form dar. Zum Tragen kommen dabei farbige Darstellungen, die nach der Farbenlehre und symbolisch gedeutet werden.

Eine Fülle persönlicher Informationen

Der Auragraph enthält eine Fülle persönlicher Informationen. So lässt sich zum Beispiel das vorhandene Energieniveau eines Menschen ebenso ablesen wie seine Stärken und Schwächen. Das „Spiegelbild der Seele" offenbart Gedanken und Gefühle. Um die Details entschlüsseln und interpretieren zu können, müssen sowohl komplexe Kenntnisse über die Aussagekraft der Farben als auch der Formen und Symbole vorhanden sein. Der Klient hat anschließend die Gelegenheit, persönliche Fragen zu stellen und wird die entsprechenden Antworten erhalten. Er erfährt auf diese Weise, wo er aktuell auf seinem Lebensweg steht, welche Ziele verwirklicht wurden und welche Aufgaben noch auf ihre Verwirklichung warten. Im Lauf eines Lebens, so die Erkenntnis der Auragraphie, nimmt die „Seele die Farben der Gedanken" an.

Die Deutung der Farben und Symbole generiert einen Erkenntnisgewinn über Stärken und Schwächen einer Person. Prägende Erlebnisse schälen sich heraus, aber auch Lösungsansätze und ein Wegweiser in die Zukunft lassen sich in dem Auragramm erkennen. Das Energiefeld und dessen Energieschichten können auf unterschiedliche Weise wahrgenommen und erkannt werden. Dabei spielt oft das Medium und die damit verbundene Wahrnehmung eine Rolle, denn das Auragramm beruht auf medialer Wahrnehmung, die malerisch bzw. grafisch umgesetzt wird. Neben der gefühlten Darstellung ist die farbige Gestaltung in Form eines Auragraphs eine von vielen Varianten. Für eine seriöse Interpretation ist stets eine umfassende Kenntnis der Energieschichten erforderlich. Nur das Wissen über die Zuordnung der Chakren-Energiewirbel innerhalb der Energieschichten führt im Zusammenspiel mit einem Auragraphen zu verwertbaren Ergebnissen.

Selbst malen oder malen lassen

Die gemalte Darstellung der aktuellen Geistes- und Seelenenergie eines Auragraphen oder eines Auragramms wird in der Regel in der Größe DIN A 4 erstellt. Dabei können normale Filzstifte verwendet werden. Aber es gibt keinen einheitlichen Weg zu einem Auragraphen. Weder die Form noch die Farben sind vorgegeben.

Wer sein Auragramm selbst gestalten will, sollte sich etwas Zeit nehmen und sich ein wenig mit der Maltechnik auseinandersetzen, bevor er mit dem ersten Bild beginnt. Dabei geht es nicht darum, eine künstlerische Meisterschaft zu erlangen. Aber selbst Menschen, die vorher nie gemalt haben und sich für untalentiert halten, werden rasch feststellen, dass sie verborgene Talente haben und das Malen eines energetischen Bildes sehr viel Spaß bereitet.

Es gibt unterschiedliche Herangehensweisen, die letztendlich alle zu einem guten Ende führen. Beim sogenannten Zeitenkreis wird der Lebensweg eines Menschen in zahlreichen Abschnitten aufgemalt. Anschließend hilft der Coach dem Klienten bei der Deutung. Strukturen, die einer Weiterentwicklung im Weg stehen, werden aufgespürt. Der Coach hilft dem Klienten, adäquate Lösungsansätze in sich selbst zu entdecken. Verbunden mit energetischen Übungen, die der Einstimmung dienen, kann eine Person auch für eine andere ein energetisches Bild malen. Für den malenden Menschen kann dieser kreative Prozess bedeuten, dass er sich über seine persönlichen Grenzen und Gefühle bewusst wird. Für den Klienten, für den ein Auragraph erstellt wurde, ergibt sich aus dem Bild ein Spiegel seiner Persönlichkeit. Er entdeckt bisher ungekannte Fähigkeiten. Das intuitive Malen ist zum Beispiel für Heilpraktiker, Medien und Therapeuten ein fantasievolles Format, das den Patienten zu neuen Erkenntnissen verhilft. Außerdem ist die kreative Tätigkeit mit einer Art Reinigung gleichzusetzen, die den „inneren Raum" sauber hält.

Die Bedeutung der Farben

Für die Deutung eines Auragraphen sind weitreichende Kenntnisse der Aura und der Aurafarben unerlässlich. Dieses Basiswissen in Verbindung mit spiritueller Empfindsamkeit bildet die Voraussetzung für die richtige Interpretation eines Auragramms. Die Aura eines Menschen setzt sich aus verschiedenen Energiekörpern zusammen, die in ihrer Gesamtheit das abbilden, was gemeinhin als Ausstrahlung bezeichnet wird. Die Aura, so die unter Esoterik-Experten geäußerte Ansicht, besteht analog zu den sieben Hauptchakren ebenfalls aus sieben Schichten. Sensible Menschen, die mit esoterischen Fähigkeiten ausgestattet sind, erkennen die Aura als ein Farbspektrum. Die spektralen Farben sind für den kompetenten Esoteriker als lichtkranz- oder wolkenartige Hülle bei einem anderen Menschen sichtbar. Die Aurafarben lassen unterschiedliche Interpretationen zu.

Die Farbe Rot drückt zum Beispiel aus, wenn eine Person sich um die Finanzen sorgt. Angst und Depression stehen ebenso für die rote Farbe wie Macht und die Fähigkeit zu vergeben. Intuition drückt sich dagegen in einem hellen Pink aus, das ebenso für Liebe und Mitgefühl steht. Ein dunkles Blau spiegelt Angst vor der Zukunft wider, während ein strahlendes Blau Hellsichtigkeit und Großzügigkeit bedeutet. Das Auswerten eines Auragramms erfordert viel Sensibilität und Achtsamkeit gegenüber dem Malenden. Schließlich steht nicht das Werten eines Sachverhaltes im Vordergrund, sondern das Erkennen muss in den Fokus rücken. Bei einer fachgerechten Anleitung können auch Kinder Auragraphen malen. Mithilfe von Malpädagogen ist das ein ausgezeichnetes Angebot für Kindergärten. Durch das Malen der Auragramme besteht die Chance, bereits Kinder auf ihrem Lebensweg Unterstützung angedeihen zu lassen. Insbesondere Kinder, die als schwierig eingestuft werden, weil sie an ADHS oder ähnlichen Auffälligkeiten leiden, können durch die Arbeit mit Auragraphen wertvolle Unterstützung erhalten. Auf diese Weise wird gleichermaßen den Kindern und den Eltern geholfen. Für Paare bietet das Malen von Auragraphen die Chance, Probleme in der Partnerschaft zu deuten und gemeinsam Lösungswege zu entdecken.

Inspiration durch Musik – Das Musikmedium Rosemary Brown

Rosemary Brown war eines der größten Musikmedien des 20. Jahrhunderts. Die Britin schrieb die außersinnlich empfangene Musik verstorbener Komponisten wie Liszt oder Debussy Note für Note auf. Das unterschied sie von anderen Medien dieser Art, die die Musik aus dem Jenseits „nur" am Klavier improvisierten. Viele Fachleute hielten die Werke, die Brown zu Papier brachte, für spektakulär und vor allem authentisch.

Schicksalhafte Erscheinungen

Rosemary Brown wurde 1916 als Tochter eines Elektrikers und einer Restaurantfachfrau in der Nähe von London geboren. Ihre Eltern und Großeltern besaßen angeblich mediale Fähigkeiten.

Mit sieben Jahren erschien Rosemary ein Geist mit langem Haar und dunklem Gewand. Die Spukgestalt stellte sich als Komponist vor und prophezeite dem kleinen Mädchen, er würde sie dereinst zu einer berühmten Musikerin machen. Mit 15 fing die zurückhaltende Rosemary an, bei der Post zu arbeiten. Als sie zwei Jahre später zufällig ein Bild des Komponisten Franz Liszt sah, erkannte sie in ihm den Geist wieder, der ihr damals erschienen war. Rosemarys außerordentliche mediale Begabung zeigte sich auch während des Zweiten Weltkriegs.

Vor einem Bombenangriff auf London nahm sie eine Stimme wahr, die ihr riet, eine bestimmte Gegend zu meiden. Kurz darauf kamen dort Hunderte Menschen ums Leben. Einige Zeit danach steckte sich Rosemary mit dem lebensgefährlichen Erreger der Kinderlähmung an, gesundete aber wieder vollständig.

Begegnung mit der Musik

Nach dem Krieg nahm Rosemary Klavierunterricht. Ihr lag die praktische Ausführung der Musik leider nur bedingt und so beendete sie ihr künstlerisches Engagement. 1952 heiratete die mittlerweile 36-Jährige den Regierungsangestellten Gordon Brown, mit dem sie zwei Kinder hatte. Der frühe Tod ihres Mannes führte Rosemary schließlich in spiritistische Zirkel. Ein Arbeitsunfall war 1964 der Auslöser dafür, dass sie sich wieder dem Klavierspielen zuwandte. Sehr bald hatte Rosemary das Gefühl, als würden ihre Hände beim Improvisieren geführt. Das, was sie spielte, klang jedenfalls zu gut, um von ihr zu sein. Kurz darauf nahm der Geist von Franz Liszt mit Rosemary Kontakt auf, dem sie ja schon als Mädchen einmal begegnet war. Der österreichisch-ungarische Komponist und Klaviervirtuose begann nun, ihr neuen Musikwerke zu diktieren. Rosemary fühlte sich unsicher, da sie nur wenige entsprechende Kenntnisse besaß. Da tröstete sie Liszt mit der Bemerkung, dass eine professionelle musikalische Ausbildung nur hinderlich sein würde bei der Arbeit, die nun vor ihr lag.

Musik aus dem Jenseits

Für Rosemary war das Niederschreiben von Noten trotzdem völlig ungewohnt und anstrengend. Allmählich perfektionierte sie jedoch ihre Methode des automatischen Schreibens. Nun kontaktierten sie auch weitere große Komponisten aus der geistigen Welt: Claude Debussy, Franz Schubert, Frédéric Chopin, Ludwig van Beethoven, Robert Schumann, Johann Sebastian Bach und viele andere. Dabei ging jeder dieser bedeutenden Künstler beim Diktieren anders vor: Chopin gab alle Noten nach und nach an und führte dazu Rosemarys Hände auf die entsprechenden Klaviertasten. Bach hingegen diktierte seine Tondichtungen einfach nur. Schubert griff zu einer ungewöhnlicheren Methode: Er sang Rosemary seine Kompositionen vor. Während aller Kontakte mit diesen Geistern war das Medium in der Lage, sie erkennbar vor sich zu sehen. Selbst deren Stimmen vernahm sie sehr deutlich. Es war nur noch eine Frage der Zeit, bis Rosemary mit ihrer Gabe auch im Diesseits für Aufmerksamkeit sorgen würde.

Im Licht der Öffentlichkeit

Die schottische Musiklehrerin Mary Firth war fasziniert von den aus der geistigen Welt diktierten Kompositionen der Rosemary Brown. Damit sich das Medium künftig ausschließlich der Niederschrift jenseitiger Musik widmen konnte, richtete Firth 1968 eine Stiftung ein. Kaum ein Jahr später interessierte sich die BBC für Rosemary. Als die Fernsehanstalt ein Interview mit ihr ausstrahlte, war sie unversehens in ganz Großbritannien bekannt. Sie trat kurz darauf in anderen Ländern auf und spielte einige der medial empfangenen Musikstücke der ihr vertrauten Komponisten vor Publikum. Eine Platte mit übermittelten Werken namens „The Rosemary Brown Piano Album" ließ nicht lange auf sich warten. Daraufhin meldeten sich vermehrt Musikexperten zu Wort, außerdem nahmen berühmte Pianisten dieser Zeit einige Brown-Stücke in ihr Repertoire auf. Der bekannte Komponist und Anton von Webern-Schüler Humphrey Searle war in jenen Jahren einer der führenden Liszt-Spezialisten. Er drückte Rosemary öffentlich dafür seine Dankbarkeit aus, dass sie die geistig empfangenen Werke publik machte.

Rosemary Brown, die von ihren Zeitgenossen als aufrichtig und bescheiden beschrieben wurde, starb 2001 im Alter von 85 Jahren. Sie hinterließ mehr als 400 Kompositionen aus dem Jenseits.

Inspiration durch Schreiben – Chico Xavier – Das brasilianische Schreibmedium

Chico Xavier, eigentlich Francisco de Paula Candido Xavier, war das berühmteste Medium Brasiliens. Er wurde am 2. April 1910 in Pedro Leopoldo nahe der Stadt Belo Horizonte im Bundesstaat Minas Gerais in einfachsten Verhältnissen geboren und verstarb am 30. Juni 2002 mit 92 Jahren in Uberaba, wo er seit 1959 wohnte.

Während seines Lebens verfasste Xavier 468 psychographische Bücher, die er im Zustand eines automatischen Schreibens zu Papier brachte. Alle Texte stammten von Personen aus dem Jenseits und wurden von ihnen diktiert, sagte er. Es sind Gedichte, Novellen und Romane, religiöse und philosophische Abhandlungen sowie wissenschaftliche Werke. Beim Schreiben hielt er dabei meistens seine linke Hand an die Stirn, um die Augen zu verdecken. Die Angaben über die Gesamtauflage seiner Bücher schwanken zwischen 25 und 50 Millionen. Zu der Beerdigung von Chico Xavier kamen etwa 200.000 Menschen. Der Gouverneur von Minas Gerais ordnete sogar eine dreitätige Staatstrauer an.

Diese große Popularität Chico Xaviers erklärt sich daraus, dass paranormale Erscheinungen in Brasilien eine höhere Anerkennung als in anderen Ländern erhalten, aber auch aus seinem Lebenslauf und seiner Bescheidenheit. Mit der Begründung, dass die Texte seiner Bücher nicht von ihm seien, spendete er alle Profite aus dem enormen Buchverkauf an karikative Einrichtungen und verteilte immer wieder Lebensmittel an Arme. Auf Wunsch von Angehörigen Verstorbener psychographierte Xavier über 10.000 Briefe aus dem Jenseits. Dabei sollen zwar nicht die Texte, aber die Unterschriften bei etwa einem Drittel der Briefe in der authentischen Schrift der Toten geschrieben worden sein. Die Anerkennung für dieses Verfahren war so groß, dass man 1979 sogar eine von ihm empfangene Nachricht als Beweismittel in einem Mordprozess zuließ. Der Angeklagte wurde freigesprochen, nachdem ihn der Tote mithilfe von Chico Xavier entlastete und psychographisch erklärte, nicht ermordet, sondern bei einem Unfall gestorben zu sein.

Die paranormalen Fähigkeiten von Chico Xavier machten sich schon früh in seiner schweren Kindheit bemerkbar. Seine Mutter Maria João de Deus verstarb, als er erst fünf Jahre alt war. Sein Vater, ein Verkäufer von Lotterielosen, übergab ihn damals, wie seine Geschwister, Verwandten zur Pflege. Chico kam zu einer strengen Patentante, die ihn sehr schlecht behandelte, aber die Stimme seiner Mutter aus dem Jenseits tröstete ihn, sagte er. Als sein Vater erneut heiratete, holte die Stiefmutter Cidália die Kinder wieder zurück und sorgte dafür, dass Xavier zur Schule ging. Dort stieß er aber auf Probleme wegen seiner ungewöhnlichen Fähigkeiten. Man beschuldigte ihn des Plagiats wegen eines sehr guten Schulaufsatzes. Als Reaktion wollte sein Vater ihn damals in eine Klinik einweisen lassen. Auf Rat eines katholischen Priesters jedoch wurde er in eine Textilfabrik mit schwerer körperlicher Arbeit vermittelt, die ihn von seinen „Fantasien" abbringen sollte. Allerdings hörten seine Visionen niemals auf. Als 1927 seine Schwiegermutter verstarb, begann er, sich mit dem Spiritismus zu beschäftigen. Seine Mutter hatte ihm aus dem Jenseits empfohlen, sich mit den Büchern des berühmten Spiritisten Allan Kardec zu beschäftigen.

Im Jahr 1928 veröffentlichte Xavier erste psychographische Texte in zwei Zeitungen, aber mit seinem ersten Buch begann er erst drei Jahre später, nachdem er seinem spirituellen Mentor Emmanuel das erste Mal begegnet war. Emmanuel war laut Xavier früher der römische Senator Publius Lentulus gewesen, der mehrfach wiedergeboren wurde. Er kündigte Xavier 1931 an, 30 psychographische Bücher schreiben zu sollen. Dazu brauche er jedoch sehr viel Disziplin und den Glauben an Jesus Christus und Kardec.

1932 erschien Xaviers erstes Buch „Parnasol de Além-Túmulo", eine Sammlung mit 256 Gedichten, die ihm von verstorbenen brasilianischen und portugiesischen Autoren diktiert worden sein sollen. Dieser „Parnass aus dem Jenseits", so die Übersetzung des Titels, erhielt große öffentliche Resonanz und Anerkennung, aber auch viel Kritik von Seiten brasilianischer Literaturkenner. Manche hielten das Buch für eine Persiflage. Die Proteste wurden lauter, als sich herausstellte, dass der Autor nur ein einfacher Verkäufer mit geringer Schulbildung war. Der Geist seiner Mutter riet Xavier jedoch damals dazu, nicht auf diese Kritik zu reagieren, so sagt man. Außerdem fühlte sich Xavier von der brasilianischen spiritistischen Vereinigung FEB unterstützt, die sein Buch publiziert hatte. Er übertrug ihr für seine Bücher die Rechte. 1932 war auch das Jahr, in dem man bei Chico Xavier auf dem linken Auge Grauen Star feststellte, der ihn im Laufe der Zeit fast erblinden ließ.

Besondere Verbreitung erfuhr Xaviers Buch „Nosso Lar" (Unser Haus) von 1944 mit einer Auflage von über 2 Millionen Exemplaren. Es wurde dem Geistwesen André Luiz als Autor zugeschrieben und im Jahr 2010 sogar verfilmt. In dem Buch berichtet der Arzt Luiz, wie er plötzlich verstirbt und zunächst in eine Zwischenzone kommt, die weder Himmel noch Hölle ist, sondern eine Welt der Schemen. Wegen seiner Reue, im Leben nur nach Wohlergehen und Besitz gestrebt zu haben, ohne auf die Bedürfnisse anderer Menschen zu achten, wird er nach einiger Zeit von dem Engel Clarêncio zu Nosso Lar gebracht, einer spirituellen Astralstadt, in der ihm die Grundsätze des Jenseits und der Wiedergeburt vermittelt werden. Er lernt, dass es auf das spirituelle Wachstum ankommt. Die Gedanken seien die grundlegende Kraft jeden Lebens, die aber nicht immer richtig verwendet würden. „Nosso Lar" war das erste einer Reihe von 17 Büchern, die Chico Xavier damals psychographierte, einige zusammen mit Waldo Vieira, einem Medizinstudenten, der ebenfalls als Medium tätig war.

1959 zog Chico Xavier in die Stadt Uberaba, wo er zunächst eine Stelle als Schreiber annahm. Seine Sehstörungen wurden jedoch immer gravierender. Xavier musste die Arbeit aufgeben und bekam ab 1961 eine kleine Rente. Wegen seiner Bücher wurde er berühmt, sodass man ihn im Dezember 1971 zu der Fernsehsendung „Pinga-Fogo" einlud, bei der er von Kritikern des Spiritismus unter ein „Kreuzverhör" gestellt werden sollte. Aber der fast blinde Xavier ließ sich davon nicht aus der Ruhe bringen, sondern überzeugte, nach Meinung seiner Anhänger, seine Zuschauer von seiner Güte und Liebenswürdigkeit. Am Ende der Sendung schaffte er es, alle gemeinsam zu einem Gebet zu veranlassen.

1975 gründete Xavier in Uberaba das spiritistische Zentrum „Casa de Prece", das „Haus des Gebets", in dem er regelmäßig Lebensmittel an Arme verteilte. In den Folgejahren verfasste er auch noch weitere Bücher, bis er 1988 wegen seiner angeschlagenen Gesundheit mit dem Schreiben weitgehend aufhören musste. Für seinen Todestag hatte sich

Xavier gewünscht, dass es ein Tag wäre, an dem ganz Brasilien glücklich ist. Das war am 30. Juni 2002 tatsächlich der Fall, als Brasilien Fußballweltmeister wurde. Nach seinem Tod errichtete man in seinem Geburtsort Pedro Leopoldo ein Denkmal für ihn. 2010 wurde seine Biographie unter dem Titel „Chico Xavier" in Brasilien verfilmt.

Berühmte Medien und ihr Leben

Der Wunsch ein Medium zu werden, kann viele Ursachen haben. In meinem Fall kam mein Auftrag durch zwei Nahtoderfahrungen. Aber auch die Angst vor dem Tod oder der Wunsch einen lieben Verstorbenen zu sprechen können Auslöser sein. Ich absolvierte fast 30 Wochen Ausbildungen in Medialität in England an namhaften Colleges und Schulen und sehe mit Besorgnis, wie Deutschland im Moment von Medialität überschwemmt wird. Medialität boomt an allen Ecken und nur wenige Menschen sind profunde ausgebildet. Die Ergebnisse sind traurig und beschämend. Immer hat man es als Medium mit Menschen in Ausnahmesituationen zu tun und die Aussagen, die hier manchmal gemacht werden, sind haarsträubend wie zum Beispiel: „Dein Kind kann nicht ins Licht, weil Du trauerst."

Dies ist nur ein Beispiel, von fehlgeleiteter Medialität. Auch einige von meinen Schülern führen sich nach einem Zweitagesseminar, das man bestenfalls als einen Schnupperkurs bezeichnen könnte, auf schnell zusammengeschusterten Homepages als Lehrer auf. Das sind Entwicklungen, die unverantwortlich sind, denn wir arbeiten hier mit Menschen in Ausnahmesituationen und dem gilt es Rechnung zu tragen. Medialität ist nicht nur etwas, dass man lernen kann, sondern auch eine Einstellung. Medialität ist lebenslanges Lernen und nach all den Jahren würde ich immer noch sagen, dass ich mich noch viel weiterentwickeln kann. Ich gehe für dieses Ziel bis zum letzten Tag meines Lebens. Jedes Jahr besuchen mein Mann und ich mindestens drei Wochen Ausbildungen zur Supervision in England. Wir sind es all denen schuldig, die zu uns kommen und Rat und Hilfe suchen oder einen Kontakt zu einem Verstorbenen aufnehmen wollen bzw. selbst Medialität lernen möchten. Das Leben eines Mediums ändert sich, denn ab dem Tag der bewussten Entscheidung ist man nie mehr alleine. Big Brother is watching you, wie ich immer liebevoll sage.

Um wirklich zu verstehen, was Medialität bedeutet, ist es unabdingbar sich mit dem Leben einiger der größten Medien der Vergangenheit auseinanderzusetzen. Solche Medien gibt es heute nicht mehr. Selbst unsere gegenwärtig bekannten Medien sind nur noch ein trauriger Abklatsch von dem, was einst war. Natürlich kann man anführen, dass sich die Zeiten geändert haben, dennoch, die Tiefe und Hingabe eines Alec Harris, die Bescheidenheit eines Albert Best und die Akkuratesse einer Estelle Roberts werden heute nicht mehr erreicht. Liegt es an uns oder an unserem Willen zur Disziplin?

Liegt es an einer Fast-Food Gesellschaft, die mit ihrer Drive-In Mentalität auch Spiritualität und Medialität nur noch verkonsumiert statt zelebriert? Oder liegt es daran, dass wir keine Achtsamkeit, keinen Glauben und keine Demut mehr besitzen? Die Geschichte der Vergangenheit kann uns hier lehren, zu einem besseren Medium zu werden. Sie kann uns Vorbild sein. Nicht die nach obengepuschten Medien, die in Rekordzeit zehn oder mehr Bücher schreiben müssen, um das Eisen solange zu schmieden, wie das Feuer brennt. Nicht die Medien, die sich durch geschicktes Fragen ihre Antworten vom Klienten holen. Nein, die Medien der Vergangenheit hatten eine Integrität, die heute ihresgleichen sucht und fast niemand hat für seine Dienste Geld genommen. Das ist heute fast nicht mehr möglich, doch in Teilbereichen setze ich diesen Anspruch auch durch. Für Tranceheilung muss niemand bei uns etwas bezahlen. Wir nehmen gerne eine Spende entgegen, die aber inhaltlich voll und ganz einem Waisenhausprojekt in Afrika zugutekommt.

Unter dem Aspekt lesen sie diese Biografien nicht einfach nur, sondern tauchen Sie ein in das Leben einiger der berühmtesten Medien ihrer Zeit. Estelle Roberts hatte zu ihren besten Zeiten 7.000 Menschen an einem medialen Abend in der Royal Albert Hall versammelt, die sich durch sie einen Kontakt mit einem Verstorbenen erhofften. Müssen wir erst wieder immense Verluste durch Kriege verzeichnen, um uns mit dem Leben nach dem Tod zu beschäftigen? Geht es uns zu gut oder macht uns der Tod zu viel Angst?

Diese Frage können Sie sich nur selbst beantworten. Medialität macht frei und ohne Persönlichkeitsentwicklung ist Medialität nicht denkbar. Ein Medium stößt in seiner Ausbildung auf alle falschen Limitierungen und Glaubenssätze, denen es sein Leben untergeordnet hat. Will das Medium weiterkommen, so müssen diese aufgelöst werden, denn wir sind alle freie Menschen mit einem freien Willen, der durch nichts und niemanden eingeengt werden sollte. Nur so kann unser Licht wieder strahlen.

Sinn dieses Buches ist es die Wunder von einst wieder erstehen zu lassen und zu verstehen, was mit echter Hingabe und Liebe möglich sein könnte. Vielleicht auch in Deutschland? Vielleicht auch für Sie?

Beginnen wir mit dem Leben eines der bescheidensten Medien seiner Zeit, der ein unglaubliches Gedächtnis für Zahlen und Adressen hatte. Tauchen wir ein in die Gewissheit, dass die Toten damals sprachen und immer noch sprechen.

Albert Best – Das Postmedium

Albert Best wurde am 2. Dezember 1917 im nordirischen Belfast geboren. Als Medium erlangte der schüchterne Mann weltweite Bekanntheit.

Über sein Privatleben hielt Best sich stets bedeckt, sodass einige Dinge im Unklaren bleiben. Sicher ist, dass seine Mutter verstarb, als er noch ein kleines Kind war. Er kam aus einer armen, protestantischen Familie, die stets am Existenzminimum lebte. Vermutlich hatte er keine besonders glückliche Kindheit, was der Grund für seine Schweigsamkeit über diese Zeit sein könnte.

Nach dem Tod seiner Mutter wuchs er bei seiner Großmutter auf, bei der es sich wahrscheinlich um die Mutter seines Vaters handelte. Dieser Fakt gilt jedoch nicht als gesichert. Die Großmutter hatte vier Töchter, die deutlich älter waren als Albert Best. Diese hatten ihrerseits bereits selbst Familien gegründet und lebten nicht mehr bei der Mutter. Dennoch bezeichnete Albert Best die vier Damen stets als seine Schwestern.

Die Großmutter war ebenfalls eine sehr gläubige Protestantin, die sich der anglikanischen Kirche sehr verbunden fühlte.

Albert Best galt bereits als Kind als überaus einfühlsam, aber auch als schüchtern und sensibel – diese Eigenschaften begleiteten ihn sein gesamtes Leben lang.

Im Alter von sieben Jahren hatte er sein erstes übernatürliches und sehr erstaunliches Erlebnis: Er sah einen Mann auf der Treppe im Hause seiner Großmutter stehen. Dieser trug eine Laterne und hatte zudem ein Seil um seine Beine gewickelt. Solch ein Seil diente in damaliger Zeit dazu, Ratten und Mäuse bei der Ernte auf den Feldern davon abzuhalten, den Menschen die Beine hinaufzulaufen. Erschrocken erzählte er seiner Großmutter von seinem Erlebnis, diese tat seine Erfahrung jedoch als puren Unfug ab. Als er das Zimmer verließ, hörte er allerdings, wie seine Großmutter zu ihrem verstorbenen Mann sprach und ihm sagte, er solle den Jungen nicht erschrecken.

Sie schien also geglaubt zu haben, Albert habe ihren verstorbenen Mann im Haus gesehen. Dieser war bereits vor Alberts Geburt verstorben. Entgegen aller Erwartungen war der schüchterne Junge von diesem Ereignis jedoch nicht verängstigt. Später äußerte er, dass er fortan nie wieder Angst vor der übernatürlichen, spirituellen Welt gehabt habe.

Bereits vorher hatte er nämlich Stimmen vernommen. Diese hatten ihn zutiefst verängstigt und an seinem Verstand zweifeln lassen. Nach der Begegnung mit dem Großvater, die zu einer Art Schlüsselerlebnis wurde, wusste er nun endlich, womit er es zu tun hatte. Dennoch behielt er seine außergewöhnliche Gabe zunächst für sich, aus Angst, andere Menschen könnten ihn für verrückt halten.

1930 starb die Großmutter, Albert besuchte zu diesem Zeitpunkt noch die Schule. Er zog zu einer seiner Schwestern. In dieser Zeit pflegte er regen Kontakt zu einem älteren Jungen, von Beruf Fensterputzer, der ihn dazu überredete, eine spiritistische Kirche zu besuchen. Während einer Messe in dieser Kirche prophezeite ihm ein anderes Medium, dass er eines Tages in einer Uniform bekleidet nach Afrika gehen würde.

Nachdem ein Medium der Kirche an Albert ein außergewöhnliches Licht und eine Verbindung zur spiritistischen Welt festgestellt hatte, wurde er zu speziellen Sitzungen der Kirchengemeinde eingeladen, in denen mit übernatürlichen Wesen und Geistern kommuniziert wurde. Seine Verbindungen zur übernatürlichen Welt wurden immer stärker.

1931, im Alter von 14 Jahren, verließ Albert die Schule und begann in einer Seilfabrik zu arbeiten. In dieser Zeit war er viel alleine. Er unternahm lange Spaziergänge, um mit den übernatürlichen Mächten zu sprechen, mit denen er in Verbindung stand. Er fühlte sich von ihnen geführt, verstanden und getröstet.

Eine seiner Schwestern zog kurz darauf nach Schottland, in die Stadt Irvine. Albert entschied sich, sie zu besuchen und verbrachte einige Monate dort.

Zurück in Belfast suchte er häufig die spiritistische Gemeinde auf. Dort wurde er aufgrund seiner außergewöhnlichen medialen Begabung in eine Art inneren Zirkel aufgenommen, in dem alle Mitglieder seine außergewöhnliche Begabung sofort erkannten.

Eines Abends während eines Kinobesuchs lernte er ein Mädchen kennen, das ihm außergewöhnlich gut gefiel. Sie unterhielten und verstanden sich sehr gut. Allerdings war sie Katholikin. Im damaligen Nordirland war die Tatsache, dass er Protestant und sie Katholikin war aufgrund des Glaubenskriegs, der teilweise noch bis heute andauert und nachwirkt, natürlich ein bedeutendes Problem. Dennoch verliebten sie sich ineinander und gaben nichts auf die religiösen Unterschiede. Er heiratete Rose Lavery heimlich und ohne die Anwesenheit von Verwandten. Sie bekamen drei Kinder.

Als Albert 22 Jahre alt war, brach der Zweite Weltkrieg aus. Er wurde als Soldat nach Algerien geschickt, sodass sich die Prophezeiung des Mediums bewahrheitete. Und noch eine weitere Prophezeiung wurde auf tragische Weise Realität. Als Albert während seines Afrikaeinsatzes in die Nähe der Stadt Goubellet gelangte, erinnerte er sich an etwas, das ihm seine Großmutter im Alter von 14 Jahren gesagt hatte: „Du wirst mit 24 Jahren Witwer sein und ich werde mit dir in Goubellet sein."

Während eines Kampfes bei Goubellet wurde Albert verwundet und geriet später in deutsche Kriegsgefangenschaft. Über diese Zeit sprach er zeitlebens kein Wort.

1944 kehrte er zurück nach Belfast. Dort erfuhr er, dass seine gesamte Familie, Rose und die drei Kinder, bei einer Bombardierung ums Leben gekommen waren. Albert sprach nur selten über diesen schweren Schlag, doch bis zu seinem letzten Tag vermisste er seine Frau und die Kinder.

Albert wurde Postbote in Irving und freundete sich mit der spirituellen Familie Williamson an. Mit einigen Freunden und Bekannten gründeten sie einen Zirkel.

1951 fand ein einschneidendes Erlebnis für Albert statt: In einer spiritistischen Kirche schenkte man ihm ein Buch, das er fortan als seine Bibel bezeichnete. Es beschäftigte sich mit der Philosophie des Spiritismus.

Mitte der 1950er Jahre lernte er in einem Zirkel Maurice Barbanell kennen, der eine spiritistische Zeitung herausgab. Dieser half ihm sehr, seinen künftigen Weg zu finden. Albert war bereits bekannt für seine übernatürlichen Fähigkeiten. Während Sitzungen stellte sich immer mehr heraus, dass er vor allem private Details aus der Welt der Verstorbenen empfangen konnte, zum Beispiel Namen und Adressen, aber auch viele weitere Details.

Zweifler konnten Albert Best nichts entgegensetzen, seine Fähigkeiten waren einfach erstaunlich. Bis heute ist er, auch nach seinem Tod, eines der bekanntesten und bedeutendsten Medien in der anglo-amerikanischen Welt.

Als Medium arbeitete er stets sehr hart und hatte eine große Zahl von Anhängern. Einer dieser stellte ihm sogar seine Privaträume als Praxis zur Verfügung und besorgte ihm eine Wohnung. In dieser Praxis arbeitete Best als Heiler und Medium.

Erstaunliches geschah schließlich 1965: Das Haus des Gönners ging in Flammen auf und brannte komplett nieder, nur Alberts Praxisräume blieben komplett vom Feuer verschont. Experten und die Feuerwehr konnten sich auf dieses Vorkommnis keinen Reim machen und bis heute weiß niemand, wie es dazu kommen konnte. Albert konnte also weiterhin in seiner Praxis arbeiten, später mit zwei Assistenten. Die Praxis existierte insgesamt 24 Jahre lang bis 1982. Bis zu 24.000 Patienten suchten und fanden die Hilfe des Mediums und Heilers Albert Best.

Doch als über die Grenzen von Schottland hinaus bekanntes Medium arbeitete Albert auch viel im Ausland. Er reiste, heilte Menschen und hielt Séancen ab. Eine dieser Séancen ist dokumentiert: Dort materialisierte sich Alberts verstorbene Ehefrau Rose. Dieses Ereignis gab ihm zeitlebens Kraft und Zuversicht, denn nun wusste er, dass er seine geliebte Frau wiedersehen würde.

Am 2. April 1996 fiel Albert in ein neun Tage andauerndes Koma. In diesem Zustand begegnete er erneut seiner Frau und seinen Kindern. Dies erzählte er Freunden, die an seinem Bett Wache hielten. Er sagte, sie seien alle da und es sei Zeit, ihn gehen zu lassen. Er fiel zurück ins Koma und verstarb am nächsten Tag, am Freitag, den 12. April 1996.

Als bedeutendes Medium erlangte Albert Best bereits zu Lebzeiten große Berühmtheit. Schottische Zeitungen berichteten häufig über ihn und er trat einige Male im Fernsehen auf. Der zurückhaltende Mann erweckte überall Sympathie und beeindruckte durch seine außergewöhnlichen übernatürlichen Fähigkeiten und seine Möglichkeiten, Menschen Zuversicht und Heilung zu Teil werden zu lassen.

An dieser Stelle möchte ich eine seiner Geschichten zum Besten geben. Eines Tages während einem spirituellen Gottesdienst, in dem Albert das Medium war, kam er zu einer Frau und wollte ihr einen Jenseitskontakt geben. Sie bat ihn, sich doch jemand anderem zuzuwenden, da sie nicht an den Spiritismus glaube und nur ihrer Freundin zuliebe mitgegangen wäre. Am Ende des Gottesdienstes überreichte Albert Best dieser Frau zwei Nummern auf einem Zettel und bat sie, sehr gut auf diese Nummern aufzupassen. Sie würden einmal sehr wichtig in ihrem Leben werden. Mehr als widerwillig nahm die Frau diese Nummern entgegen und Albert bat sie noch einmal dringlich darum, seiner Bitte zu folgen.

Im Laufe der Jahre wurden die Frau und er sogar Freunde. Die Dame heiratete und konnte leider keine eigenen Kinder bekommen, also adoptierten sie und ihr Ehemann einen Jungen und ein Mädchen. Die Jahre gingen ins Land und schließlich wurden die Kinder volljährig. Eines Tages sprach die Dame vollkommen aufgelöst bei Albert vor und bat um Hilfe aus der geistigen Welt. Die Kinder wollten nun ihre leiblichen Eltern kennenlernen und es schien aussichtslos. Alle Bemühungen, die Eltern zu finden und die Zusammenarbeit mit den Behörden verliefen im Sand. Die Kinder waren untröstlich.

Albert bat die Frau, ihm ein wenig Zeit zu geben. Wieder im Anschluss an einen Gottesdienst kam er zu ihr und sagte: „Hast Du die Nummern noch, die ich Dir vor zwanzig Jahren gegeben habe? Die geistige Welt sagt, dass die eine Nummer die Telefonnummer der Eltern des Mädchens ist und die andere die Telefonnummer der Eltern des Jungen."

Fieberhaft suchte die Dame und fand die alten Zettel schließlich in ihrem Schmuckkasten. Und so war es. Über die Telefonnummern konnten die Kinder den Kontakt zu ihren leiblichen Eltern herstellen.

Ein berühmter Nachfahre von Albert Best ist sein Neffe, George Best, der ein erfolgreicher Fußballspieler bei Manchester United war.

Alec Harris – Ein Leben für die Medialität

Alexander Frederick (Alec) Harris wurde 1897 in Treherbert, im Rhonda Valley in Wales geboren. Nach einem Umzug seiner Familie nach Cardiff verließ er die Schule mit vierzehn Jahren. Anschließend arbeitete er als Filmvorführer in einem Kino. Während des Ersten Weltkrieges diente er vier Jahre in der königlich britischen Armee. Diese Jahre prägten ihn auf entscheidende Weise. Seine Frau Louie lernte er in den frühen zwanziger Jahren über einen Freund kennen, es sollte aber bis 1923 dauern, bis die beiden ein Paar wurden. 1928 erfolgte dann die Hochzeit. 1932 kam ihr gemeinsamer Sohn zur Welt.

Erste Kontakte und der Beginn als Medium

Erst mit 35 Jahren fand Alec Harris Zugang zu seinen spirituellen Fähigkeiten. Auslöser war Louies Bruder, der 1934 begann, als Spiritualist und Medium zu arbeiten. Dies hatte zwei vollkommen unterschiedliche Effekte auf die Familie Harris. Alec zeigte sich skeptisch und glaubte nicht im Geringsten an übersinnliche Geschehnisse. Louie dagegen spürte ebenfalls ihre spirituelle Gabe. In Louies Familie hatte es bereits zuvor Familienmitglieder gegeben, die über spezielle Fähigkeiten verfügt hatten. Das nächste entscheidende Ereignis war eine Zusammenkunft mit einer befreundeten Familie, den Hewitts. Mary Hewitt eröffnete Alec, dass dieser ebenfalls über starke mediale Fähigkeiten verfüge. Alec Harris blieb weiterhin skeptisch. Jedoch erweiterte seine Frau ihre Aktivitäten. Gemeinsam mit Mary beschloss sie, eine Session im Harris-Haus abzuhalten. Harris jedoch verwies sie daraufhin des Hauses. Nach langen Gesprächen mit Louie stimmte er einige Zeit später allerdings zu, an einer Zusammenkunft teilzunehmen – um seiner Frau den Beweis zu erbringen, dass es keine übersinnlichen Erscheinungen gäbe. Zu seiner eigenen Überraschung stellte sich jedoch ein sehr starker Kontakt mit seiner 1923 gestorbenen Schwester Connie, genannt Con, her. Nach zahlreichen, zum Teil sehr persönlichen Fragen, die alle richtig beantwortet wurden, begann Harris zu akzeptieren, dass mit dem Tod nicht das Leben endete.

Die Arbeit als Medium

Weitere Kontakte folgten und Harris konnte seine spirituellen Fähigkeiten nicht länger leugnen. Harris begann, seine Gabe als Heiler einzusetzen. Endgültig überzeugte ihn eine Sitzung, die mit dem bekannten Medium Helen Duncan abgehalten wurde. Hier erschien abermals seine Schwester Connie und sein Schwiegervater und ermahnten ihn, seine Fähigkeiten nicht länger zu leugnen.

Damit begann ein beispielhafter Dienst für die geistige Welt, der ein Leben lang andauerte und die Séancen des Ehepaars über alle Grenzen hinweg bekannt machte. Seit 1940 wurden seine Trancezustände durch Materialisationen verschiedener Form begleitet. So konnten an einer Sitzung zwischen fünfzehn und dreißig verschiedene Materialisationen gezählt werden. Man muss sich nur vorstellen, dass eine trauernde Mutter während des Krieges im Kreis der Anwesenden war. Der Vorhang des Kabinetts öffnete sich und ein junger Soldat in Lebensgröße marschierte heraus auf seine Mutter zu, nahm sie in die Arme und sprach: „Mutter, ich bin's, Derry. Trauere nicht länger. Mir geht es gut."

Verstorbene setzten sich manchmal zwanzig Minuten neben ihre Angehörigen und unterhielten sich mit ihnen. Alle diese Materialisationen wurden aus Ektoplasma gebildet und konnten über *direct voice* kommunizieren.

Wie jedes Medium war auch Harris immer wieder Anfeindungen ausgesetzt und wurde des Betruges bezichtigt. Seine Skeptiker mussten sich allerdings eines Besseren belehren lassen. Während der Zusammenkünfte befand sich Harris hinter einem Vorhang. Zuvor fand eine Begehung durch die Teilnehmer der Séancen statt, bei der das Zimmer und Harris selbst aufs Genauste untersucht wurden. Die einzige Tür zum Raum war während der Sitzung verschlossen und verstellt und Harris wurde auf seinem Stuhl fixiert. Alec und Louie Harris begannen regelmäßige Zirkel in ihrem Haus abzuhalten und konnten so vielen Menschen helfen, ihre Lieben noch einmal zu sehen und sich zu verabschieden.

Die Jahre in Südafrika

Im Jahr 1956 zogen Louie und Alec Harris zu ihrem Sohn nach Südafrika. Hier setzte Alec seine großartige Tätigkeit als Heiler und Medium fort. Aber auch hier musste er sich gegen Verleumdungen und Anfeindungen zur Wehr setzen. 1961 verdichteten sich Vorhersagen durch seine spirituellen Führer, dass Harris sich in Gefahr befände. Louie und Alec diskutierten, ob sie die Zusammenkünfte aussetzen sollten, kamen jedoch zu der Entscheidung, dass ihre Arbeit zu wichtig wäre und Alec seine Bestimmung nicht ignorieren dürfe.

Zu einer der folgenden Sitzungen schlichen sich zwei Reporter einer Zeitung ein, die Harris Leben für immer änderten. Die Einladung erhielten sie von einem befreundeten Mitglied einer Kirche. Während der ersten Materialisierung sprang einer der Reporter auf und versuchte, das herausströmende Ektoplasma zu ergreifen und so zu beweisen, dass alles ein Schwindel sei. Der andere Reporter riss die Gardinen des Raumes auf, vor der sich zahlreiche Fotografen versammelt hatten. Harris, der auf so brutale Weise in seiner Trance unterbrochen wurde, überlebte den Vorfall nur knapp und dank der Hilfe seiner spirituellen Führer.

Es ist zu erwähnen, dass nicht ein Film der Kameras Fotos enthielt, sondern alle Filme überbelichtet und weiß waren. Die geistige Welt versicherte Louie, dass sie dafür gesorgt hatte, dass die Filme unbrauchbar wurden. Alec Harris erholte sich nur langsam von diesem Vorfall. Im folgenden Jahr reisten er und seine Frau nach England. Nach seiner Rückkehr 1963 beendete er offiziell seine Arbeit als Medium.

Auch seine Heilsitzungen, bei denen er als Kanal diente und in Trance fiel, waren legendär und erzielten unglaubliche Erfolge. Alec und Louie Harris waren für ihre Bescheidenheit, Demut und Großzügigkeit bekannt. Sitzungen hielt er nach dem Vorfall in Südafrika nur noch mit engsten Freunden ab.

Am 12. Februar 1974 schloss Harris zum letzten Mal seine Augen in den Armen seiner Frau.

Auf zahlreichen Sitzungen bei anderen Medien erschien er nach seinem Tod und bestellte Grüße an seine Frau. Seine Frau Louie fasste die zahlreichen Begebenheiten und Begegnungen während der Sitzungen und sehr viele persönliche Anekdoten in einer wunderbaren Biografie über Alec Harris zusammen. Dies ist eines der berührendsten Bücher in der Geschichte von Materialisationsmedien.

Allan Kardec – Die Bibel des Spiritismus

Der französische Spiritist Allan Kardec erblickte am 3. Oktober 1804 in Lyon, Frankreich, das Licht der Welt. Sein richtiger Name war Hippolyte Léon Denizard Rivail. Noch heute gilt Rivail als einer der größten Spiritisten in Frankreich. Er starb am 31. März 1869 in der französischen Hauptstadt Paris.

Das Leben des Hippolyte Léon Denizard Rivail

Am 3. Oktober 1804 erblickte er das Licht der Welt in Lyon. Seine Lehrjahre verbrachte er bei Johann Heinrich Pestalozzi in der Schweiz. Schließlich zurück in Frankreich, erwarb er 1828 in Paris eine Bildungseinrichtung. Er unterrichtete dort in der nur für Jungen zulässigen Einrichtung sowohl Mathematik, Astronomie und Humanbiologie als auch Physik und Chemie sowie Französisch und vergleichende Anatomie. Zwei Jahre später, im Jahr 1830, erwarb eine Halle an der Rue de Sevres und lehrte die ersten zehn Jahre Fächer wie Chemie, Physik, Anatomie und Astronomie gratis.

Ein Jahr später erhielt er die Ehrenmedaille der Gelehrtengesellschaft für einen Aufsatz, in welchem er die unterschiedlichen Unterrichtsgegenstände miteinander verglich. Der französische Spiritist sprach mehrere Fremdsprachen. Am 31. März 1869 starb Rivail an einem Aneurysma. Heute liegt er auf dem Cimetière du Père-Lachaise in Paris begraben. Auch 150 Jahre nach seinem Tod, ist sein Grab eine Pilgerstätte für viele Anhänger seiner Lehren. Es wird noch heute stets mit Blumen und Dekorationen geschmückt.

Das Pseudonym Allan Kardec und seine Bedeutung

Der französische Spiritist nahm das Pseudonym Allan Kardec an, da ihm während einer Séance ein Geist mitteilte, dass er in einem früheren Leben so geheißen hätte. Nach eigenen Angaben war Allan Kardec ein Druide gewesen. Die Wahl eines Pseudonyms war zudem dienlich, da er unter dem Namen Rivail seine Lehrtätigkeit vollziehen konnte, während er als Allan Kardec seine spirituelle Seite auslebte. Dies entsprach seinem Wunsch, seine akademische und spiritistische Arbeit stets zu trennen.

Rivail wurde erstmals im Jahr 1854 mit Spiritismus konfrontiert. Ein Freund erzählte ihm über „rückende Tische". Auch wenn Rivail zu Beginn kritisch war, nahm er an einer derartigen Sitzung teil. Die Tische bewegten sich, verrückten ohne Fremdeinwirkung und flogen durch die Luft. Während viele Teilnehmer an einen Spuk glaubten, ging Rivail der Frage nach einem Naturgesetz nach. Da er kein Medium war, entwarf er einen Fragenkatalog, den er mit verschiedenen Medien durchging. Rivail fand Gefallen am Spiritismus und nahm immer wieder an Séancen und Sitzungen teil. Am 18. April 1857 veröffentlichte er – nach Bitten eines Geistes – „Das Buch der Geister". Es gilt als erste Publikation seines Gesamtwerkes und ist heute eines der prägendsten Bücher für den Spiritismus. In ihm befinden sich 1019 Fragen sowie Antworten, die sowohl die Geisterwelt als auch die unterschiedlichen Beziehungen der Geisterwelt zu dem irdischen Dasein betreffen. Jahre später folgten weitere Bücher unter dem Pseudonym Allan Kardec. So befasste er sich einerseits mit den Medien, andererseits mit dem Evangelium nach dem Spiritismus. Ebenfalls veröffentlichte er Bücher über die Genesis sowie Himmel und Hölle. Heute stellen seine Werke eine spiritistische Lehre dar.

Die Lehren von Kardec

Die Lehren von Allan Kardec fanden große Beachtung und beeindruckten viele Größen seiner Zeit – unter anderem auch Napoleon III., der Kardec immer wieder zu philosophischen Gesprächen einlud. Seine berufen sich auf Prinzipien und Gesetze von „höheren Geistern". Er sammelte nicht nur Informationen um Bücher zu schreiben, sondern veröffentlichte Informationen mit seinen Kommentaren.

In seinem Werk „Das Buch der Geister" (1857) berichtet Kardec über die Grundsätze der spiritistischen Lehre sowie über die Unsterblichkeit der menschlichen Seele. Des Weiteren befasst er sich mit Medien und höheren Geistern und gibt Auszüge aus deren Lehren wieder. Er befasst sich mit dem Universum, den Tieren, der Kultur sowie der Moral und Religion.

„Das Buch der Medien" von 1861 berichtet über die Mechanik der Medien in Verbindung mit der Geisterwelt sowie der Technik, mit welcher Medien Séancen abhalten.

1864 folgte „Das Evangelium im Lichte des Spiritismus". Kardec kommentiert darin die Evangelien und beschreibt sowohl die Religion als auch das philosophische System. Dieser Band ist der erste, der Bezug auf andere Lebewesen auf anderen Planten nimmt.

„Himmel und Hölle" aus dem Jahr 1865 schildert die unterschiedlichen Gespräche mit bereits Verstorbenen. Kardec berichtet über die Verbindung zu Verstorbenen sowie die Technik, mit ihnen Kontakt aufzunehmen.

„Genesis" (1868) schließlich stellt den Versuch Kardecs dar, eine Verbindung zwischen der Naturwissenschaft und der Religion zu schaffen. Er beschäftigt sich mit den Fragen des Ursprungs des Universums sowie des Lebens. Ebenso thematisiert Wunder und Hellsehen.

Auch wenn die Werke vor rund 150 Jahre veröffentlicht wurden, sind sie heute noch immer eine Grundlage für jede spiritistische Lehre. Die Werke sind in 30 Sprachen übersetzt; seit 1858 veröffentlichte Kardec zusätzlich die „Revue Spirite" – eine monatlich erscheinende Zeitschrift, die sich mit den verschiedenen spiritistischen Themen befasste. Die „Revue Spirite" erscheint noch immer.

Daniel Douglas Home – Das Psychokinesemedium

Der am 20. März 1833 in Currie, in der Nähe von Edinburgh, Schottland, geborene Daniel Douglas Home war nicht nur ein spiritistisches Medium im Bereich der Psychokinese, sondern auch ein bekannter Zauberkünstler in Europa. Heute gilt er als Aushängeschild der Anhänger der Psychokinese.

Daniel Douglas Home war vor allem durch seine imposanten Zaubershows in ganz Europa bekannt. So präsentiere er seine Gabe vor Staatsoberhäuptern, dem Adel sowie normalem Publikum. Mit der Levitation von Gegenständen wie Menschen, seiner Unempfindlichkeit gegen Feuer sowie Sinnestäuschungen begeisterte er immer wieder die Massen. Das „zweite Gesicht" erbte er – nach eigenen Aussagen – von seiner Mutter.

Die Kindheit und Ursprünge des Mediums

Daniel Douglas Home war ein kränkliches und neurotisches Kind, das seine Kinderjahre bei seiner Tante Mary Cook erlebte. Durch immer wiederkehrende Lähmungen lernte Home erst mit sechs Jahren gehen. Er litt als Kind immer wieder unter steigender Nervosität sowie Gedächtnisschwund. Seine Familie wanderte, als Home neun Jahre alt war, in die USA aus. Bereits mit 13 Jahren träumte er von einem Geist, der als ein böses Omen in Verbindung mit einem Freund auftrat. Dieser starb wenige Tage nach dem Traum. Vier Jahre später träumte er vom Geist seiner Mutter. Damals war Home und seine abergläubische Familie sicher, dass dies ein Kontaktversuch aus dem Jenseits gewesen sei.

Diese frühen kindlichen Prägungen waren unter anderem ein Grund, weshalb er sich immer mehr mit dem Spiritismus beschäftigte. Er veranstaltete Séancen, lebte von Spendeneinnahmen und versuchte das Publikum mit Levitationen von Personen und Gegenständen von seiner übersinnlichen Fähigkeit zu überzeugen. Der schnell aufkommende Ruhm sorgte für den Entschluss, von den USA zurück nach England zu kehren.

Das erfolgreiche Leben des Daniel Douglas Home

Das Medium kehrte schließlich 1855 nach England zurück. Seine Shows fanden bei Tageslicht statt; mit paranormalen Aktivitäten und nicht erklärbaren Levitationen präsentierte er unter anderem auch seine telekinetischen Fähigkeiten. Daniel Douglas Home demonstrierte seine Fähigkeiten schon früh vor bekanntem Publikum. So zählten etwa David Brewster, Wissenschaftler, sowie die Schriftsteller Anthony Trollope und Edward Bulwer-Lytton zu seinen Gästen. Des Weiteren hielt er auch im Hofe Napoleons III. seine Séancen ab. Auch Königin Sophie von den Niederlanden berichtete in ihren Aufzeichnungen über Erfahrungen mit Home. Sie überzeugte sich viermal von seiner spirituellen Kunst und Fähigkeit.

Doch Home hatte nicht nur Freunde. So versuchte Fürst Metternich während einer Vorführung den Zauberer zu enttarnen. Doch er schaffte es nicht, wobei Home weitere Forscher aufforderte, seine Tricks zu entlarven. Die Gerüchte, dass Homes ein Schwindler sei, verdichteten sich durch das Werk „Mr. Sludge the Medium" von Robert Browning. Dieser geht indirekt mit Home hart ins Gericht und behauptet, er sei es, der den Betrug Homes aufdeckte.

Earl von Dunraven IV. hingegen beschrieb Séancen mit Homes, die sehr wohl alles andere als betrügerische Absichten hatten. Earl von Dunraven und Homes lernten einander 1867 kennen und galten als gute Freunde. Des Weiteren gab es von Charles Wynn, Master of Lindsay sowie Lord Adare Berichte, dass man Daniel Douglas Home im Dezember 1868 beobachtete, als dieser am Buckingham Gate Nr. 5 aus dem offenen Fenster flog. Er flog in ein – sieben Fuß entferntes Fenster – und war wieder im Zimmer. Außerdem besuchte Homes 1871 den Zaren Alexander II. in Sankt Petersburg und hielt Séancen ab.

Die Kritik verstummte auch nicht nach seinem Tod

Daniel Douglas Home starb mit 38 Jahren. Er erkrankte an TBC, zog sich aus der Öffentlichkeit zurück und führte auch keine Shows mehr auf. Am 21. Juni 1866 starb er an der Tuberkulose. Daniel Douglas Home liegt auf dem Friedhof St. Germain-en-laye neben seiner Tochter.

Doch auch nach dem Tod Homes verstummten die Kritiker nicht. So veröffentlichte ein ehemaliger Mitarbeiter im Jahr 1891 Enthüllungen über die Vorgehensweise der Zaubershows. In dem Werk gibt der ehemalige Mitarbeiter auch das Geheimnis bekannt, warum Homes glühende Kohlen in den Händen tragen konnte. Auch die Feuerunempfindlichkeit im Gesicht erklärt der Mitarbeiter. Daniel Douglas Home wurde jedoch auch zu Lebzeiten der Hochstapelei schuldig gesprochen. So deckte ein Gericht auf, dass die Direktstimmen-Séancen mit einem Auserwählten aus dem Publikum nicht der Wahrheit entsprachen. Das Gericht sprach Homes schuldig und verurteilte ihn zu einer Geldstrafe von 24.000 Pfund. Auch Milbourne Christopher und Frank Podmore präsentierten immer wieder Berichte, wie Homes sein Publikum vorführte. Auch sie waren überzeugt, einige Tricks entlarvt zu haben. Außerdem existieren Berichte von Zeugen, die behaupten, Homes hätte seine Séancen nie bei Tageslicht durchgeführt, sondern die Sitzungen immer mit dunklem Licht abgehalten. Angeblich herrschte eine so große Dunkelheit, dass selbst die Hände von Homes nur ein weißer, sehr schwach wahrnehmbarer Haufen war.

Pro und Contra – der Physiker William Crookes und seine Erfahrung

Vor allem die Licht-Verhältnisse von Homes machten Levitationen erst möglich. Ob es der Flug von einem Fenster zum anderen war, oder andere Aufführungen – viele Zeugen berichteten, dass es immer dunkel bei seinen Aufführungen war. Homes wurde auch zu Lebzeiten von William Crookes, einem Physiker, beobachtet.

Dieser verfolgte den Zauberer zwischen 1870 und 1873 und kam zu dem Entschluss, dass er sich für rund 50 Levitationen tatsächlich verbürgen könnte. Die Tests fanden unter sehr guten Lichtverhältnissen statt. Homes schwebte tatsächlich – oft bis zu 210 cm hoch. Außerdem überprüfte der Physiker das plötzlich auftretende Spielen von Akkordeons. Das ohne Grund spielende Akkordeon, das die Melodie zu „Home, Sweet Home" von sich gab, galt als einer der „bekanntesten Tricks" von Homes. Der Physiker führte Experimente mit drei Medien durch. Kate Fox, Florence Cook sowie Daniel Dunglas Home und bestätigte in seinem Schlussbericht die Authentizität aller vorhandenen Medien. Denn wird dieser im Allgemeinen als nicht zielführend und wertlos erachtet.

Einer Nielsen – Das physikalische Medium aus Dänemark

Er beschwor nicht nur die Geister, an ihm schieden sie sich auch – zumindest, was die Lebenden betraf. Einer Nielsens Fähigkeit, Phantome aus dem sogenannten Ektoplasma entstehen zu lassen, rief bei seinen Kollegen und Anhängern große Bewunderung hervor, führte jedoch bei seinen Kritikern und Gegnern zu ebenso starker Skepsis und Ablehnung. Das Leben des Einer Nielsen und seine Karriere als Medium waren gekennzeichnet von starken Reaktionen auf seine Künste und Fähigkeiten. Es gab Zeiten, in denen er sich feiern lassen durfte und Zeiten, in denen denen er kämpfen musste – einmal landete er sogar im Gefängnis. Bis zu seinem letzten Tag auf Erden ließ er sich jedoch nicht beirren und stand zu seiner Aufgabe als Sprachrohr in die Welt der Verstorbenen. Allerdings zog er sich im Laufe seiner Karriere mehr und mehr von der Öffentlichkeit zurück.

Im Jahr 1894 erblickte Einer Nielsen in Kopenhagen das Licht der Welt. Schon früh spürte er seine Begabung für die Kommunikation mit anderen Sphären: Seine erste Séance hielt der Däne im zarten Alter von 17 Jahren ab. Nielsen absolvierte eine Ausbildung zum Physiotherapeuten und führte diesen Beruf noch lange aus. Doch seine wahre Berufung lag eindeutig in seinen medialen Fähigkeiten. Mithilfe seiner Führerin Mica meisterte er verschiedene Sitzungen, in denen er sich in Trance begab. Sie leitete ihn durch die Demonstrationen und kontrollierte ihn in seinem abwesenden Zustand. Während der Séancen kam es zur Bewegung und Materialisierungen von Gegenständen sowie zur Phantombildung durch das Ektoplasma bzw. Teleplasma. Nielsen saß dabei auf einem Stuhl und begab sich auf eine andere Bewusstseinsebene. Aus Mund und Nase strömte eine weißliche Substanz – das Ektoplasma – heraus und türmte sich zu Körperteilen oder gar zu ganzen Körpern (Phantomen) auf. Diese Phänomene konnte Nielsen sowohl bei Licht als auch in der Dunkelheit hervorrufen.

Werner Schiebeler erklärt die Substanz des Ektoplasmas als Anwesenheit eines Geistes, der dem Körper des Mediums Energie bzw. Materie entzieht, sodass sich eine weißliche, durchscheinende Masse formt. Diese strömt aus dem Körper des Mediums, löst sich von ihm und verformt sich. Schließlich fließt sie wieder zurück in den medialen Körper. Zeugen berichteten auch von einer sinkenden Umgebungstemperatur während bzw. nach einer solchen Sitzung.

Auch bei anderen Medien wie Jack Webber kam es zu gut erkennbaren Phantomen, die Erfolgsquote lag bei Nielsen jedoch außer Reichweite. Auch schien die Struktur des Ektoplasmas von Nielsen den Anwesenden dichter als bei Webber. In den 47 Jahren, in denen Einer Nielsen als physikalisches Medium praktizierte, sollen laut Schiebeler insgesamt etwa 17.000 voll ausgebildete Phantome entstanden sein.

So sehr die Kommunikation mit der Welt der Verstorbenen die Zuschauer in ihren Bann zog, so deutlich verstieß sie doch auch gegen den christlichen Glauben, der zu Lebzeiten Nielsens in Skandinavien vorherrschend war. Wenn wir ehrlich sind, stehen diese gut dokumentierten Phänomene auch heute noch im Gegensatz zu den meisten Glaubensrichtungen und werden – wenn auch nicht mehr nur aus religiösen Gründen – strikt verleugnet.

Im Jahr 1915 hielt Einer Nielsen eine Sitzung ab, in der einem Mann ein Gegenstand aus Metall erschien, woraufhin dieser Zuschauer sehr wütend wurde. Es handelte sich um einen gläubigen Christen, der als direkter Zeuge in der Materialisierung einen Affront gegen Gott sah und das Medium zunächst lautstark beschimpfte und schließlich festnehmen ließ. Aufgrund dieses Zwischenfalls musste Nielsen zwei Tage in Untersuchungshaft im Gefängnis verbringen.

Insgesamt fanden sich in den darauffolgenden Jahren allerdings immer mehr Anhänger seiner spirituellen Künste, sodass Einer Nielsen zu einer gewissen Berühmtheit gelangte. Im Dezember 1921 bestätigte die renommierte Tageszeitung B.T. Nielsen als echtes physikalisches Medium und druckte den fotografischen Beweis einer Phantombildung durch Ektoplasma. Wie nicht anders zu erwarten, kam es zu einem großen Aufruhr in der Bevölkerung. Erneut regte sich Widerstand von Seiten der Christen. Die Kristiana Universität in Oslo beispielsweise erhob 1922 gegenüber Nielsen explizit den Vorwurf des Betrugs, worüber er sehr erzürnt war.

Insgesamt jedoch waren in der Bevölkerung die Spiritualisten den Skeptikern gegenüber in der Mehrheit. Die Nachfrage nach Geisterbeschwörungen war hoch und Nielsen wurde zu einem erfolgreichen Medium. Er fürchtete die Öffentlichkeit nicht und ließ sich während seiner Beschwörungen immer wieder beobachten und fotografieren. Viele Neugierige strömten herbei, um an einer Sitzung Nielsens teilzunehmen, doch die detaillierten Zeugenbeschreibungen riefen auch zahlreiche weitere Skeptiker auf den Plan, die bald nach verschiedenen Untersuchungen verlangten. Sie verdächtigten das dänische Medium zum Beispiel, mit gewöhnlicher Gaze zu arbeiten, die er zu diesem Zweck in einer seiner Körperöffnungen (Mund, Nase oder Rektum) versteckt haben sollte, um sie dann als Phantom zu benutzen.

Im Jahr 1924 ließ er sich daher vor und nach den Sitzungen diverse Male freiwillig untersuchen und kleidete sich in einen Spezialanzug, ohne dass man Gaze oder ähnliches gefunden hätte. Trotzdem riss die Skepsis der Kritiker nicht ab. In Reykjavik saß Nielsen viele Male vor den Wissenschaftlern der „Physical Research Society" Islands, die zahlreiche hochrangige Mitglieder umfasste, denen von der Öffentlichkeit vertraut wurde.

Unterstützung bekam Nielsen hingegen vom Schriftsteller Einar H. Kvaran, der die Phänomene dokumentierte und aufzeichnete. Auch der Münchner Nervenarzt und parapsychologische Forscher Albert Freiherr von Schrenck-Notzing rückte das Medium in den Fokus der Öffentlichkeit.

1930 gründete Nielsen schließlich eine eigene – spirituelle – Kirche in Kopenhagen. Er bereiste viele nordische Länder und hielt an zahlreichen Orten Sitzungen ab. Als Einer Nielsen 1932 schließlich wieder in Kopenhagen lebte, wurde er erneut des Betruges bezichtigt. Johs Carstensen schrieb ein vernichtendes Pamphlet über ihn, woraufhin sich eine Gruppe von Nielsen-Gegnern um diesen versammelte. Auf Einer Nielsens Initiative hin zogen die beiden Parteien vor Gericht. Allerdings verlor das Medium den Prozess noch im gleichen Jahr. Daraufhin zog sich Nielsen von der breiten Öffentlichkeit zurück und praktizierte nur noch im vertrauten Kreis.

Seine Vorliebe für die Musik und das Ballett führte ihn regelmäßig in „Det Kongelige Teater" in Kopenhagen. Hier genoss er die Aufführungen, insbesondere die Inszenierung „Schwanensee". Auch an dem schönen Abend des 26. Februars 1965 fand man Nielsen glücklich in seinem Sessel – fasziniert von der Musik und den Tänzen. Im zweiten Akt schloss er schließlich ein letztes Mal die Augen und machte sich auf in eine andere Sphäre.

Emanuel Swedenborg – Die Welten des Himmels

Emanuel von Swedenborg wurde am 29. Januar 1688 als Sohn des Theologen und späteren Bischofs Jesper Swedberg in Stockholm geboren und verstarb am 29. März 1772 in London. Wegen seiner vielen wissenschaftlichen Schriften auf Gebieten wie der Mathematik, Mineralogie, Astronomie, Biologie und Münzkunde sowie bahnbrechender Erfindungen und Konstruktionsplänen, sogar für Flugmaschinen, gilt er als Universalgelehrter. Swedenborg war Wissenschaftler, Philosoph und Theologe. Er bereiste England, Frankreich, Deutschland und die Niederlande. 1716 wurde er Bergassessor in Schweden und suchte 1734 in seinem dreibändigen Werk „Opera philosophica et mineralogica" nach einer inneren Natursystematik mit einem Zusammenhalt aller Dinge. 1738 folgte „De infinito" über den Zusammenhang zwischen der geistigen Welt und der Unendlichkeit, der erste mystische Text Swedenborgs, der wie alle seine Schriften in lateinischer Sprache verfasst wurde.

1743 ließ sich Swedenborg wegen einer Reise zu Forschungszwecken beurlauben. Während dieser Zeit durchlebte er eine Lebens- und Glaubenskrise, die auch als seine „visionäre Wende" bezeichnet wurde. In den Jahren zwischen 1743 und 1745 hatte er erste übernatürliche Visionen. Dazu zählten Erscheinungen von Christus und von Engeln sowie eine Schlangenvision. Mehrfach besuchte er Himmel und Hölle, da ihm Gott dazu die Gabe gegeben habe, erklärte er 1745. Zwei Jahre später ließ sich Swedenborg pensionieren, um fortan seine mystischen Erlebnisse und Erfahrungen niederzuschreiben, sie zu systematisieren und die Grundlagen für eine neue Kirche zu schaffen – die Kirche des neuen Jerusalem.

Swedenborg schrieb 28 theosophische Bücher, als erstes „Arcana coelestia", ein achtbändiges Werk, das zwischen 1749 und 1756 in London erschien. Es wurde 1766 von Immanuel Kant in der Schrift „Träume eines Geistersehers" mit Spott überhäuft und als „acht Quartbände voll Unsinn" bezeichnet. Kant nannte den Autor „Erzphantast unter allen Phantasten". Er wurde als „Kandidat fürs Hospital" abqualifiziert.

Jedoch waren viele Vorstellungen Swedenborgs von den Grundgedanken der Aufklärung geleitet. Er wandte sich gegen den Hass der Religionsgemeinschaften untereinander. Das himmlische Reich stand nach seiner Auffassung auch Anhängern anderer Glaubensrichtungen wie dem Islam offen, wenn sie Werke der Liebe vollbringen. Damit traf er auf eine strikte Ablehnung der lutherischen Kirche Schwedens, die 1769 ein Herstellungs- und Verbreitungsverbot gegen seine Schriften durchsetzte. Nur zehn Jahre später war es Gotthold Ephraim Lessing, der in seinem dramatischen Theaterstück „Nathan der Weise" denselben Grundgedanken zum Ausdruck brachte.

In seinen Büchern entwickelte Swedenborg eine Entsprechungslehre, die die inneren Zusammenhänge zwischen der materiellen und der geistigen Welt aufzeigen sollte: „Alles, was in der Natur entsteht, vom kleinsten bis zum größten, ist eine Entsprechung, weil die natürliche Welt … aus der geistigen Welt entsteht und besteht, und somit beide aus dem Göttlichen". Swedenborg ging dabei von zwei Urkräften aus, die die Grundlage seiner Philosophie bildeten, der göttlichen Liebe und der göttlichen Weisheit. Sie entsprächen der Sonne im Kosmos und den Funktionen von Herz und Lunge im menschlichen Körper. Menschen, Geistwesen, also Menschen ohne körperliche Hülle, und Engel können diesen göttlichen Strom wie Auffanggefäße in sich aufnehmen, wenn sie dazu bereit sind und es wollen. Es gäbe aber auch höllische „Entsprechungen". Der göttlichen Liebe entspräche auf der negativen Seite die „Weltliebe" und der „Selbstliebe", die Selbstsucht.

Da er nach eigener Aussage immer wieder die Sphären des Himmels, der Hölle und der Zwischenreiche „bei vollem Bewusstsein" erkundete, beschrieb er sie in seinem Buch „Himmel und Hölle" von 1758 ausführlich. Es erschien unter dem Titel „De coelo et eius mirabilibus et de inferno". Dort stellte er den Werdegang Verstorbener in vielen Details dar. Laut Swedenborg stirbt der Mensch bei seinem Tod nicht, sondern wird nur vom Körperlichen getrennt. Er gelangt zu einem mittleren Ort zwischen Himmel und Hölle, wo ihn Engel auferwecken, und durchlebt dann drei Zustände einer inneren Entwicklung. Der erste Zustand als körperloses Wesen ist noch eng mit der früheren Existenz verbunden. Swedenborg bezeichnet ihn als den Zustand des Äußeren, da das Geistwesen noch wie in seinem irdischen Leben aussieht. Neuankömmlinge an diesem „Mittelort" werden von Freunden wiedererkannt, über das ewige Leben belehrt und in Städten und Paradiesen der neuen Welt herumgeführt.

Erst nach einiger Zeit gelangt der Verstorbene in einen zweiten Zustand, den „Zustand des Inneren". Er zeigt sich dann so, wie er wirklich denkt und fühlt, indem er sich von Äußerlichkeiten löst. In ihm tritt seine „herrschende Liebe" zutage. Mit diesem Begriff meint Swedenborg das individuelle Wesen des Menschen. Es bleibt ihm als Ergebnis seiner irdischen Zeit erhalten. Während dieses Zustands des aufgedeckten Inneren ereignet sich das „Gericht". Im Gegensatz zum „Jüngsten Gericht" ist es eher eine Art Prüfung. Hierbei spielt das Gedächtnis eine Rolle, das jeder Mensch aus der irdischen Welt mitgebracht hat, die Erinnerung an die eigene Lebenschronik, an gute und böse Taten. Andere Geistwesen oder Engel können hinzutreten und sogar Verbrechen zur Anklage bringen. Das habe er selbst gesehen, schrieb Swedenborg. Je nach dem Ausgang einer solchen Verhandlung kommt es zur „Reinigung". Gutartige Geister können böse oder falsche Elemente abstreifen, die ihnen anhaften. Den Ort dieser Reinigung nennt er „untere Erde". Sie sei von den Höllen umringt.

Der dritte Zustand besteht in einer Unterweisung für den nun bevorstehenden Aufstieg zum Himmel. Sie wird von Engeln erteilt, ist aber kein Studium, sondern erfolgt intuitiv. Zwar gibt es laut Swedenborg auch einen direkten Weg in den Himmel oder in die Hölle, aber das seien Ausnahmefälle. Die meisten gingen einen weiten, persönlich gestalteten Weg. Früh verstorbene Kinder wachsen noch heran, während sich alte Menschen verjüngen. Im Jenseits gibt es keinen Stillstand, sondern eine Weiterentwicklung. Die Geistwesen können selbst Engel werden. Sie werden dadurch aber nicht untätig, sondern beschäftigen sich mit ihren Aufgaben wie dem Behüten der Menschen, der Auferweckung von Verstorbenen, den Unterweisungen im Jenseits und der Aufsicht über die Höllen. Nach dem Prinzip gegenseitiger Anziehung formen Engel sogar größere oder kleinere Gemeinschaften miteinander. In ihrer Gesamtheit bilden sie den Himmel und zugleich einen großen Menschen, den homo maximus: „Ein in der Welt noch unbekanntes Geheimnis besteht darin, dass der Himmel in seinem Gesamtumfang einen einzigen Menschen darstellt".

Swedenborg vergleicht diesen Aufbau mit dem menschlichen Körper. Auch dort bilden viele einzelne Teile eine Einheit. Nach seiner Philosophie ist das Kleinste im Größten enthalten und das Größte im Kleinsten. Gott ist in diesem Sinne zugleich Mensch, aber nicht als Menschwerdung, sondern in universaler Hinsicht: „All dies führt zu dem Schluss, dass das Göttliche, weil es den Himmel bildet, seiner Gestalt nach das Menschliche ist". Vor diesem Hintergrund lehnte Swedenborg das Dogma der Trinitätslehre ab, vor allem in seinem Werk „Die wahre christliche Religion", das 1771 unter dem Titel „Vera christiana religio" erschien. Dort erklärt er, dass alle vernünftigen Völker der Welt, die eine Religion haben, nur einen einzigen Gott kennen, aber keinen dreigeteilten Gott. Außerdem stellt er sich in dieser Schrift gegen die Vorstellung einer Erbsünde und die Rechtfertigungslehre Luthers.

Zwar waren in Swedenborgs Büchern die Grundlagen für eine neue Kirche gelegt, aber dieses geschah nicht zu seinen Lebzeiten. Seine Anhänger, die „Swedenborgianer", bildeten erst 1788 eine erste Gemeinde der „New Church" in London. Diese Kirche verbreitete sich vor allem in England, später auch in den USA. In Deutschland gab es ebenfalls Anhänger, vor allem den engagierten Übersetzer Swedenborgs, Immanuel Tafel. Er war von dessen visionären Erfahrungen überzeugt, aber auch von seinem Humanismus. 1848 kam es unter seiner Leitung in Cannstatt zur Gründung der „Neuen Christlichen Kirche in Deutschland und der Schweiz". In heutiger Zeit verstehen die „Swedenborgianer" einige Schilderungen Swedenborgs eher als Metaphern für die göttliche Liebe und Weisheit, die jedem zugänglich sei.

Estelle Roberts – Ein halbes Jahrhundert im Dienst der geistigen Welt

Innerhalb der vielen Mitglieder der spiritistischen Gemeinden gibt es auch einige herausragende Persönlichkeiten, die sich durch eine besonders ausgeprägte spirituelle Gabe und damit zusammenhängend durch einen besonders guten oder in anderer Weise besonderen Kontakt in die geistige Welt auszeichnen. Diese werden selbst von vielen Medien als stützende Pfeiler des Spiritismus verehrt. Anhand ihrer Lebensgeschichte in der hiesigen und geistigen Welt lassen sich dabei häufig wichtige Anhaltspunkte finden, um über unser eigenes Leben und unsere Beziehung zu diesen beiden Existenzebenen nachzudenken und nach einigem Nachsinnen und spirituellen Erfahrungen möglicherweise an eine besondere Schlüsselstelle zu kommen, die dann das weitere Leben nachhaltig bestimmt und bereichert.

Estelle Roberts: Ein ganzes Leben lang ein Medium

Eine dieser besonderen Persönlichkeiten des Spiritismus ist Estelle Roberts. Von der frühen Kinderzeit bis ins hohe Alter hinein erhielt sie immer wieder Botschaften aus der geistigen Welt, die von vielen Spiritisten auch heute noch als ausgesprochen bemerkenswert erachtet werden. Anhand dieser Botschaften wird nämlich in vielen Fällen das tiefere Wissen der Seelen in der geistigen Welt über unsere diesseitige Welt deutlich. Hierbei bemühte sie sich sowohl um Beantwortung der kleinen als auch der großen Fragen ihrer Zeit durch Botschaften aus der geistigen Welt.

Kindheit: Ein Medium zu sein birgt seine Tücken und Schwierigkeiten

Estelle Roberts erblickte bereits gegen Ende des 19. Jahrhunderts das Licht der Welt. Am 10. Mai 1889 wurde sie geboren, als kleines, unscheinbares Mädchen, von dem man auch bei genauerer Betrachtung nicht angenommen hätte, dass dieser Säugling später von einigen Menschen als eines der wichtigsten Medien, die jemals auf diesem Planeten wandelten, bezeichnet werden würde. Zunächst verlief ihre Babyzeit und frühe Kindheit relativ ereignisarm – nicht viel deutete darauf hin, dass es sich bei dem Mädchen um eine besondere Persönlichkeit mit herausragenden Eigenschaften und Fähigkeiten handelte. Erst später wird von ihren ersten Erfahrungen mit der geistigen Welt berichtet.

Nicht immer einfach war es dabei für Estelle Roberts, ihre besondere Rolle als Medium mit ihrem weltlichen Leben zu vereinen. Andererseits wird so anhand ihrer Lebensgeschichte auch deutlich, wie der Spiritismus und der Kontakt in die geistige Welt trotz einiger Hindernisse das eigene Leben aufregender gestalten und deutlich bereichern kann. Denn jeder Mensch lebt auf die eine oder andere Weise an der Schnittstelle zwischen geistiger und diesseitiger Welt, sodass die Geschichte von Estelle Roberts sicher in gewisser Hinsicht als Prototyp vieler weiterer solcher Geschichten, die sich im Laufe der Menschheitsgeschichte ereignet haben oder noch ereignen werden, gelten kann. Weiterhin verdeutlicht dieses Beispiel, dass das Leben als Medium mit der besonderen Gabe des Kontaktes in die geistige Welt nicht nur eine angenehme, sondern durchaus auch eine unangenehme Seite hat, mit der der junge oder heranwachsende Mensch erst noch umzugehen lernen muss.

So hatte die kleine Estelle zunächst damit zu kämpfen, dass die Botschaften, die sie empfing, von dem Rest ihrer Familie nicht wahrgenommen werden konnten. Für ein kleines Kind, das normalerweise daran gewöhnt ist, dass ihre Eltern ihm in allen Aspekten des alltäglichen Lebens unter die Arme greifen können, war dies sicher keine schöne Erfahrung. Die von ihr empfangenen Botschaften aus der geistigen Welt wurden deshalb recht schnell als „Kinderphantasien" abgetan und bis auf gelegentliche Strafen und Zurechtweisungen, die das Mädchen auf den „rechten Weg" zurückbringen sollten, von den Angehörigen ihrer Familie nicht weiter beachtet. Ihren Beteuerungen, dass sie mit verstorbenen Familienangehörigen gesprochen hätte, schenkten weder ihre Eltern noch entferntere Verwandte die notwendige Aufmerksamkeit. So blieb das besondere Talent von Estelle Roberts lange Zeit verborgen, man berichtete leidglich hin und wieder von einer besonders ausgeprägten und lebhaften Phantasie der noch kleinen Estelle und hoffte, dies würde sich mit zunehmender Reife schon legen. Der Glaube an die geistige Welt war also in der Familie, in der Estelle Roberts aufwuchs, nicht besonders verankert.

Auch in der heutigen, relativ aufgeklärten Zeit wird den Aussagen von Medien von vielen Menschen keine Beachtung geschenkt. So übersehen viele, dass der frühzeitige Kontakt mit der geistigen Welt ihnen einen echten Mehrwert und Bereicherung für ihr eigenes Leben in der diesseitigen und in der geistigen Welt liefern kann.

Schicksalsträchtiger Wendepunkt: Der Tod des Ehemanns H. W. Miles

Halt in der Familie fand Estelle Roberts erst mit ihrer Heirat: Ihr erster Ehemann Hugh Waren Miles, den sie sehr liebte und der ihr einen wichtigen Halt in der Welt gab. Insgesamt hatten die beiden drei Kinder. Am Todestag ihres Gatten sah Estelle dank ihrer besonderen Fähigkeiten, wie die Eltern ihres Mannes ihn ins Jenseits begleiteten. Auch er selbst schien als Seele seinen Körper zu verlassen und in seine geistige Form zu wechseln. Erleichtert versprach Estelle ihm, über die Kunde vom Leben nach dem Tod in der geistigen Welt, das sie mithilfe ihrer medialen Fähigkeiten wahrnehmen konnte, zu berichten. Auf diese Weise sollte sie später vielen Menschen, die ihr Glauben schenkten und ihre Erfahrungen nicht für Hirngespinste hielten, die Angst vor dem Tod nehmen. Durch den Kontakt zu ihrem verstorbenen Mann wurde sie letztendlich völlig von der wahren Existenz der geistigen Welt überzeugt und akzeptierte, dass die Botschaften, die sie empfing, auch außerhalb ihrer eigenen Wahrnehmung existierten. So kam es, dass Estelle Roberts eine der bedeutungsvollsten Persönlichkeiten der spiritistischen Gemeinde werden sollte.

Erst nach dieser Erfahrung und weiteren Diskussionen innerhalb der spiritistischen Kirche wurde sich Estelle Roberts sich ihrer besonderen Fähigkeiten in vollem Umfang bewusst. Der Kontakt mit anderen Medien stellte sich naturgemäß für diesen Erkenntnisprozess als besonders fruchtbar heraus. Andere wiesen sie darauf hin, dass nur ein Medium mit einer besonders großen Gabe die Erfahrungen, die sie in allen Details beschrieb, machen konnte. Ihr feines Gespür für die spirituellen Dinge und ihr Kontakt mit der geistigen Welt schienen besonders ausgeprägt zu sein. Daher war der Todestag ihres Mannes zwar ein Tag großer Schmerzen, aber löste dennoch auch einen positiven Wandel im Leben von Estelle Roberts aus, da sie nun begann, die von ihr empfangenen Botschaften aus der geistigen Welt zunehmend nicht mehr als Fluch oder Sinnesverwirrungen, sondern als große und bedeutungsvolle Chance für sich und andere Menschen zu sehen.

Erster Kontakt mit dem Seelenverwandten „Red Cloud"

Durch das Treffen mit anderen Medien ermutigt, führte Estelle Roberts in zunehmendem Maßen Séancen durch, um sich über ihre Rolle in der Kommunikation zwischen der geistigen und hiesigen Welt klar zu werden und nach Geistern zu suchen, die mit ihr Kontakt aufnehmen wollten. Während einer solchen Séance kam es dabei zum ersten Kontakt mit dem Geist von „Red Cloud", einem indianischen Ureinwohner, der sich als ihr spiritueller Lotse verstand.

Mit seiner Hilfe brachte Estelle Roberts ihre medialen Fähigkeiten zu voller Blüte. Während dieser Zeit begann auch das öffentliche Interesse an ihr deutlich zu wachsen: Fühlten viele Menschen doch instinktiv, dass sich hinter den eindrucksvollen Präsentationen ihrer spirituellen Fähigkeiten mehr als ein paar geschickte Illusionen verbergen mussten. Die Rolle von „Red Cloud" für die spirituelle Entwicklung von Estelle Roberts wird auch von den meisten Experten als besonders wichtig erachtet, vermittelte dieser doch äußerst detailliertes Wissen über die geistige Welt, z.B. dass manche Menschen von ihrer Position in der geistigen Welt nicht mit der hiesigen Welt kommunizieren können, weil sie bei ihrem Tod nicht die richtige Geisteshaltung gehabt und diese Kanäle somit für immer verschlossen hätten. Mithilfe eines solchen Wissens über die geistige Welt konnten viele an dem Leben nach dem Tod interessierte Menschen durch Estelle Roberts' spirituelle Ausflüge genauere Details über das Jenseits erhalten.

Auf diese Weise wurde Mrs. Roberts im Laufe der Zeit zu einem einflussreichen und bekannten Medium, das viele spirituell interessierte Menschen beeindruckte und beeinflusste. Umso erwähnenswerter ist, dass sie diese Tätigkeit letztendlich erst in voller Stärke aufnahm, als sie das dreißigste Lebensjahr bereits überschritten hatte. Sie konnte unter anderem vielen Menschen helfen, in Kontakt mit geliebten Personen in der geistigen Welt zu treten. Ihre Geschichte zeigt, dass nicht alle Lebensgeschichten in der hiesigen Welt bereits einen geraden, klar definierten roten Pfaden aufweisen müssen, um letztendlich in einer Erfolgsgeschichte zu münden. Vielmehr kommt es darauf an, seine eigenen Fähigkeiten zu erkennen und bestmöglich zu entfalten. Weiterhin kann Rat aus der geistigen Welt bei dieser Entfaltung der eigenen Fähigkeiten durchaus nützlich sein: Estelle Roberts hat ihr volles Potential als Medium erst mit der Hilfe ihres spirituellen Lotsen „Red Cloud" erkennen und ausleben können.

Estelle Roberts: Medium mit weitreichenden Fähigkeiten

Warum aber wird Estelle Roberts von so vielen Menschen, auch vielen Anhängern des spiritistischen Glaubens, als etwas Besonderes gesehen? Das Außergewöhnliche an Estelle Roberts war nicht nur ihre besondere Gabe, mit der sie verschiedene mediale Fähigkeiten wenigstens beinahe bis zur Perfektion entwickelt hatte. Es war auch das breite Spektrum an für ein Medium typischen Fähigkeiten, die sie von vielen anderen Medien deutlich unterschied. Normalerweise erlernen die meisten Medien, auch wenn sie äußerst begabt sind und sich klug anstellen, nur einen kleinen Bruchteil der Fähigkeiten, die Estelle Roberts sich mit der Zeit aneignete und akkumulierte. Durch die Unterstützung ihres spirituellen Lotsen „Red Cloud" konnte sie so anscheinend in Winkel und Geheimnisse der geistigen Welt vordringen, die den meisten Sterblichen zu Lebzeiten nicht offenbar werden und zu deren Erkundung es eines besonderen Talents und auch der richtigen Anweisung bedarf.

Kommunikation mit den Bewohnern der geistigen Welt

Nachdem Estelle Robers mit der schrittweisen Verwirklichung ihres vollen Potentials als Medium begonnen hatte, dauerte es nicht lange, bis sie aufgrund der immer weiter steigenden Nachfrage auch Séancen in großen Veranstaltungshallen abhielt. Auf diesen Veranstaltungen nahm sie – auf deren Wunsch – Kontakt zu den verstorbenen Familienangehörigen von Besuchern der Events auf. Bei diesen Kontakten wurde zum Teil von Estelle erstaunliches Detailwissen preisgegeben, welches nur die tatsächlich Verstorbenen besitzen konnten. So gelang es dem erstaunlichen Medium, immer mehr Menschen von seiner Arbeit zu überzeugen. Viele nahmen nach dem Erleben ihrer Veranstaltungen als Zuschauer wahr, dass vielleicht noch Dinge jenseits der diesseitigen Welt existieren, die die Wissenschaft wenigstens momentan noch nicht letztendlich erklären kann.

Estelle Roberts nach ihrem Durchbruch: Medium bis zur Reise in die geistige Welt

Nachdem Estelle Roberts auf diese Weise einen für sie geeigneten Weg gefunden hatte, das Wissen über die geistige Welt zu verbreiten und den Menschen mit ihrer besonderen Gabe zu helfen, blieb sie bis an das Ende ihres Lebens in der hiesigen Welt als Medium aktiv. 1970 trat Estelle im Mai, in dem gleichen Monat also, in dem sie auch das Licht der Welt erblickt hatte, die Reise in die geistige Welt an. Wenn sie ihre Tätigkeit als Medium bzw. eine ähnliche dort weiter betreibt, so ist wohl zu erwarten, dass sie sich auch von der „anderen Seite" aus genauso für die Kommunikation zwischen den beiden Welten einsetzen wird, wie sie es in ihrer langen Tätigkeit als Medium in unserer Welt tat.

Es bleibt zu hoffen, dass es auch in der Zukunft noch mehr Menschen geben wird, die ihr Wissen und ihre Gabe zur besseren Verständigung zwischen den beiden Ebenen des Daseins einsetzen werden und die Existenz ihrer Bewohner auf beiden Seiten somit bereichern.

Emma Hardinge Britten – Die sieben Prinzipien des Spiritismus

Emma Hardinge Britten wurde 1833 in der britischen Hauptstadt London geboren, zu einer Zeit und in einem Land, in welchem sich der moderne Spiritismus allmählich etablierte. Hardinge gilt heute als Mitbegründerin dieser spirituellen Bewegung.

Ihre Kindheit war eher dramatischer Natur. Ihr Vater starb bereits in ihrer frühen Kindheit, sodass sie mit gerade einmal elf jungen Jahren für die Familie Geld verdienen musste, was sie unter anderem dadurch schaffte, dass sie Schauspielstunden gab und als Klavierlehrerin arbeitete. In dieser Zeit, Mitte der 1830er Jahre, war es auch, als sie zum ersten Mal mit einer spiritistischen Gesellschaft, die den Namen „Orphic Society" trug, in Kontakt kam. Dort traten ihre hellseherischen Fähigkeiten hervor: Sie vermochte es in der Folgezeit, denjenigen Menschen, die sie kannte, bestimmte Ereignisse in der Zukunft vorauszusagen. Außerdem konnte sie aufgrund ihrer hellseherischen Fähigkeiten ihre Freunde regelrecht unterhalten: Es war ihr nämlich möglich, auf einem Klavier Stücke zu spielen, an welche die einzelnen Personen in ihrem unmittelbaren Umfeld gerade dachten.

Trotz dieser bemerkenswerten Fähigkeiten wollte Hardinge zu jener Zeit nicht alle Arten und Varianten des Spiritismus akzeptieren. Amerikaner hielt sie tendenziell für sehr leichtgläubig und die amerikanischen Ausprägungen des Spiritismus mit ihren zahlreichen privaten Gesellschaften, die regelmäßig Séancen praktizierten, hielt sie für ein Produkt jener zu starken Leichtgläubigkeit. Dies änderte sich erst in den 1850er Jahren, als sie vorhatte, im Rahmen mehrerer Besuche solcher Séancen einen Artikel über die vermeintliche Leichtgläubigkeit der amerikanischen Bevölkerung zu verfassen. Hierfür reiste sie nach New York und besuchte einige Sitzungen. Doch als sie während jener Sitzungen des Öfteren Visionen hatte bzw. Episoden aus ihrer Kindheit wieder erlebte, die oft schwierig und beschwerlich waren, ließ sie nach und nach von ihrer Skepsis ab und begann, die übernatürlichen Fähigkeiten der von ihr besuchten amerikanischen Medien zu akzeptieren.

Auch wenn sie ihr ursprüngliches Vorhaben letztlich aufgab, war sie zu jener Zeit eine sehr erfolgreiche Schriftstellerin mit ausgezeichneten rhetorischen Fähigkeiten. Zahlreiche literarische Werke aus jener Zeit sind uns heute noch überliefert. Im Rahmen ihrer politischen und rhetorischen Karriere war sie unter anderem in den Wahlkampf Abraham Lincolns involviert, als sie 1864 eine Monografie darüber verfasste, weshalb Lincoln der neue US-Präsident werden sollte und was er seinem Land zu bieten hätte.

Lincoln wurde bereits ein Jahr später erschossen, woraufhin Hardinge eine Rede verfasste und schließlich hielt, die ihr großes Ansehen einbrachte. An Hardinges politischem Interesse zeigt sich, dass sie zu jeder Zeit in ihrem Leben ein bodenständiger und weltgewandter Mensch war.

Während den 1960er und 1970er Jahren unternahm sie zahlreiche Reisen innerhalb der Vereinigten Staaten und hielt Vorlesungen zu wichtigen Themen des Spiritismus, in welchen sie die Grundideen und Probleme erläuterte - so zum Beispiel wie man mit der anderen Seite respektive mit der Geisterwelt in Kontakt treten könne und wie beide Seiten bzw. Welten miteinander verknüpft seien. Durch diese gut besuchten Vorlesungen wurde sie noch populärer und in der Welt des Spiritismus zu einer etablierten Größe.

In den 1870er Jahren brachte sie dann ihr wohl bedeutendstes Werk heraus, nämlich eine Monografie mit dem Titel „Modern American Spiritualism". Diese Monografie ist noch heute ein ganz wesentliches Werk und zugleich eine sehr fruchtbare Quelle jener Bewegung und gehört noch immer zu der wissenschaftlichen Standardliteratur für all jene, die sich mit dem Thema beschäftigen. In „Modern American Spiritualism" stellt Hardinge die Geschichte des Spiritismus minutiös dar und fokussiert sich auf die wesentlichen, historisch relevanten Ereignisse.

Im selben Zeitraum versuchte sich Hardinge erstmals als Verlegerin, indem sie eine eigene Zeitschrift mit dem Titel „The Western Star" herausgab; eine Zeitschrift, die zu keiner Zeit wirklich erfolgreich wurde, was allerdings nicht an der Qualität der Publikation lag, sondern daran, dass sich die wirtschaftlich eher schlechte Lage der Region (Boston) negativ auf potentielle Leser auswirkte, sodass sich längerfristig keine ausreichend große Zielgruppe finden sollte. Als letzten großen Meilenstein vor ihrem nächsten Lebenskapitel gründete Hardinge mit ihrer Freundin und Kollegin Helena Blavatsky die Theosophische Gesellschaft. Jedoch sollte die Freundschaft nicht halten und letztlich resultierte sie später sogar in Rechtsstreitigkeiten bezüglich geistigen Eigentums zu Lasten Blavatskys.

Ende der 1870er Jahre entschied sich Hardinge gemeinsam mit ihrem Ehemann dazu, die Vereinigten Staaten zu verlassen und stattdessen in Ozeanien, genauer in Australien und Neuseeland als Missionare für den Spiritismus und für die Theosophie zu wirken.

Als das Ehepaar schließlich wieder nach New York zog, veröffentlichte Hardinge auch ihren letzten großen Beitrag zu ihrem schriftstellerischen Oeuvre, eine weitere umfangreiche Monografie im Jahre 1884 mit dem Titel „Nineteenth Century Miracles", in welcher sie moderne und unerklärbare Ereignisse in chronologischer Abfolge beschreibt. Mit dieser detaillierten Darstellung paranormaler Ereignisse schuf sie zugleich ein weiteres Standardwerk für Historiker und andere Wissenschaftler, die sich im Rahmen ihres Fachgebietes mit dem Thema beschäftigen und natürlich für all jene, die sich für solche Phänomene interessieren.

In jener Zeit stellte sie ferner die sieben Grundannahmen oder -prinzipien auf, die noch immer von der „National Spiritualist Association of Churches" (USA) unterstützt werden. Obwohl es auch in anderen Ländern spiritistische Gesellschaften gibt, finden diese sieben Grundannahmen nahezu überall in gleicher oder zumindest in ähnlicher Form breite Unterstützung.

Zu diesen Grundannahmen gehören zum Beispiel das Grundprinzip, dass jeder Mensch persönlich für sein eigenes Handeln verantwortlich ist, dass die menschliche Seele immerdar und kontinuierlich existiert, dass alle Menschen in einer geistigen Bruderschaft miteinander verbunden sind und dass alle Taten – gute oder schlechte – wieder auf einen selbst zurückfallen.

Hardinge verstarb 1889 in Manchester und sollte ein großes geistiges Erbe hinterlassen.

Florence Cook – Die Erscheinung Katie King

Fällt der Name Florence Cook, ist meistens auch der Name Katie King nicht weit. Denn Katie King war eine geisterartige Erscheinung, welche in den 70er Jahren des 19. Jahrhunderts von Spiritualisten als solche benannt wurde. Das Besondere an Kings Erscheinung war laut einiger Zeugen ihre Sichtbarkeit – anders als es bei vielen Medien oft der Fall war und ist. Allerdings konnte bis heute nicht geklärt werden, ob es sich beim Phänomen Katie King um einen wahrhaftigen Geist handelte, der sich durch Cooks mentale Fähigkeiten materialisierte, oder ob Katie King der Name eines der größten Mediengags der 1870er Jahre war. Diese Frage scheidet bis heute die „Geister".

Florence Cook wurde oftmals als Schwindlerin bezeichnet, schaffte es allerdings immer wieder, selbst argwöhnische Zweifler in einer privaten Sitzung auf ihre Seite zu ziehen. Ob dies nun für oder gegen dieses Medium spricht, muss jeder selbst entscheiden. Tatsache ist, dass Florence das Geheimnis um Katie King und deren Erscheinung bei ihrem Tode 1906 mit ins Grab nahm. Doch wer war die junge Frau, die zwischen den Jahren 1870 und 1890 so stark die Gemüter erzürnte und gleichzeitig entzückte? Und was genau verband sie mit der geheimnisvollen Erscheinung der Katie King?

Florence und Katie – eine einzigartige Verbindung und Erscheinung

Jede Geschichte hat ihren Anfang und ihr Ende. Diese Geschichte beginnt und endet mit Florence Cook. Florence Cook wurde verschiedenen Überlieferungen nach am 3. Juni im Jahr 1856 geboren und ließ bereits im Teenangeralter immer wieder verlauten, dass sie mediale Fähigkeiten vorweisen würde. Etwa im Jahr 1872 präsentierte sie diese den beiden damals bekannten Medien Frank Herne und Charles Williams, welche fortan gemeinsam mit Cook an der Ausarbeitung derer Fähigkeit arbeiteten. Dies jedoch rief damals wie heute Skeptiker auf den Plan. Denn es war kein Geringerer als Herne, der damals mit seinem materialisierten Geist John King für jede Menge Furore gesorgt hatte.

Doch wie genau nahm das Mysterium um King seinen genauen Anfang? Katie King zeigte sich erstmalig bei einer scheinbar vollkommen gewöhnlichen Séance im Sommer 1872. Die wenigen außerwählten Menschen, die dieser Séance beiwohnen durften, nannten sie „zu gewöhnlich" und zu „unscheinbar". Sie gaben immer wieder an, dass sie alles erwartet hatten und doch nichts. Demnach waren die Erwartungen gering und das nachfolgende Erstaunen groß. Gemeinsam mit Herne versuchte Cook, Kontakt zum Jenseits aufzunehmen. Es folgten kalte Luftzüge und eine Atmosphäre, die nach Aussagen von Anwesenden eine Gänsehaut bescherte. Schließlich materialisierte sich zum ersten Mal Katie Kings damals noch körperloses Gesicht vor den schockierten und erstaunten Anwesenden. Später fand man heraus, dass es sich bei Katies geistlicher Erscheinung um den Geist von Annie Owen Morgan gehandelt haben soll. Diese war keine Geringere als die Tochter des berühmten und berüchtigten Piraten Henry Owen Morgan alias Hernes John King.

Folglich waren Cook und Herne lange ein beliebtes Gesprächsthema in der Bevölkerung und auch für die Presse – bis 1875 der Betrug Hernes entlarvt wurde. Dadurch wurde auch Cook schnell des Schwindels bezichtigt. Katie King hingegen entwickelte sich von einem körperlosen Gesicht zu einer kompletten Gestalt, welche vom Scheitel bis zur Sohle erkennbar gewesen sein soll – daraufhin verstummte ein großer Teil von Cooks Hetzrednern nahezu über Nacht.

Florence, Katie und ihre Anhänger

Aber wer waren die Menschen, die Cook und King immer wieder begeisterten und dadurch von Cooks Seriosität und Kings Echtheit überzeugten? Freunde und Bekannte von Florence oder deren Familie berichteten, dass die Erscheinung schon im frühesten Kindes- und Teenangeralter immer dort erschienen war, wo sich Cook aufhielt. Zu Beginn passierte dies anscheinend noch eher willkürlich. Später, als heranwachsende junge Frau, lernte das Medium ihre Fähigkeit und somit auch das Erscheinen und die Materialisierung des Geistes besser zu kontrollieren. Das ist laut zahlreicher Spiritualisten und Anhängen von Cook und Katie King auch heute noch einer der Hauptgründe dafür, warum der Geist zu Beginn bedingt körperlos in Erscheinung trat.

Von Anfang an setzte sich Katie jedoch nicht nur vage, sondern stets auch – zum Teil angeblich in Cooks Beisein – mit den Anwesenden auseinander.

Beispielsweise berichtete der Naturforscher Sir William Crookes von einer Séance im Jahr 1874, bei der die Erscheinung ihn direkt ansprach und aufforderte ihm in das Nebenzimmer zu folgen, in welches sich Cook zurückgezogen hatte. Dort fand der Professor die junge Frau in verdrehter Position auf dem Sofa liegend wieder. Katie bat ihn darum, Florence sanft in eine angenehmere und sicherere Liegeposition zu bringen. Mit dieser Geschichte wollte Crookes aber auch den Zweiflern widersprechen, die immer wieder behaupteten, dass es sich bei der Erscheinung nur um ein Bildnis, eine Projektion oder gar um Cook selbst, jedoch in verkleideter Form, handelte.

Zudem berichtete Crookes von einer Sitzung, bei der sich Cook und King den Anwesenden gleichzeitig präsentierten. Außerdem berichtete er auch davon, dass King Dinge an sich nahm und sich somit komplett materialisiert hatte.

Katie, Florence und ihre Gegner

Das rief weitere Zweifler auf den Plan, wie etwa den bekannten Anwalt William Volckman, der einer der Ersten war, der die damals noch zum Teil körperlose Erscheinung sehen sollte. Volckman nahm die Erscheinung jedoch sehr genau in Augenschein, maß diese aus und bemängelte die starke Ähnlichkeit, welche physisch zwischen King und Cook bestand.

Zahlreiche Anhänger von Cook und King sahen dies aber keinesfalls als Beweis dafür an, dass es sich bei der Erscheinung Katie um einen gut inszenierten Schwindel handelte. Vielmehr beriefen sie sich darauf, dass sich Katie durch Florence materialisierte und demnach, da sie sich nicht mehr gänzlich an ihr früheres Leben und somit auch nicht an ihr vollständiges damaliges Aussehen erinnerte – bewusst oder unbewusst an Florence Erscheinen anlehnte. Was genau hinter Florences Geschichte steckt, welche die Erscheinung Katie King so sehr beeinflusste, wird ein wohlbehütetes Geheimnis bleiben.

Noch heute fragen sich Zweifler und auch Anhänger jedoch, ob es sich tatsächlich um einen sichtbaren Geist, der laut zahlreichen Erzählungen greifbar und sichtbar war und mit den Anwesenden aktiv agierte sowie kommunizierte, handelte oder doch um einen raffinierten Schwindel.

Gordon Higginson – Ein Leben für die geistige Welt

Gordon Higginson war eines der begabtesten Medien des 20. Jahrhunderts. Sein „zweiter Name" war „Mr. Medium". Die Menschen seiner Zeit sahen ihn als echten medialen Giganten mit großem Herzen. Das hat sich bis heute nicht geändert. Er entwickelte seine Gabe bereits sehr früh. Sein erster öffentlicher Auftritt fand statt, als Gordon gerade zwölf Jahre alt war. Seine Mutter Fanny förderte vom ersten Tag an sein Talent. Sie wusste, dass ihr Sohn mit besonderem Können zur Welt kommen würde, denn es war ihr im Alter von nur 14 Jahren vorhergesagt worden. Sein Leben lang half und unterstützte Gordon Menschen mit seinem speziellen Wissen. Bis zum Tag vor seinem Tod zeigte er seine medialen Fähigkeiten vor Publikum.

Kindheit: Geliebt und unterstützt

Gordons Mutter Fanny – selbst ein Medium – wusste bereits, dass ihr Sohn medial begabt sein würde, als er am 17. November 1918 das Licht der Welt erblickte. Er wurde in Longton, Stoke-on-Trent in England geboren. Anders als andere Menschen mit der Gabe der Hellsicht musste Gordon Mons Higginson, so sein voller Name, keine Kämpfe mit sich selbst und der nächsten Umgebung ausfechten, um sein Talent auch wirklich umsetzen zu können. Seine Mutter unterstützte ihren Sohn von Anfang an. Wahrscheinlich ist diese Hingabe und Liebe, die er in den ersten Jahren erfuhr, der Grund dafür, dass Gordon Higginson niemals Schwierigkeiten hatte, große mediale Leistungen, die äußerste Konzentration erfordern, vor Publikum zu vollbringen. Bereits mit drei Jahren nahm er an den spirituellen Kreisen seiner Mutter teil. Sie bereitete ihn sehr sorgfältig auf die ersten Kontakte zur anderen Welt vor. Gordon selbst gestattete sie erst im Alter von zehn Jahren, in Kommunikation zu treten. An seinem zwölften Geburtstag zeigte „the boy wonder" seine Gabe erstmals in der Longton Spiritualist Church der Öffentlichkeit.

Hingabe auch vor großem Publikum

Zeit seines Lebens, in dem er ganze 63 Jahre vor anderen Menschen auftrat, bereitete es Gordon Higginson nie Schwierigkeiten, seine Fähigkeiten vor Publikum zu zeigen. Er behielt seine charismatische Ausstrahlung und Bescheidenheit, denn er war überzeugt, dass in jeder Zeit und in jeder Gesellschaft mediale Giganten lebten, dass er selbst keine Ausnahme war. Seine Mitmenschen jedoch beeindruckte er tief, denn er führte mit großer Selbstverständlichkeit auch schwierigste Formen der Arbeit mit der spirituellen Welt in aller Öffentlichkeit vor. Etwa 100mal pro Jahr zeigte Gordon sich und seine Gabe und machte damit vielen Menschen Mut, ihren eigenen Blick zu schärfen und über die Grenzen des täglich Sichtbaren hinauszublicken.

Exakte Daten

Bei seinen Audienzen begnügte sich Gordon Higginson nicht damit, vage Beschreibungen von Menschen, mit denen er in Kontakt trat, zu geben. Er konnte in vielen Fällen Vor- und Zunamen korrekt nennen, manchmal auch die Adressen und sogar die Telefonnummern. Dabei kam es nicht darauf an, ob er in einem Land tätig war, dessen Sprache ihm geläufig war. Er formulierte auch für ihn ungewöhnliche Namen und Orte sicher und fehlerfrei.

Schwierigste Disziplinen vor bis zu 300 Menschen

Gordon Higginson, auch bekannt als „Mr. Medium", arbeitete vor relativ großem Publikum. Bis zu 300 Menschen staunten über seine spezielle Fähigkeit, in voller Konzentration und Hingabe an die spirituelle Welt zu verweilen: So zeigte er auch schwierigste Disziplinen wie die Materialisation oder unabhängige Stimmen. Nur wenige Medien sind dazu in der Lage.

Große Verantwortung

Bereits im Alter von 28 Jahren – im Jahr 1946 – erklärten die anderen Mitglieder Gordon zum Präsidenten der Longton Spiritualist Church. Er blieb in dieser Position bis zu seinem Tod 1993. Viele Jahre zuvor, als seine Mutter die Weissagung von Gordons Geburt erhielt, hatte sie auch die Botschaft bekommen, dass sie und Gordon gemeinsam dieser Kirche mehr als hundert Jahre lang dienen würden. Mit Gordons langer Präsidentschaft und der stets liebevollen Arbeit seiner Mutter wurde auch diese Prophezeiung Realität. Gordons charismatische Persönlichkeit und seine Freundlichkeit allen Menschen gegenüber machte aus den Jahren seiner Leitung eine wertvolle Zeit für die Kirche und die Mitglieder.

Im Jahr 1970 wurde Gordon Higginson Präsident der Nationalunion der Spiritualisten (SNU), die zu dieser Zeit mit schweren finanziellen Schwierigkeiten zu kämpfen hatte. „Nur ein Wunder kann diese Union noch retten", so lautete die damalige Überzeugung. Höchstens zwei Jahre gab man Gordon – dann wäre die SNU unwiederbringlich verloren. Doch „Mr. Medium" riss das Steuer herum und konnte die Schulden begleichen. Heute noch sind viele Menschen Gordon für diese Leistung dankbar, die nicht nur die SNU, sondern auch das Arthur Findlay College rettete und damit einen großen Wissensschatz für spätere Generationen bewahrte. 23 Jahre lang, bis zu seinem Tod, leitete Gordon Higginson die SNU und führte für sie in seiner herzlichen Art viele Taufen, Hochzeiten und Begräbnisse durch.

Beliebter Lehrer

Als Leiter des Arthur Findlay College in Standsted von 1978 bis 1993 war Gordon Higginson ein vielgeliebter Lehrer. Er selbst fühlte sich in Standsted sehr wohl, der Platz tat seinem Herzen gut. Viele Menschen nahmen weite Reisen auf sich, um das Medium dort zu sehen. Er unterrichtete und zeigte seine Fähigkeiten. Zahlreiche Beobachter gingen mit einem tieferen Verständnis für seine Gaben und die Welt, in der wir leben, als sie gekommen waren. Gordon arbeitete unermüdlich daran, Menschen zu zeigen, dass nicht die greifbare Welt alles ist, worauf wir uns verlassen können. Seine Lehrtätigkeit war jedoch nicht auf das Arthur Findlay College beschränkt, Gordon war im ganzen Land als Lehrer sehr gefragt. Er gab die freundliche, verständnisvolle Art zu unterrichten weiter, die er selbst bei seiner Mutter gelernt hatte.

Begegnungen

Die Begegnung mit Menschen war für Gordon das Schönste. Er widmete sich voll Verständnis und Humor den Anliegen anderer. Einige dieser Begegnungen sind schriftlich festgehalten und können uns heute noch als Inspiration dienen.

Im belgischen Liège trat Gordon Higginson im Jahr 1953 auf. Er verstand zwar die dortige Sprache nicht, dennoch funktionierte die Kommunikation mit den dort Lebenden wunderbar. Das Medium nahm Kontakt zu Verstorbenen auf und übermittelte deren Botschaften. Er half auf dieser Weise Hinterbliebenen, sich in ihrem Leben wieder besser zurechtzufinden. Er half in Liège Kranken, unterstützte aber auch in geschäftlichen Angelegenheiten. Gordon war kein Aspekt des Lebens auf dieser Erde fremd.

Im Jahr 1949 nannte Gordon Higginson in Longton Town Hall mehr als 100 Namen und 28 Adressen korrekt. Das ist wohl die höchste Zahl an richtigen Zuordnungen, die ein Medium während einer öffentlichen Vorführung jemals getroffen hatte. Nicht selten führte er Verwandte wieder zusammen, die zuvor nichts vom Verbleib des anderen gewusst hatten.

„Was die spirituelle Welt uns näher bringen will", so sagte Gordon in seiner Rede in der Paignton Spiritualist Church, „ist nicht der Tod, sondern das Leben." Diese Rede hielt er etwa 1991 oder 1992, also nicht lange vor Gordons eigenem Tod. „Wurde diese Welt der Geistigkeit nur für die Heiligen gemacht?", fragte er mit einem humorvollen Zwinkern. „Nein, die, die zurückkommen mit diesem wunderbaren Licht, sind unsere Eltern, die, die wir geliebt haben! Wie könnten sie zurückkommen?", erkundigte er sich weiter, „wenn sie niemals wo anders gewesen sind?"

Gordon teilte voller Inbrunst seine Überzeugung mit, dass jeder Mensch für die spirituelle Welt genauso gemacht wäre wie für die, die wir tagtäglich sehen. Wurde er gefragt, ob er schon einmal selbst in der spirituellen Welt gewesen wäre, so antwortete er: „Nein, dann müsste ich doch schon gestorben sein." Gordons Vorträge regten zum Nachdenken an, aber immer mit einem Schmunzeln auf den Lippen. Denn sein Humor war genauso unverwechselbar wie seine Gabe, mit der anderen Welt in tiefen Kontakt zu treten.

Gordon Higginson als Spiritualist

All seine Ämter und Würden waren für das Medium Gordon jedoch nebensächlich. Sein Leben hatte er ganz dem Dienst an der geistigen Welt verschrieben. Er zeigte seine Fähigkeiten gern, um ein tieferes Verständnis zu den Menschen zu bringen und ihnen vielleicht auch die Augen für ihre eigenen, versteckten Gaben zu öffnen. Gordon war ein herzensguter Lehrer und wirkte als Heiler zum Wohle Vieler. Sein Leben war dem Geben gewidmet, denn Gordon verrechnete keine Honorare für seine spirituelle Arbeit. Er war unermüdlich und gefährdete damit immer wieder auch seine eigene Gesundheit.

Im Jahr 1990 erlitt Gordon eine Reihe von Schlaganfällen. Danach fürchtete er, seine besonderen Fähigkeiten verloren zu haben. Doch er erholte sich erstaunlich schnell und fuhr mit seiner Arbeit in gewohnter Weise fort. Noch am Tag vor seinem Tod am 18. Januar 1993 setzte er sich für die spirituelle Welt ein. Noch heute gilt er als größtes Medium des 20. Jahrhunderts. Doch auch seine Herzlichkeit, sein freundliches Wesen und sein feiner Humor sind unvergessen.

Helen Duncan – Als Hexe verurteilt

Victoria Helen McCrae Duncan wurde am 25. November 1897 in Callander, einer kleinen schottischen Stadt, als Tochter eines Tischlers geboren. Bereits in jungen Jahren zeichnete sie sich durch ihre hellseherischen Fähigkeiten und durch ihre Gabe, mit übersinnlichen Wesen zu kommunizieren, aus. So erzählte eine ihrer Enkelinnen einmal, dass Helen nicht sehr gut in der Schule gewesen wäre, aber mithilfe ihrer Fähigkeiten trotz alledem alle Prüfungen ohne Probleme überstanden hatte. Mit 20 Jahren heiratete sie den Tischler und Kriegsveteran Henry Duncan. Von ihren zwölf Schwangerschaften überlebten nur sechs Kinder. Um ihre große Familie und ihren kriegsversehrten Ehemann versorgen zu können, arbeitete sie tagsüber in einer Wäschefabrik und verfolgte ihre spirituelle Arbeit in der Nacht.

Frühe Jahre der Helen McCrae Duncan

Die Spenden, die sie von ihren Freunden und Nachbarn erhielt, verwendete sie oft, um beim ansässigen Arzt Rechnungen für Menschen zu bezahlen, die sich das nicht leisten konnten. Duncan wurde als Medium durch ihr spezielles Talent bekannt, dass die im Trancezustand mit Verstorbenen in Verbindung treten konnte und diese sich materialisierten. Ein Geschenk, das Tausenden zurückgebliebenen Familienmitgliedern Trost und Hoffnung schenkte, ihr aber zum Verhängnis werden sollte.

In den 1930er und 1940er Jahren begann sie, England zu bereisen und ihre Séancen in kleinen magischen Zirkeln und spiritualen Zentren abzuhalten. An einer dieser Sitzungen nahmen der britische Geschäftsmann Vincent Woodcock und dessen Schwägerin teil. Diese Erfahrung sollte das Leben der beiden entscheidend beeinflussen. Nachdem Helen in Trance versunken war, materialisierte sich die verstorbene Ehefrau Woodcocks. Sie bat die beiden aufzustehen, nahm sich den Ehering vom Finger und streifte ihn über den Finger ihrer Schwester. Dabei äußerte sie ihren Wunsch, dass ihr Mann und ihre Schwester die Ehe eingehen mögen. Ein Jahr später waren die beiden verheiratet und auf einer weiteren Séance, die einige Jahre später stattfand, erfolgte eine neue Materialisierung der verstorbenen Ehefrau, die ihr Wohlgefallen über die Heirat äußerte. Woodcock war einer der vielen Zeugen, die während des Prozesses 1944 gegen Helen Duncan zu ihren Gunsten aussagte.

Erscheinungen und Zusammenkünfte 1941

Ihre hellseherischen Fähigkeiten wurden Duncan zum Verhängnis. Wie alle übersinnlich veranlagten Menschen hatte Duncan mit Eintritt in die Trance keinen Einfluss mehr auf ihren Körper oder das Geschehen in den Séancen. An einer am 24. Mai 1941 durchgeführten Zusammenkunft nahm unter anderen auch ein hochrangiger Offizier des britischen Militärdienstes, Brigadegeneral Firebrace, teil. Im Laufe der Zusammenkunft materialisierte sich ein Matrose, dessen Mutter sich unter den Hilfesuchenden befand. Dieser Matrose berichtete, dass sein Schiff versenkt worden wäre. Der Name des Schiffes lautete HMS Hood. Als Firebrace gegen fünfzehn Uhr dreißig in sein Büro zurückkehrte, rief er zuerst im Kriegsministerium an und erkundigte sich nach dem Status der Hood. Ihm wurde mitgeteilt, dass mit dem Schiff alles in Ordnung wäre. Beruhigt und sich in seiner Meinung über den „Humbug" bestätigt fühlend, setzte er seine Arbeit fort. Als er gegen Abend seinen Arbeitsplatz verließ, erreichte ihn im Gehen ein Telefonanruf vom Kriegsministerium. Dieses teilte ihm mit, dass die HMS Hook am selben Tag um dreizehn Uhr dreißig von der Bismarck versenkt worden war. Mit dem Untergang der Hook war der Befehl ausgegeben worden, den Verlust eines Kriegsschiffes unter Verschluss zu halten.

Ende November 1941 kam es zu einer anderen folgenschweren Materialisierung. In einer Séance erschien den anwesenden Gästen ein Matrose der HMS Barham, der ebenfalls vom Untergang seines Schiffes berichtete, eine Tatsache, die von der britischen Regierung unter strengster Geheimhaltung gehalten wurde. Der Herausgeber der „Psychic News", Maurice Barbanell, rief nach der Séance im britischen Kriegsministerium an und verlangte Auskunft, wieso dies nicht den Mitgliedern der Familien mitgeteilt wurde. Der Untergang der HMS Barham, der bezeichnenderweise am 25. November, dem 44. Geburtstag Duncans stattfand, wurde erst im Jahr 1942 publik gemacht.

Die Festnahme und der Witchcraft Act 1944

Helen Duncan, die keinen Einfluss auf die in Trance geschaffenen Erscheinungen hatte, setzte in den folgenden Jahren ihre Tätigkeit als Medium fort. Jedoch stand sie ab 1941 unter der Beobachtung des britischen Geheimdienstes MI5. In dieser Zeit half sie vielen vom Krieg traumatisierten Familien, Gewissheit über den Verbleib ihrer Lieben zu erhalten. Mit der Vorbereitung der Großoffensive der Alliierten gegen Deutschland im Jahre 1944 geriet sie allerdings ins Fadenkreuz des Militärs.

Überzeugt von ihren hellseherischen Fähigkeiten wurde befürchtet, es könne bei einer ihrer Zusammenkünfte zur Preisgabe der Pläne des D-Days kommen. Gut geplant wurden ihre Zusammenkünfte von Agenten des britischen Geheimdienstes und der Polizei unterwandert. Am 14. Januar 1944 nutze man eine der Séancen, um Helen Duncan in brutalster Form zu überwältigen und festzusetzen. Wurde zu Beginn des Prozesses Anklage wegen Betruges und Landstreicherei als Vergehen aufgeführt, suchte man nach einer Möglichkeit, das Ansehen des schottischen Mediums auf lange Zeit zu schädigen. Dazu wurde der 1735 veröffentlichte Witchcraft Act herangezogen. Dieser besagte, dass es unter Strafe verboten wäre, sich oder andere als Hexe oder Person mit übersinnlichen Fähigkeiten zu bezeichnen oder zu behaupten, dass man selbst oder andere magische Fähigkeiten hätten. Beweise für diese Behauptung zu finden, war für die Richter viel einfacher als sich der Wahrheit zu stellen, dass Duncan wirklich übersinnliche Fähigkeiten hatte. Trotz einer exzellenten Verteidigung, vieler Zeugen und einem Hilfsfond, der von Duncans Anhängern eingerichtet wurde, war der Prozess nach bereits sieben Tagen beendet und endete mit einem Schuldspruch und neun Monaten Gefängnishaft für Helen Duncan.

Schaffen und Wirken nach dem Krieg

Eine Anekdote besagt, dass Helen Duncan, frustriert durch den Schuldspruch, beschloss, nicht mehr als Medium zu arbeiten. Aber sie konnte sich nicht lange gegen ihre Bestimmung stellen.

Es wird erzählt, dass ihre Gefängniszelle niemals verschlossen war und sie in dieser Zeit viele, auch prominente Besuche erhielt. Nach ihrer Freilassung nahm sie ihre Tätigkeit als Medium wieder auf und verfolgte sie bis zu ihrem viel zu frühen Tod im Jahre 1956. Vorausgegangen war dem Ableben Helen Duncans eine neuerliche Intervention der Polizei, die eine ihrer Séancen stürmte und das Medium gewaltsam aus ihrer Trance riss. Als Folge verschlechterte sich Helens Zustand täglich und auch ein Aufenthalt in einem Hospital konnte nicht verhindern, dass sie fünf Wochen nach der Erstürmung ihrer Wohnung in die andere Welt überging. 1951 wurde der Witchcraft Act offiziell abgeschafft. Helen Duncan bleibt die letzte Person, die eine Haftstrafe aufgrund dieses mittelalterlichen Gesetzes verbüßen musste. Obwohl es bis heute zu zahlreichen Bemühungen kam, dieses ungerechtfertigte Urteil aufzuheben, ist sie bis heute nicht rehabilitiert.

John Campbell Sloan – Ein schottisches Medium unter den Fittichen von Arthur Findlay

Eines der beeindruckendsten Medien des 20. Jahrhunderts war zweifelsohne der Schotte John Campbell Sloan. Der 1869 in Dalbeattie geborene Spiritist erlangte vor allem dadurch Berühmtheit, dass sich in seiner Gegenwart *direct voices* manifestierten, also die ureigenen Stimmen Verstorbener. Seine übernatürlichen Fähigkeiten stellte Sloan über 40 Jahre lang in Séancen zur Verfügung – selbstlos und ohne jemals irgendeinen Penny zu verlangen.

Kindheit mit Geistern

Schon als kleiner Junge war John Campbell Sloan Zeuge paranormaler Vorkommnisse. Sobald er sich mit seinem Bruder zur Schlafenszeit in das Kinderzimmer seines Elternhauses zurückzog, ertönten unerklärliche Klopfgeräusche und Gegenstände bewegten sich ohne irgendein Zutun. Eines Tages begannen die Brüder den seltsamen „Klopfgeistern" Fragen zu stellen, die auch beantwortet wurden. Sie empfanden diese Kommunikation mit den Wesen als etwas völlig Normales und betrachteten sie damals nicht als Geister von Verstorbenen. Später erzählte Sloan zudem, dass er und sein Bruder zu keiner Zeit Angst verspürt oder deswegen Albträume gehabt hatten. Dies zeugt einmal mehr von der weitverbreiteten Annahme, dass Kinder einen natürlichen und ungezwungenen Zugang zu der sogenannten jenseitigen Welt haben. Oftmals verlieren sie diese Gabe jedoch, insbesondere wenn Familie und Umwelt intolerant und überskeptisch auf die Erfahrungen der Kinder reagieren. Als Sloan als längst erwachsener Mann mit dem Spiritismus in Berührung kam, erinnerte er sich plötzlich wieder an die seltsamen, aber wunderbaren Erlebnisse aus seiner Kindheit.

Ein arbeitsreiches Leben

Doch bevor er seine Bestimmung zum Medium fand, fuhr John Campbell Sloan als junger Mann zur See. Als er wieder in seine schottische Heimat zurückkehrte, begann er mit Tuchwaren zu handeln und erlernte im Anschluss daran das Schneiderhandwerk. Sloan heiratete wenig später die Postangestellte Agnes aus Edinburgh, die er noch aus Kindheitstagen kannte. Mit ihr siedelte er nach Glasgow über und fing selbst an, bei der Post zu arbeiten. Dass Sloan keine harten Jobs scheute, bewies er dann lange Zeit als Packer in einer Lagerhalle. In seinen mittleren Jahren fuhr er nochmals zur See. Kaum zurück, eröffnete er u.a. einen Zeitungsladen. Endlich ließ er sich in einem Landhaus in der schottischen Kleinstadt West Kilbride nieder. Sloan galt bei seinen Zeitgenossen als aufrechter und demütiger Mensch. Er selbst empfand sich jedoch oft als zu mürrisch und stur. Um 1910 hielt Sloan seine ersten spiritistischen Sitzungen ab. Für viele Angehörige jüngst Verstorbener erwiesen sich diese Zusammenkünfte als äußerst tröstlich und hilfreich in Zeiten der tiefen Trauer und Verzweiflung.

Die Untersuchungen von Arthur Findlay

Der Makler und Börsenfachmann Arthur Findlay war ein Zeitgenosse von John Campbell Sloan. Als er dem Medium 1918 in Glasgow zum ersten Mal begegnete, war er ein ausgewiesener Skeptiker in Bezug auf Übernatürliches. Da er aber Freidenker war und jede Engstirnigkeit ablehnte, nahm er an einigen spiritistischen Sitzungen teil, um Sloan näher zu beobachten und eventuell als Schwindler zu entlarven. Stattdessen wurde er mehrmals Zeuge der sogenannten *direct voices*: Die originären Stimmen Verstorbener manifestierten sich während einer Sitzung und kommunizierten mit den anwesenden Teilnehmern. Findlay war sofort fasziniert und widmete ganze fünf Jahre seines Lebens der intensiven Untersuchung dieses Phänomens. Oftmals blieb es nicht nur bei akustischen Erscheinungen. Im Laufe vieler Séancen erfüllten seltsame Lichter unerklärlicher Herkunft den abgedunkelten Raum. Außerdem nahmen Teilnehmer regelmäßig Berührungen im Gesicht wahr, für die keiner der anderen anwesenden Beisitzer infrage kommen konnte. Findlays Ergebnisse seiner langjährigen Recherchen fasste er später in mehreren Büchern zusammen. In ihnen ließ er keinerlei Zweifel aufkommen: Mr. Sloan war weder Betrüger noch Hochstapler, sondern vielmehr ein wahrhaftiges Medium.

Sloan als Medium

Sloan hielt seine spiritistischen Sitzungen in völlig abgedunkelten Räumen ab. Nur so wurde sichergestellt, dass sich Geister über das extrem lichtempfindliche Ektoplasma manifestieren konnten. Diese gräulich-helle schaumige Substanz tritt während einer Séance in der Regel aus dem jeweiligen Medium heraus und gilt als eine Art Verbindungsstoff zwischen der materiellen und der geistigen Welt. Sobald sich das Ektoplasma manifestiert hatte, füllte sich der Raum in der Gegenwart von Sloan mit den verschiedensten Stimmen Verstorbener – meist zur selben Zeit und hörbar für alle Anwesenden. Verließ Sloan jedoch den Raum, verstummten auch die Stimmen.

Die Séancen fanden oft nachmittags in einem kleinen Zimmer im Hause einer gewissen Mrs. Bowes statt. An einem runden Tisch nahmen die unterschiedlichsten Personen Platz, oftmals Nachbarn aus der umliegenden Gegend. Neben Sloan gehörte die Stenotypistin Miss Dearie zu den ständigen Teilnehmern der Séancen, die sie gewissenhaft protokollierte. Alle Lichter wurden gelöscht und die schweren Vorhänge an den Fenstern zugezogen.

Protokoll einer Séance

Mit dem Lied „Nearer my God to Thee" und einem anschließenden Gebet eröffnet Mr. Sloan die Sitzung. Eine der anwesenden Damen behauptet, dass sie eine sehr feine Stimme gehört habe, die den Gesang begleitete. Einige Beisitzer bestätigen ihre Wahrnehmung. Plötzlich wird die Stenotypistin Miss Dearie mehrmals im Gesicht berührt. Sie schreckt zurück. Dann ist in dem kleinen Zimmer eine fremde, männliche Stimme zu hören: „Ich bin Dein Liebster – ich bin es, James!" Miss Dearie erwidert der Stimme, dass sie keinen James kenne. „Du lügst! Du kennst mich!" Trotz aller Versuche kann sie sich nicht erinnern. Die Stimme verstummt. Kurz darauf ist eine sonore Männerstimme zu hören: „Mr. Moritz, ich habe Sie mehrmals getroffen, als ich mich noch in meinem Körper befand. Ich erinnere mich an mein ganzes Erdenleben. War nicht immer schön, hätte besser sein können!" Der anwesende Mr. Moritz hakt nach und fragt, mit wem er es zu tun habe. Nach einem längeren Schweigen antwortet die sonore

Stimme: „Ich bin es, Robin Howat!" Geradezu schockiert ruft Mr. Moritz aus: „Bob Howat? Ich ... ich bin so erfreut, Dich zu hören!" Keine Sekunde zweifelt er daran, dass er die Stimme seines alten Bekannten vernommen hat.

Entmystifizierung des Übernatürlichen

Zeitzeugen, die Sloans Séancen beiwohnen durften, waren oftmals überrascht, wie zwanglos es dort zuging. Manche Sitzung war weit davon entfernt, mystisch oder wie fauler Zauber zu wirken. Man fühlte sich eher an ein nettes Treffen mit Freunden erinnert, bei dem anfänglich der neueste Klatsch ausgetauscht wurde. Die erschienenen Geister waren natürlicher Bestandteil dieser Zusammenkünfte und wurden in die teilweise nicht immer sehr ernsten Gespräche miteinbezogen. Dies entsprach völlig dem Charakter von Sloan, für den der Umgang mit der jenseitigen Welt zum Alltag gehörte. Deswegen sah er auch keinen Grund, die Kontakte mit den Verstorbenen als etwas Extravagantes oder gar Exklusives zu „verkaufen". Auf diese Weise half er mit, die Barrieren zwischen den Welten einzureißen. Die Menschen sollten begreifen, dass die für uns nicht sichtbare Welt existiert – nicht in weit entfernten Himmeln oder unerreichbaren Sphären, sondern hier, mitten unter uns.

John Campbell Sloan starb im Mai 1951 und folgte seiner geliebten Frau Agnes in die andere Welt. In den Büchern, die Arthur Findlay über ihn schrieb, lebt Sloan fort. Und natürlich in den zahllosen Séancen, die er nach dem körperlichen Tod mit seiner Anwesenheit beehrte – und auch heute noch beehrt.

Keith Milton Rhinehart – Apporte aus dem Jenseits

Das Medium Keith Milton Rhinehart wurde am 1. April 1936 im US-Bundesstaat Colorado, in einer kleinen und recht unbedeutenden Stadt namens Nunn geboren. Bereits in seinen jungen Jahren war er von übernatürlichen Phänomenen umgeben und obgleich damals niemand vermutet hatte, dass aus dem fünfjährigen Jungen einmal eines der weltweit bekanntesten Medien werden würde, kam es immer wieder zu paranormalen Manifestationen in seiner Umgebung und vor allem im Haus, in welchem er wohnte. Diese Manifestationen wurden auch von seinen Eltern wahrgenommen. Zur selben Zeit ließen sich seine Eltern scheiden; es ist hingegen unklar, ob die Scheidung mit den paranormalen Ereignissen in irgendeinem Zusammenhang stand.

Nach der Scheidung lebte Rhinehart bei seiner Mutter im US-Bundesstaat Wyoming. Als er zehn Jahre alt war, sollte es zum zweiten wegweisenden Ereignis in seinem Leben kommen, welches allerdings nicht ihm galt, sondern seiner Mutter. Dieser wurde nämlich auf einer Reise nach San Francisco, welche sie allein antrat, prophezeit, dass ihr Sohn einmal ein weltbekanntes Medium werden würde. Diese Prophezeiung ist eine bestätigte Tatsache, da sie von einer weiteren Person unabhängig berichtet und somit verifiziert wurde.

Rhinehart hatte zu jener Zeit aber gänzlich andere Pläne. Er interessierte sich zwar sehr für die damals sehr populären Séancen und Medien, sah sich selbst aber eher als ein Skeptiker an. Es lag ihm fern, selbst einmal den Weg eines Mediums einzuschlagen. Stattdessen strebte er eine Karriere beim Radio an. Dazu sei gesagt, dass Rhinehart ein exzellenter Schüler war und durchaus einen Grund hatte, sich auf ein Studium und anschließend auf eine Karriere bei einem Radiosender zu fokussieren.

Im Jahre 1948 begann er mit gerade einmal 12 Jahren, Zeitungen auszutragen, um sich ein kleines Taschengeld verdienen zu können. Für gewöhnlich las er immer den Anzeigenteil, bevor er mit dem Austragen anfing. Auf diesem Wege wurde er auf ein Medium aufmerksam, welches nach Interessenten suchte, die gemeinsam eine spiritistische Gruppe aufbauen wollten. Immer noch sehr skeptisch, was das Thema Séancen und Medien anging, aber nichtsdestoweniger interessiert, stattete er dem Medium einen Besuch ab. Rhineharts Intention war vor allem, aus erster Hand zu prüfen, ob die Dinge, die er über den Spiritismus gelesen hatte, tatsächlich wahr waren. Er fand die Zusammenkünfte jenes spiritistischen Kreises jedoch derart spannend, dass er fortan jede Woche daran teilnahm.

Zwei Jahre später sollte es zu einer zweiten großen Prophezeiung kommen, die sein Leben betraf. Ein weiteres Medium kam von auswärts in seine Heimatstadt Chayenne und nahm an seinem Kreis teil. Während der Sitzung teilte es ihm mit, dass er später einmal ein großes Medium sein würde und häufige Trancezustände unter anderem mit Dr. Robert John Kensington, einem sehr bedeutenden Medium, erleben würde. Rhinehart war sehr skeptisch und machte sich während dieser Prophezeiung auf zu gehen. Dennoch sprach das auswärtige Medium zu Ende, sodass auch die anderen im Kreis die Prophezeiung in ihrer Gänze vernehmen konnten. Rhinehart erinnerte sich in seinen eigenen Worten an jene Begebenheit: „Ich bin einfach aufgestanden und habe sie [die Prophezeiung, Anm.] nicht akzeptiert."

Trotz seines Unglaubens nahm Rhinehart weiterhin an seinem Kreis teil und fiel eines Abends überraschend in Trance. Nach seiner eigenen Erinnerung sei er lediglich eingeschlafen, weil er sich an jenem Abend derart gelangweilt hatte, doch die anderen Teilnehmer berichteten von paranormalen Ereignissen: Als er nämlich vermeintlich geschlafen hatte, bewegten sich Objekte wie von Geisterhand um ihn herum, Geräusche und Bilder wurden wahrgenommen. Dies belegen mehrere Augenzeugen.

Nachdem Rhinehart seinen Schulabschluss in der Tasche hatte, hatte er die Chance auf vier Universitäten zu gehen. Er entschied sich für die University of Washington, weil er kurz zuvor von einem weiteren Medium, einer Ministerin innerhalb der Spirituellen Kirche, in jenen Bundesstaat eingeladen worden war und dort aufgrund seines großen Talents ebenfalls zu einem Minister ernannt wurde.

Er sollte sich hingegen nicht auf seine Universitätskarriere konzentrieren können, denn er wurde von Mitgliedern der Spirituellen Kirche bedrängt, seine eigene Kirche zu gründen und diesbezüglich tatkräftig unterstützt. Seine Fähigkeit, in den Trancezustand zu fallen, hatte sich seit seinem vierzehnten Lebensjahr derart rasch erweitert, dass er mittlerweile sogar Botschaften von der anderen Seite übermitteln und eigene Séancen abhalten konnte. Seine Spirituelle Kirche sollte die „Aquarian Foundation" werden, die noch heute wohlbekannt ist.

Natürlich veranlasste seine hohe Popularität auch sehr viele Skeptiker seine Sitzungen zu besuchen, so beispielsweise Susy Smith. Sie verbrachte im Jahre 1965 mehrere Monate mit ihm, während sie zahlreiche Tests durchführte. Obwohl er von vielen Mitgliedern der Kirche dafür teilweise getadelt, teilweise verachtet, mitunter sogar zurechtgewiesen wurde, willigte Rhinehart zu allen Tests ein. Solche Tests umfassten beispielsweise eine gründliche Durchsuchung seiner Kleidung und seines Körpers. Regelmäßig musste sich Rhinehart vor den Séancen völlig entblößen, um untersucht zu werden. Seine Augen wurden verbunden und teilweise zugeklebt. Um vorzubeugen, dass Rhinehart während einer Séance von etwaigen bauchrednerischen Fähigkeiten Gebrauch machte, musste er während den ganzen Sitzungen Wasser oder Milch im Mund behalten und nach der Séance ausspucken.

Keiner dieser Tests, die oftmals von Smith persönlich durchgeführt wurden, weil sie den anderen Mitgliedern nicht immer vertraute, vermochte es, Rhinehart als Betrüger zu überführen, obwohl bereits in der Vergangenheit durch nur eine der zahlreichen Überprüfungen viele vermeintliche Medien enttarnt worden waren.

In den 1960er Jahren nahmen Rhineharts Fähigkeiten weiter zu, sodass es während seinen Séancen gar zu Apporten kam. Ein Apport ist das Materialisieren eines Gegenstandes an einem Ort B, der sich an einem anderen Ort A zuvor dematerialisiert hatte. Hierzu verwendete Rhinehart für gewöhnlich ein kleines Schränkchen, in welchem die Objekte auftauchten. Auch bei diesen Sitzungen war Smith anwesend und kontrollierte mit Rhineharts Einverständnis nicht nur ihn, seine Kleidunge und die Bühne, sondern auch den Schrank selbst. Obwohl solche Sitzungen stets in Dunkelheit durchgeführt wurden, gestand Rhinehart Smith sogar eine Sitzung bei Licht zu, was für Medien für gewöhnlich eine überdurchschnittlich große Belastung bedeutet. Für diesen Test bei hellem Licht wurde Smith zwar von den anderen Mitgliedern angefeindet, doch sie nahm die Möglichkeit dankbar an. Doch auch diese Überprüfungen ihrerseits konnten keinen Täuschungsversuch nachweisen.

Immer wieder bereiste Rhinehart bis zu seinem Tod am 30. April 1999 zahlreiche Länder wie Japan, Ägypten, Südafrika und andere – insgesamt 39 – und dozierte über spiritistische Themen. In Japan wurde er bei Sitzungen, bei welchen er Objekte manifestieren ließ, auf einen speziell präparierten Stuhl gesetzt, der sogar die kleinsten Bewegungen seinerseits aufzeichnete, doch auch hier konnte ihm während seiner Séancen kein Betrug nachgewiesen werden. Rhinehart gilt noch heute als eines der bekanntesten und wichtigsten Medien, seine Fähigkeiten sind noch immer unerklärlich.

Leslie Flint – Direkte Stimmen aus dem Dunkel

Leslie Flint erblickte 1911 in der Londoner Heilsarmee, zu der seine unverheiratete Mutter bei Bekanntwerden der Schwangerschaft geflüchtet war, das Licht der Welt. Obwohl seine Eltern nach der Geburt heirateten, war das Familienleben von Harmonie weit entfernt. Während der Vater übermäßig trank und das Geld für Pferdewetten ausgab, investierte die Mutter den Großteil ihrer Zeit ins Partyleben. Bei Ausbruch des Ersten Weltkrieges verlor Leslie seinen Vater an der Front.

In den nächsten Jahren verbrachte der junge Flint beinahe jeden Abend im Kino, damit seine Mutter ungestört ausgehen konnte. Die ohnehin nicht sehr innige Eltern-Kind-Beziehung brach gänzlich ab, als die Mutter mit einem Liebhaber durchbrannte. Leslie lebte fortan bei seiner verwitweten Großmutter in St Albans.

Im Alter von 13 Jahren verließ er die Schule und begann als Friedhofsgärtner zu arbeiten.

Entdeckung des Spiritismus

Bereits im Alter von 7 Jahren hatte Flint den ersten Kontakt mit der Totenwelt: In der Küche erschien ihm ein Mann in Soldatenuniform, den er später auf Fotos als seinen verstorbenen Onkel identifizierte. Die Großmutter war von der Schilderung dieser übernatürlichen Begegnung jedoch alles andere als begeistert und quittierte sie mit einer Ohrfeige. Dessen ungeachtet verstummten die Geister nicht – sie erschienen weiterhin.

Vor diesem Hintergrund verwundert es nicht, dass sich Leslie mit der Frage nach einer möglichen Existenz nach dem Tod beschäftigte. Zunächst suchte er Antworten in verschiedenen Kirchen. Zu seiner Zufriedenheit fündig wurde er dort nicht, aber er erfuhr auf diesem Weg vom Spiritismus und begann, Medien aufzusuchen sowie an Sitzungen und Zirkeln teilzunehmen.

Berufung zum Medium

In der Zeit, in der Flint in der spiritistischen Gemeinde aktiv war, versuchte der verstorbene Schauspieler Rudolph Valentino durch mehrere Medien, eine Botschaft zu übermitteln. Der Inhalt besagte, Leslie solle seine Gabe als Medium entwickeln. Die Botschaft kam an, mehrmals, aber Flint konnte nicht daran glauben.

Obwohl sehr am Spiritismus interessiert, betrachtete er die Séancen stets mit Skepsis und auch die Existenz zahlreicher „Scharlatane" blieb ihm nicht verborgen. So kam es, dass er zunächst Abstand nahm und beschloss, vom Spiritismus nichts mehr hören zu wollen.

Flint arbeitete daraufhin in wechselnden Jobs als Platzanweiser im Kino, Barkeeper, Verkäufer und semiprofessioneller Tänzer. Da es ihm in all der Zeit jedoch nicht gelang, Valentinos Botschaft zu vergessen, wollte er dem Spiritismus eine zweite Chance geben.

Während des Versuchs, seine Gabe als Medium zu entwickeln, traf er 1932 auf Edith Mundin. Diese war Mitglied der lokalen spiritistischen Gemeinde von St Albans und lud ihn zu einem Zirkel in ihrem Haus ein. Leslie sagte zu und die Zusammenarbeit zeigte bald erste Erfolge: Stimmen aus dem Jenseits sprachen durch ihn, während er sich in Trance befand. Ebenfalls wurde er hellsichtig und konnte Stimmen hören.

Flint beschloss, sich völlig auf seine Gabe als Medium zu konzentrieren und zog 1934 als Untermieter zu Edith. Aus den beiden wurde ein Liebes- und Ehepaar.

Aufstieg als *direct voice*-Medium

Edith ermunterte Leslie dazu, seine Gabe auch für öffentliche Auftritte zu nutzen. Hierfür eröffneten sie die Watford Spiritualist Mission, in der kostenlose, offene Zirkel stattfanden. Jeder, unabhängig von Rang und Status, war willkommen.

Um den Lebensunterhalt zu sichern, hielt Flint nebenbei private Sitzungen ab. Ebenfalls besuchte er weitere Zirkel wie beispielsweise den von Noah Zerdin, dem Mitbegründer der „Link Association Of Home Circles".

Die kontinuierliche Arbeit an seinen Fähigkeiten zahlte sich aus. Flint hatte die seltene Gabe, ein *direct voice*-Medium zu sein. Verstorbene sprachen nicht nur durch ihn, sondern sie sprachen mit ihren eigenen Stimmen. Möglich wurde dies durch die sogenannte *voice box* – Ektoplasma, das mithilfe des Körpers des Mediums produziert wird und in der Lage ist, konzentrierte Gedanken aus der Geisterwelt in akustische Vibrationen umzuwandeln. Flint selbst verortete die Stimmen etwas seitlich über seinem Kopf. Ein Trancezustand wie zu Beginn war nicht mehr notwendig.

Eine wichtige Rolle spielte Leslies geistiger Führer Mickey, ein elfjähriger Zeitungsjunge aus London, der 1910 überfahren worden war. Mickey tauchte oft während der Séancen auf, stellte die Sprecher aus dem Jenseits vor und unterhielt die Teilnehmer mit witzigen Kommentaren. Er war Leslies Hauptverbindung zur geistigen Welt.

Flints außergewöhnliche Fähigkeiten als *direct voice*-Medium sprachen sich schnell herum und er wurde mit Anfragen aus aller Welt überhäuft. Er zog in den Londoner Stadtteil Hendon und war nun als Vollzeitmedium tätig.

Neben großen Hallen, Theatern und Hotelzimmern, die er in Großbritannien füllte, reiste er als Medium auch erfolgreich durch Europa und Amerika. Da sich Lichteinfall laut Flint negativ auf die Produktion des Ektoplasmas auswirkte, tourte er stets mit einer transportablen „Dunkelkammer", an der während der Sitzungen ein Mikrofon von außen installiert wurde.

Die Verstorbenen, die sich zu Wort meldeten, waren sowohl männlich als auch weiblich und gehörten verschiedenen Nationalitäten an. Unter ihnen befanden sich Unbekannte und Prominente. Zu Letzteren zählten beispielsweise Oscar Wilde, Mahatma Gandhi und Archimedes.

Rudolph Valentino vergaß Leslie übrigens nie – er verehrte ihn sehr und wurde sogar Vorsitzender der „Valentino Memorial Guild".

Während des Zweiten Weltkrieges arbeitete Flint, wenn auch eingeschränkt, als Medium weiter. Durch den Kontakt mit all den Gefallenen beschloss er, den Kriegsdienst zu verweigern und wurde einem nichtkämpferischen Regiment zugeteilt. Nach Kriegsende führte er die Sitzungen wie gewohnt fort.

Als Medium im Test

Mit steigendem Bekanntheitsgrad wuchs auch die Anzahl der Wissenschaftler und Forscher, die die Gabe des *direct voice*-Mediums testen wollten. Obwohl dies eine große Anspannung bedeutete, stimmte Flint bereitwillig zu. Er hoffte, die Demonstration seiner Fähigkeiten könnte den Glauben an eine Existenz nach dem Tod bestärken.

Die vorgenommenen Tests waren vielfältig und reichten von Infrarotkameras bis hin zu Mikrofonen am Hals, um Bauchreden auszuschließen. Weiterhin wurde Flint während der Sitzungen gefesselt und geknebelt oder musste eine farbige Flüssigkeit im Mund behalten.

Obwohl keine stichhaltigen Beweise für einen Betrug gefunden wurden, musste Flint einsehen, dass ein Großteil der Wissenschaftler und Forscher voreingenommen war und die Augen verschloss.

Ruhesetzung

Flints Höhenflug als gefragtes Medium hielt bis in die 1960er an. Als er eines Tages von einer Tour aus den USA zurückkehrte, hatte seine Frau Edith einen Schlaganfall erlitten und saß im Rollstuhl. Leider erholte sie sich von diesem Rückschlag nie wieder, sondern verstarb einige Monate später.

1976 stellte Flint seine öffentlichen Auftritte ein und gab fortan nur noch private Sitzungen. Seinen Lebensabend verbrachte er in Brighton, einer Stadt am Meer im Süden Englands, bis er im April 1994 im Alter von 83 Jahren verstarb.

Vermächtnis

Neben den zahlreichen Botschaften voller Liebe, Hoffnung und Inspiration hinterließ Leslie Flint mit seiner Autobiografie „Voices in the Dark", die 1971 in Zusammenarbeit mit Doreen Montgomery erschien, Einblicke in sein Leben als Medium. Er selbst beschreibt sich darin als einen glücklichen Mann, der sein Leben der Menschheit widmete und Gewissheit darüber verbreiten wollte, dass der Tod nicht das Ende wäre.

Damit die Botschaften aus dem Jenseits für die Nachwelt erhalten bleiben, wurden von den Sitzungen über viele Jahre hinweg zahlreiche Mitschriften und Audioaufnahmen angefertigt. Diese sind bis heute zugänglich und werden beispielsweise von der Non-Profit-Organisation „The Leslie Flint Educational Trust" für die Öffentlichkeit zur Verfügung gestellt.

Margery Crandon – Die Geisterbeschwörerin

Mina Crandon, besser bekannt als Margery, wurde im Jahr 1888 in Ontario geboren. Margery Crandon – „die Hexe von Boston" –ist heute noch immer einer der bekanntesten Geisterbeschwörerinnen im kanadisch-amerikanischen Raum. Doch auch sie war nicht frei von Kritik. Durch die Houdini-Affäre verlor Crandon nicht nur an Glaubwürdigkeit, sondern brachte den damaligen Spiritismus-Trend auf die falsche Bahn. Heute ist Crandon in erster Linie für ihre Houdini-Affäre bekannt, als sie der damalige Zauberkünstler enttarnte.

Die jungen Jahre der Geisterbeschwörerin

Margery war bereits in zweiter Ehe mit Dr. LeRoy Goddard, einem angesehenen Chirurgen, verheiratet. Der Chirurg war begeistert von dem Spiritismus, der vor allem in den 1920er Jahren in den USA einen neuen Popularitätsschub erlebte. Beide besuchten eine Geisterbeschwörerin, welche während der der Sitzung mitteilte, dass Margery die gleiche Gabe besäße. Margery wäre in der Lage ebenfalls Tote anzulocken. Aus diesem Grund versuchte sie es selbst und schaffte es laut Zeugenberichten während einer Dunkelsitzung ihren verstorbenen Bruder Walter anzulocken. Dieser tanzte auf einem kleinen Tisch. Außerdem unternahm Margery Crandon den Versuch, den Geist ihres verstorbenen Bruders Walters in sich inkarnieren zu lassen. Es war ihr sogar möglich ihn durch sich sprechen zu lassen. Die Fähigkeiten der jungen Margery Crandon begeisterten vor allem Sir Arthur Conan Doyle, einen der größten Vertreter der damaligen Spiritismusbewegung.

„Scientific American" und Margery Crandon

Die Wissenschaftszeitschrift „Scientific American" setzte einen Preis von rund 2.500 US Dollar für die Person aus, welche es unter gewissen Bedingungen schaffte, eine Jury von Journalisten und Wissenschaftlern von den eigenen übernatürlichen Fähigkeiten zu überzeugen. Zur Jury zählte auch der bekannte Zauberer und Spritismuskritiker Harry Houdini. Auch wenn die Familie Crandon an dem Geldpreis nicht interessiert war, präsentierten sie sich 1924 in Boston. Doch die Jury verzichtete auf den kritischen Houdini, führte die zahlreichen Séancen ohne ihn durch und präsentierten in ihrer Fachzeitschrift einen Artikel, in dem sie Margery Crandon den Preis verliehen. Als Houdini von dieser Nachricht erfuhr, bestand er nicht nur auf den sofortigen Erscheinungsstopp der Zeitschrift, sondern auch auf eine Dunkelsitzung mit Margery Crandon.

Der Houdini-Eklat – warum Harry Houdini Margery Crandon entlarvte

Houdini gelang es die Jury umzustimmen. So verwehrte er Bird, einem Mitglied, die Teilnahme an der Séance, da Houdini ihm Befangenheit gegenüber Margery unterstellte. Während der Séance präsentierte Margery schwebende Tische sowie ein schwebendes Megaphon. Doch Houdini war nicht überzeugt von der übernatürlichen Fähigkeit der damals 36-jährigen Frau.

Immer wieder beklagte der Zauberkünstler die dutzenden Möglichkeiten einer Täuschung durch Margery Crandon. In einer weiteren Sitzung versuchte Houdini eine Kiste zu manipulieren. Doch Margery – die als Walter sprach – fiel nicht auf den Trick herein. Aus der Kiste hätte ein Kopf kommen sollen, jedoch war dieser nicht enthalten. Darauf machte Margery die Jury während der Séance aufmerksam – und hatte recht. Die Kiste war manipuliert. Doch die Frage, die nie beantwortet wurde: Hat Margery eine Intrige veranlasst um Houdini tatsächlich vorzuführen, oder war es tatsächlich Houdini, der die junge Crandon bloßstellen wollte? Fakt ist: In der Kiste befand sich ein Lineal, mit welchem die junge Crandon Gegenstände bewegte. Ein Geständnis eines ehemaligen Mitarbeiters Houdinis, dass dieser die Kiste manipuliert habe, ist widerrufen. Die Jury gelangte zur Überzeugung, dass es sich bei Margery Crandon um eine Hochstaplerin handle. Nur zwei Mitglieder teilten diese Meinung nicht. Die Jury zeigte sich entsetzt über Margery und gab ihr die Schuld, da sie mit ihren Reizen die Mitglieder verwirrt hatte.

Die Beweislage spricht gegen Margery Crandon

Heute ist die Margery-Affäre rund um Houdini noch immer in aller Munde. Denn schlussendlich war es diese Begegnung und der Fortgang der Séance, der grundsätzlich die öffentliche Meinung zum Thema Geisterbeschwörung prägte. Auch damals galt Margery als Hochstaplerin, wobei sie Jahre später immer wieder mit außergewöhnlichen Séancen auffiel. So ließ sie einen von Walter stammenden Fingerabdruck im Kerzenwachs erscheinen. Doch der Schwindel von Margery Crandon flog auf – der Fingerabdruck stammte von einem Zahnarzt, der Margery behandelte. Kritiker und Skeptiker sind der Ansicht, dass Margery den damaligen Druck ihres Mannes nicht standhielt und diesen mit ihren Fähigkeiten überzeugen wollte. Ihr Mann, selbst großer Anhänger des Spiritismus, war stolz auf seine Margery und glücklich, eine derart begabte Frau an seiner Seite zu haben. Margery – so die angenommene Begründung für ihr Verhalten – stammte aus einer armen Familie und wollte ihren Chirurgen mit ihren Fähigkeiten begeistern. Dies jedoch auf Kosten der Öffentlichkeit, sodass heute die Houdini-Affäre rund um Margery Crandon noch immer die öffentliche Meinung über übernatürliche Fähigkeiten in Sachen Geisterbeschwörung prägt. Auch der „Betrug" rund um den Fingerabdruck des verstorbenen Bruders, der letztendlich dem ordinierenden Zahnarzt gehörte, prägte die Meinung der Öffentlichkeit, dass Margery Crandon eine Hochstaplerin wäre.

Auch wenn sie noch immer den Beinamen „Hexe von Boston" trägt, ist in Wahrheit der Charme der „Hexe" seit der Houdini-Affäre und dem falschen Fingerabdruck endgültig verloren.

Maurice Barbanell – Wenn der Geist von Silver Birch spricht

Maurice Barbanell wurde am 3. Mai 1902 in einem Armenviertel im Osten Londons geboren. Seine Eltern waren Juden, sein Vater praktizierte die Religion jedoch nicht. Maurice selbst sagte über sich, dass er sehr materialistisch eingestellt wäre. Sein Lebensziel sei es, eine gute Karriere zu machen und ein Vermögen zu verdienen.

Doch mit 29 Jahren, im Jahr 1931, wohnte Maurice Barbanell einer spiritistischen Sitzung bei. Eigentlich skeptisch und nicht besonders interessiert, ging er trotzdem noch einmal zu einer zweiten Sitzung desselben Mediums. Während dieser Sitzung schlief Barbanell vor Langeweile ein, doch als er später wieder erwachte, wurde er von den anderen Teilnehmern darüber informiert, dass er während des „Schlafs" als Medium für einen indianischen Geistführer gedient hatte. Es war das erste Mal, dass Silver Birch durch ihn gesprochen hatte.

Barbanell war daraufhin sehr neugierig und es wurden regelmäßig Freitagabend Treffen veranstaltet, die bei dem Journalisten Hannen Swaffer stattfanden. Auf diesem Treffen, dem „Hannen Swaffer's Home Circle", fiel Barbanell in Trance und Silver Birch sprach durch ihn. Alle seine Botschaften wurden in Stenografie niedergeschrieben. So gingen die Weisheiten nicht verloren, auch wenn Barbanell nach der Niederschrift durch einen der anderen Teilnehmer vergaß, was Silver Birch durch ihn gesprochen hatte.

Im Jahr 1932, maßgeblich durch den Journalisten Hannen Swaffer ermutigt, gründete Maurice Barbanell die Wochenzeitschrift „Psychic News", in der er regelmäßig die Informationen von Silver Birch veröffentlichte. Um seinen Ruf als seriösen Journalisten zu wahren, gab er nicht an, dass er selbst das Medium für Silver Birch wäre. Er befürchtete ernsthafte Konsequenzen für seine Glaubwürdigkeit. Die Wahrheit kam erst etliche Jahre später ans Licht.

Barbanell untersuchte viele Jahre lang verschiedene Medien und wohnte unzähligen Séancen bei. Er schrieb neben den Zeitschriftenartikeln auch eine Reihe Bücher zu spirituellen Themen. Seine wichtigsten Schriftstücke sind jene mit den Weisheiten Silver Birchs.

Barbanell und Silver Birch arbeiteten ungefähr 50 Jahre zusammen, ehe Maurice Barbanell am 17. Juli 1981 im Alter von 79 Jahren verstarb.

Silver Birch

Silver Birch wird zwar häufig als „Indianer" beschrieben, doch er bediente sich lediglich des Namens eines nordamerikanischen Ureinwohners. Er habe sich selbst Anonymität auferlegt, erklärte Silver Birch, sodass ihn niemand nach seinem wahren Namen und seiner wahren Identität beurteilen könnte und die Menschen im Nachhinein nur noch seine Worte hätten um ein Urteil über ihn zu fällen.

Laut Hannen Swaffer war es so, dass Silver Birch zu Beginn seiner Zusammenarbeit mit Maurice Barbanell als Medium selbst kaum Englisch sprach. Erst im Laufe der Jahre wurde das Englisch des Geistführers besser, aber seine Sprache unterschied sich weiterhin stark von der Barbanells. Dieser beschrieb die Sprache Silver Birchs als „altertümlich" und mit Worten versehen, die er selbst nie benutzen würde.

Silver Birch äußerte sich fast zu jedem relevanten Thema, ob spirituell, religiös oder weltlich und galt als einer der größten Geistführer des 20. Jahrhunderts.

Silver Birch erzählte in einer Sitzung, dass er Maurice Barbanell als sein "Instrument" ausgewählt, ihn während der Kindheit beobachtet und begleitet hätte, bis er den Zeitpunkt für gekommen gehalten hatte, sich seines Körpers als Sprachrohr zu bedienen. Er betonte immer wieder, dass er selbst aber auch nur ein Lehrer wäre, nicht der Urheber der Weisheiten, die er lehrte. Er wäre ein Sprachrohr, um das Gesetz des Großen Geistes zu verbreiten und den Menschen nahezubringen.

Der Große Geist, jener, der in der westlichen Welt „Gott" genannt wird, ist nach Silver Birch perfekte Liebe, perfekte Weisheit und das natürliche Gesetz des Universums. Er ist die kreative Kraft hinter allem Leben und hinter jedem Lebewesen. Der Große Geist ist das Leben schlechthin und alles, was sein kann. Er urteilt nicht, für ihn gibt es kein

Gut oder Böse. Er ist in allem. Silver Birch erwähnte verschiedentlich den göttlichen Plan hinter allem.

Außerdem predigte Silver Birch Vorurteilslosigkeit, er sagte, dass in der heutigen Welt (bzw. der Welt Mitte des 20. Jahrhunderts) zu viele Unterschiede gemacht würden. Unterschiede zwischen weißen und schwarzen, gelben und rothäutigen Menschen. Unterschiede zwischen Menschen unterschiedlicher Ausbildung und unterschiedlichen Wissensstands. Und dass all diese Unterschiede zu Krieg und Elend führen würden, weil die Menschen vergessen würden, sich alle als eins mit dem Großen Geist anzusehen.

Er führte aber auch aus, dass die Unterschiede in der Hautfarbe der Menschen gewollt und Teil des göttlichen Plans wären. Wenn dieser Plan erst einmal wieder voll in Kraft treten würde, dann würden alle Menschen aller Hautfarben und Nationen friedlich gemeinsam leben mit „Liebe in ihrem Herzen". Sie würden ihre wahren Bestimmungen erkennen.

Silver Birch erklärte, die Geistführer wären zurückgekehrt, um den Menschen zu helfen, wieder in Einklang mit dem Großen Geist des Lebens zu leben, statt gegen ihn zu kämpfen und die Einheit allen Seins zu leugnen. Sie würden anstreben, dass alle Menschen den Reichtum ihres Geistes und ihrer Seele erkennen, sodass sie den Frieden und die Zufriedenheit erführen, die aus einer besseren geistigen Haltung entspringen könnte.

Silver Birch verdeutlichte dabei, dass es den Geistführern um eine geistige Gesundheit und eine Zufriedenheit der ganzen Menschheit in Einklang mit allem Sein und Leben gehen würde. Während der Sitzungen konnten die Anwesenden ihm Fragen stellen. Als er gefragt wurde, ob es nicht so wäre, dass auch die Erfahrungen von Hass, Krieg und Krankheiten genauso wichtig für die Entwicklung wären, wie die Erfahrungen von Liebe und Glück und ob all diese Erfahrungen nicht alle Teil des göttlichen Planes wären antwortet er entschieden:

„Nein, sind sie nicht. Kriege werden nicht vom Großen Geist gemacht. Krankheiten werden nicht vom Großen Geist vergeben. Dies sind

Dinge, die Menschen selbst über sich gebracht haben durch den Missbrauch des freien Willens."

Das heute allseits bekannte und groß vermarktete „Gesetz der Anziehung" (Gesetz der Resonanz: Man bekommt, was man ausstrahlt, man zieht an, was man ist) war auch Silver Birch bereits bekannt. Er erklärte, dass Menschen, die mit Angst im Herzen beginnen würden, Angst davor, dass sie keine Resultate sehen werden, auch keine bekommen würden. Dass aber Menschen, die vollkommen vertrauen, erhalten würden, was sie benötigen und worum sie bitten.

Er sagte: „Wenn jeder in eurer Welt perfektes Vertrauen hätte, würde er empfangen. Wenn eine Person hungrig ist und trotzdem perfektes Vertrauen hätte, dann würde er die Antwort erhalten."

Silver Birch erklärte, dass man sich mit dem Großen Geist verbinden, dessen und auch die eigene Grenzenlosigkeit erkennen und voll annehmen müssen, um wahrhaft grenzenlos zu werden. Die Geistführer, auch er selbst, würden den Menschen beibringen wollen, dass wir alle die größten Reichtümer schon in uns tragen und wir uns derer nur bewusst werden müssen. Dass diese Erkenntnis die Angst besiegen könnte. Die Angst, die uns trennt und die Angst, die immer wieder alles zerstört. Denn wo die Erkenntnis ist, da kann die Angst nicht sein. Die Geistführer wollen uns daran erinnern, dass die Menschen nicht nur menschlich sind, sondern auch den göttlichen Funken haben und sich dessen bewusst werden müssen.

In einer Sitzung erläuterte Silver Birch, dass es zwar eine Art Grundtendenz im Leben eines jeden Menschen geben würde, in dessen Richtung das Leben verläuft. Dass Schicksal in dem Sinne aber nicht existieren würde. Kein Leben ist in Stein gemeißelt. Der freie Wille, gepaart mit dem Bewusstsein, dass jeder Mensch eins mit dem Großen Geist und damit partiell selbst göttlich ist, macht es möglich, dem Leben jede gewünschte Richtung zu geben. An anderer Stelle warnte er jedoch, dass Missbrauch des freien Willens (zum Beispiel durch Aufzwingen des eigenen Willens auf andere, durch Kriege etc.) „gezahlt" werden müsse – entweder in der diesseitigen oder in der jenseitigen Welt.

Mehrmals erwähnte Silver Birch, dass er Lehrer und kein Heiler wäre. Trotzdem ging er auch kurz auf das Gebiet des Heilens ein. Er schilderte, dass die Zeit für eine Heilung reif sein müsse, ehe sie stattfinden könnte. Denn Körper und Seele sind eins, und wenn die Seele („der Körper des Geistes") krank ist, dann kann der physische Körper, in dem sich die Krankheit manifestiert, auch nicht heilen. Auch dann nicht, wenn er behandelt wird. Umgekehrt kann auch die Seele nicht vollständig gesund sein, wenn der physische Körper krank ist und nicht behandelt wird. Eine Krankheit des Geistes manifestiert sich also im physischen Körper und muss dann auf beiden Ebenen geheilt werden, ehe der Mensch als Ganzes wieder heil sein kann. Doch dies kann ein Heiler oder ein Arzt nur dann tun bzw. unterstützen, wenn der Mensch reif dafür ist. Will eine Seele noch keine Heilung haben, dann sind alle Medikamente vergebens und der Mensch wird krank bleiben. Silver Birch erklärte weiter, dass Heiler nichts anderes tun würden, als die Seele an ihr wahres Selbst zu erinnern und sie dadurch zurückzubringen und eine Heilung möglich zu machen.

Doch er betonte auch, dass es durchaus rein körperliche Krankheiten gäbe, die dann auch nur auf der körperlichen Ebene behandelt werden müssten.

Silver Birch wurde auch zu Jesus befragt. Er nannte ihn nur „den Nazarener" und erklärte, er wäre einer der höchst entwickelten Botschafter des Großen Geistes. Weiter erläuterte er, dass Jesus noch immer an seiner Mission weiter arbeite, die er vor 2000 Jahren begonnen hatte, „aber dieser Geist wurde seitdem tausendmal gekreuzigt und er wird weiter fast jeden Tag gekreuzigt." Silver Birch führte weiter aus, dass es niemals eine höhere Manifestation des Großen Geistes in menschlicher Gestalt gab, als Jesus: „Nein, weder davor, noch danach."

Da für Silver Birch das „Leben nach dem Tod" ein natürlicher Fakt ist, ist seine Meinung zu dem Tod selbstverständlich davon geprägt. Auf eine diesbezügliche Frage (warum Tausende von unschuldigen Opfern unter Erdbeben zu leiden hätten) antwortete er: „Ich kann das nicht erkennen, was du am Tod als Desaster bezeichnest. Für mich ist es eine großartige Stunde der Freiheit für die Seele." An anderer Stelle stellte er fest, dass der Tod nur eine Art Erwachen wäre, und wir bekannte Persönlichkeiten treffen könnten oder verstorbene Verwandte, sofern wir diese wollen. Wir würden sie erkennen, da sie so erscheinen würden, wie sie zu Lebzeiten gewesen wären. Weiter sagte er auch: „Was du Tod nennst, ist das Öffnen des Käfigs und das Freilassen des Vogels aus seinem Gefängnis."

Minnie Harrison – Der Saturday Night Club

Minnie Rose Harrison war ein britisches Medium und besaß einen Kreis in der englischen Stadt Middlesbrough. Sie wurde 1895 als elftes Kind einer großen Familie geboren. Alle Personen in ihrer Familie hatten mehr oder weniger gut ausgeprägte mediale Fähigkeiten, so auch Minnie. Dennoch sollte Minnie lange Zeit ohne Kreis bleiben. Bis Mitte der 1940er Jahre hörte man trotz ihrer großen Fähigkeiten, vor allem was das Erreichen des Trancezustandes betrag, nicht viel und sie zählte bis dahin freilich nicht zu den bekanntesten Medien.

Dies sollte sich jedoch im Jahre 1946 ändern, als sie einen kleinen Kreis, der nicht mehr als acht Personen umfasste, gründete. Diesen Kreis nannte sie „Saturday Night Club", der später wohlbekannt werden sollte. Doch trotz dieser Tatsache, war es niemals Minnies Absicht oder Bestreben die große Runde zu machen oder Ruhm zu erlangen. Stattdessen zog sie Treffen in kleinem Kreis vor.

Ihre medialen Fähigkeiten waren beachtlich und geben noch heute Rätsel auf. Auch in wissenschaftlichen Kreisen ist man davon überzeugt, dass Minnie, wenn sie es auf Ruhm und Bekanntheit angelegt hätte, durchaus zu einem der bekanntesten Nachkriegsphänomene hätte werden können. So produzierte sie beispielsweise Ektoplasma. Da die Manifestationen der paranormalen Phänomene auf ihren Séancen derart stark, langanhaltend und für alle deutlich zu sehen waren, reichte die Zeit für die Anwesenden oftmals aus, um Fotografien vom Geschehen zu machen. Aus diesem Grund ist unter anderem auch ein Foto erhalten, auf welchem Minnie zu sehen ist, während sie Ektoplasma produzierte.

Dass es Minnie hingegen niemals auf Ruhm angelegt hatte, beweist die Tatsache, dass sie mit dem recht kleinen Kreis „Saturday Night Club" erst zu jenem Zeitpunkt anfing, als ihr Sohn nach Ende des Zweiten Weltkrieges aus dem Militär entlassen wurde. Zu diesem Kreis gehörten von 1946 bis Mitte der 1950er Jahren natürlich sie selbst an, ihr Mann, ihr Sohn und dessen Frau sowie fünf weitere Personen, die mit Minnie befreundet waren.

Minnie zählte allerdings nie zu den Medien, welche bereitwillig zahlreiche Wissenschaftler und Skeptiker zu den Séancen einluden, um sie zu fesseln und anderweitig zu kontrollieren bzw. eventuelle Täuschungsversuche von vornherein auszuschließen. Dennoch konnten einige Channelings und Botschaften, die während diverser Séancen offenkundig wurden, verifiziert werden: Bei einer der vielen Séancen kommunizierte ein erst kürzlich verstorbener Junge mit dem Kreis. Nachdem Minnie ausreichend Informationen über ihn und sein Haustier – einen Hund – gesammelt hatte, suchte sie die Eltern des Jungen auf, welche nicht nur bestätigen konnten, dass ihr Junge tatsächlich unlängst gestorben war, sondern auch die Informationen, die der Junge über seine Kindheit und sein Zuhause gegeben hatte, bekräftigen konnten. Des Weiteren wird von Tom, Minnies Sohn, berichtet, dass der Hund von der Präsenz des Toten Notiz zu nehmen schien, da er keinen der Lebenden ansah, sondern aufmerksam ins Leere starrte.

Solche erstaunlichen Begebenheiten mehrten sich vor allem Ende der 1940er Jahre, die eine Überprüfung Minnies Fähigkeiten aufgrund der anderweitigen Verifizierung hinfällig machten. Dieses und ähnliche Ereignisse geschahen jedoch ausschließlich auf akustischer Ebene, die Geisterwesen zeigten sich hierbei nicht.

Dies änderte sich aber in der Folgezeit und häufig kam es zu deutlichen Manifestationen von Wesen der anderen Seite. Diese waren während den Séancen oftmals deutlich und für alle sichtbar. Sie befanden sich häufig in der Mitte des Kreises. Viele Wesen gaben an, aufgrund des Lichtes, welches vom „Saturday Night Club" ausgehen würde, angelockt worden zu sein, obwohl die Sitzungen nahezu ausschließlich in völliger Dunkelheit stattfanden. Die Manifestationen waren laut Tom Harrison häufig von einer lichten Aura umgeben und wirkten fast leuchtend. Sie konnten sich mehrere Minuten lang, sogar an die fünfzehn Minuten, zeigen, bis sie verschwanden. Manche von ihnen sollen dem Kreis mitgeteilt haben, dass es ihnen zunehmend schwerer fiel in ihrer ektoplastischen Form länger zu verweilen und offenbar seien sie daraufhin nach und nach im Boden versunken. Die meisten dieser Berichte stammen aus erster Hand und werden uns unter anderem von Tom Harrison, inzwischen ebenfalls ein Medium, überliefert.

Obwohl spiritistische Sitzungen zumeist im Haus des Mediums stattfanden, wurde die Mehrzahl der Sitzungen des „Saturday Night Clubs" allerdings nicht im Hause der Harrisons statt, sondern im Hause einer befreundeten Familie abgehalten. Obgleich der Kreis mehr oder weniger regelmäßig tagte, wurde der Ort nie speziell präpariert.

In den ersten Jahren des Kreises gab es nahezu keine Besucher, da Minnie bestrebt war, die Séancen stets in kleinem Kreis abzuhalten und nicht zu viel Aufmerksamkeit auf den Kreis zu lenken. Dies sollte sich jedoch am 14. Juni 1947 ändern, als Minnie ein frisch vermähltes und befreundetes Brautpaar einlud. Während dieser Séance sprach der verstorbene Sohn desjenigen Priesters, welcher die Zeremonie geleitet hatte, zu seinem Vater von der anderen Seite. Mit ihm war auch sein Cousin, der ebenfalls zu jenem Zeitpunkt bereits verstorben war, anwesend. Minnie gab den Gästen bei dieser Sitzung die Möglichkeit, Familienkonflikte und unterdrückte Trauer aufzuarbeiten.

Während einiger der zahlreichen Sitzungen des Kreises kam es auch zu Apporten, d.h. zu Materialisierungen bestimmter Objekte, die sich von einem anderen Ort dematerialisiert hatten. So erschienen in Minnies Séancen häufig Blumen.

Trotz der unzähligen Begebenheiten, in welchen sich die gechannelten oder anderweitig offenkundig gewordenen Botschaften von der anderen Seite als wahr herausgestellt hatten, stellten Minnies Fähigkeiten den Verstand eines nahezu jeden Außenstehenden hart auf die Probe. Tom Harrison entgegnet diesem Unglauben in seinem Buch mit den simplen Worten: „Ich war dabei!"

Minnie Harrison starb im Jahre 1958. Heute gilt sie als eines der talentiertesten, aber zugleich mysteriösesten Medien der Nachkriegszeit.

Mediale Kultgegenstände und Rituale

Medialität ist so alt wie die Welt. Schon immer wollten Menschen zu ihren Göttern Kontakt aufnehmen und baten um Rat in schwierigen Situationen des Lebens. Eine der ältesten Formen ist hier der Schamanismus. Medizinmänner versetzen sich in ekstatische Trance durch Tanzen oder bewusstseinserweiternde Pflanzen und können so mit dem Unsichtbaren kommunizieren

Auch heute noch gibt es die Ayahuasca-Rituale oder den Peyote Pilz, der bei manchen indigenen Stämmen noch benutzt wird. Sogar ganze Messen werden hier gefeiert, indem man diesen Pilz allen zugänglich macht. Selbst Jung und Freud, die Pioniere unserer Psychotherapie benutzten LSD um das Bewusstsein zu erweitern.

In unsere Zeit kamen viele okkulte Gegenstände auf den Markt und am Ende des 19. Jahrhunderts herrschte Hochkonjunktur in den spiritistisch angehauchten Familien. Man traf sich zu Séancen und versuchte durch Gläserrücken, Tischrücken, die Planchette oder dann später durch das Ouijaboard Kontakt mit den Toten aufzunehmen. Dies war auch oft von Erfolg gekrönt.

Im Folgenden beschreibe ich die gängigsten Methoden, um Kontakt mit der Geisterwelt Gottes aufzunehmen.

Ouija Board – Das Hexenbrett

Das „Ouija Board" blickt auf eine filmreife Entwicklung zurück. Schon vor 150 Jahren übte es eine Faszination auf neugierige Menschen aus und lud sie zu geheimnisvollen Séancen ein. Alles nahm seinen Anfang im Jahr 1848, als die Schwestern Kate und Margaret Fox begannen, im Haus der Familie Fox durch Klopfzeichen mit Verstorbenen zu kommunizieren. Dadurch brachten sie eine spirituelle Welle in Bewegung. Rasend schnell rollte sie über die USA und Europa. „Spiritualisten", Geschäftsleute und auch einige Wissenschaftler nutzten diese ideale Brandung für Erfindungen, Erneuerungen und Experimente im Bereich der Spiritualität. Somit öffnete sie auch eine Tür zu der Welt der Toten. Auf dem Weg zum Brett durchlief es mehrere Stationen, wobei hier die wichtigsten zusammengefasst sind.

Vom Tischrücken über die Planchette bis zum sprechenden Brett

Seitdem die Welle in den 1850ern auch die spirituell Interessierten neugierig gemacht hatte, stellten sie sich die Frage: Wie verständigen wir uns mit den Toten? Ein Werkzeug musste her, um mit den Toten in Kontakt zu treten. Das Ergebnis war das „Tischrücken". Dabei diente kein Brett als Kommunikationsmittel, sondern ein haushaltsüblicher Tisch. Bei einer Séance legten die um den Tisch versammelten Anwesenden ihre Fingerspitzen auf die Oberfläche. Der Geist reagierte auf die Fragen der Versammelten mit Klopfen und Kippen des Tisches. Einmal klopfen hieß „Nein", zweimal „zweifelhaft" und dreimal „Ja". Außerdem sagten die Beteiligten das Alphabet auf, warteten auf Reaktionen bei welchem Buchstaben ein Zeichen folgte. Später erleichterte ein auf einem Pappdeckel aufgeschriebenes Alphabet den Vorgang.

Die spirituellen Wurzeln begannen auch in Frankreich und in England zu sprießen. Ein handgroßes wappenähnlich zugeschnittenes Brett mit Rollen an zwei Ecken und ein Bleistift an der Spitze brachte ein verbessertes Kommunikationsmittel hervor. Als Erfinder dieser „Planchette" galt das französische Medium M. Planchette. Die Anwesenden erhofften dadurch, Antworten geschrieben auf Papier zu erhalten.

Weiterhin kamen neue Innovationen zum Vorschein, um mit den Verstorbenen kommunizieren zu können. Isaac Pease aus Thompsonville (Connecticut) nutzte in den frühen 1850ern die Chance, die Kommunikationstechniken noch mehr zu vereinfachen. Seine Fähigkeiten als Uhrmacher setzte er in eine Erfindung um, die als „Spiritual Telegraph Dial" oder als „dial plate" bekannt wurde. Der wie eine Standuhr aussehende Apparat funktionierte wie eine Uhr, nur dass ein Zeiger existierte und auf der Scheibe zusätzlich zu den Zahlen eins bis zehn das Alphabet ergänzt wurde.

Fast zeitgleich experimentierte der pensionierte Chemieprofessor Robert Hare in den USA mit spirituellen Techniken. Während seiner Forschungen bastelte er an mehreren monströsen Apparaten, die so ähnlich aussahen wie Pease „dial plates". Hare ergänzte lediglich auf der Scheibe einige andere Details. Seine Apparate bekamen den Namen „Spiritoscopes".

Währenddessen untersuchte 1854 der Musikprofessor und Komponist Adolphus Theodore Wagner in Berlin das Phänomen des Tischrückens. Ein weiterer Fortschritt seine Erfindung, der „Psychograph" dar. Diesen ließ er in London patentieren. Somit war sein Werk das erste patentierte sprechende Brett, das wenig Ähnlichkeit mit dem heutigen Brett aufwies und eher aussah wie ein Lügendetektor. Damit beabsichtigte er, die Gedanken durch neurogene Elektrizität sichtbar zu machen.

Die Popularitätswelle erreichte immer größere Kreise. Zu Beginn der 1860er verkaufte erstmals der Buchhändler G. W. Cottrell in den USA herzförmige aus Holz erstellte Planchetten in seinem Geschäft, die „Boston Planchettes" genannt wurden. Kirby & Co. griff diese Idee auf und stellten erstmalig die handgroßen Bretter auf Rädern für die Öffentlichkeit massenweise her. Auf diese Weise erlangten die Planchetten Berühmtheitsstatus.

In den 1870ern begann der spirituelle Trend des sprechenden Brettes abzuflauen bis zu den 1890ern, als die Spielzeugfirma W. S. Reed in Leominster (Massachusetts) die massenhafte Produktion der Hexenbretter wieder zum Leben erweckte; allerdings dieses Mal in einer anderen Version. Das herausgebrachte Brett „Espiritu" ähnelte dem heutigen Ouija Brett. Nur einige Details unterschieden sich noch davon. Das Alphabet bedeckte das ganze Holzbrett, darunter befand sich eine Zahlenreihe von eins bis zehn. Zusätzlich ergänzten sie in den Ecken weitere Details, wie „Good Bye", „Don´t know", „Yes", „No". Dazwischen erkannte man die Aufschriften „good", „bad" und „lost".

W. S. Reed bekam 1891 Konkurrenz von der Kennard Novelty Company, die die Version von W. S. Reed weiter entwickelte und das vorige Brett 1899 vom Markt drängte. Das Brett der Kennard Novelty Company glich der heutigen Form des Ouija Brettes. Das Alphabet bog sich in einer Reihe in der Mitte, darunter folgten die Zahlen. Den Namen „Ouija" erhielt es durch eine Befragung des sprechenden Brettes. Diese Form des Brettes wurde patentiert und William Fuld, seines Zeichens Mitbegründer der Firma, verkaufte Millionen Exemplare.

Im Laufe des 20. Jahrhundert folgten viele andere Firmen diesem erfolgreichen Beispiel, um auch sprechende Bretter zu verkaufen. Im ständigen Konkurrenzkampf entstanden zahlreiche Formen und Varianten aus unterschiedlichen Materialien. Die Planchette erhielt zum Beispiel eine Art Fenster in der Spitze, um die Antworten besser anzeigen zu können.

Bis heute ist diese Welle unaufhaltsam und lockt Neugierige an Séancen mit dem Ouija Brett teilzunehmen.

Die Planchette – Wenn die geistige Welt schreibt

Im späten 19. und frühen 20. Jahrhundert war die Planchette ein wichtiges Hilfsmittel bei spiritistischen Sitzungen. Heutzutage kommt sie nicht mehr so häufig zum Einsatz wie in ihrer Blütezeit. Dabei erleichtert und unterstützt die Planchette die Kommunikation mit der geistigen Welt und ermöglicht so einen detaillierteren Blick in das jenseitige Leben.

Die Erfindung der Planchette

Auf der Höhe der modernen spiritistischen Bewegung in Europa und den USA Mitte des 19. Jahrhunderts wurde das Verlangen nach Hilfsmitteln zur Geisterkommunikation immer größer.
Mitunter gestaltete sich nämlich die Interaktion mit der anderen Welt als nicht sehr einfach. Methoden wie Tisch- und Gläserrücken oder das Klopfalphabet waren zwar zuverlässige Techniken, dafür aber in der Ausführung recht umständlich und stockend. Der große französische Spiritist Allan Kardec war schließlich 1852 in Paris Zeuge, als ein Beisitzer während einer Séance spontan einen Stift an einem umgedrehten kleinen Korb befestigte. Nun legte ein anderer Teilnehmer ganz leicht seine Hand auf das Körbchen und trat mit dem anwesenden Geist in Kontakt. Sofort bewegte sich das selbst gemachte Provisorium mit dem Stift über das bereitgelegte Papier und antwortete: „Ich verbiete dir ausdrücklich, die Dinge weiterzuerzählen, die ich dir gerade anvertraut habe!" Die Planchette war geboren.

Verbreitung in spiritistischen Zirkeln

Die nützliche Erfindung wurde unverzüglich weiterentwickelt, um den diffizilen Anforderungen bei einer Séance gerecht zu werden. Dabei entstand ein ovales, gelegentlich auch quadratisches Holzbrett bzw. Tischlein mit zwei parallel an der Unterseite angebrachten Rollen. Durch ein Loch auf der gegenüberliegenden Seite war ein Stift eingeführt und befestigt. Nun legte ein Teilnehmer einer spiritistischen Sitzung seine Hand sanft auf die Planchette, um in Kommunikation mit der geistigen Welt zu treten. Damit die entstehenden Botschaften auf dem darunterliegenden Papier nicht zu sehr von dem Planchette-Nutzer beeinflusst wurden, diente das Holzbrett als eine Art Sichtschutz. Das spiritistische Hilfsmittel ging kurz darauf in Produktion und verbreitete sich überwiegend in medialen Zirkeln Frankreichs und Englands. Erst einige Jahre später begann ein amerikanischer Buchhändler die Planchette herzustellen. Sie entwickelte sich zu einem erstaunlichen Verkaufserfolg in den USA.

Die Auswirkungen der Planchette

Spiritistische Hilfsmittel wie die Planchette machten den Schleier zwischen der diesseitigen und der jenseitigen Welt durchlässiger. Infolgedessen versuchten immer mehr Menschen, in ihrem privaten Zuhause mit Geistwesen zu kommunizieren. Bald meldete sich auch die Kirche zu Wort, der der Gebrauch der Planchette natürlich missfiel. Dabei sehnen sich viele ihrer Nutzer einfach nur nach einem Kontakt mit verstorbenen und schmerzlich vermissten Familienangehörigen oder Freunden. So machte der US-Politiker und Diplomat Robert Dale Owen eine erstaunliche Erfahrung. Ein Bekannter übergab ihm nämlich eine schriftliche Botschaft, die während einer Séance mit der Planchette entstanden war. Darin wandte sich der jüngst verschiedene Vater Owens direkt an seinen Sohn und nahm dort auch Bezug auf ein Buchprojekt, von dem nur Owen Kenntnis besaß. Verblüfft stelle Owen außerdem fest, dass die Planchette-Botschaft in der typischen Handschrift seines Vaters verfasst war.

Dank der Neubelebung des Spiritismus gibt es die Planchette heutzutage in unterschiedlichsten Ausführungen und Materialien. Für interessierte Anwender ist sie ein sehr nützliches Hilfsmittel, um sich schrittweise mit der Praxis des automatischen Schreibens vertraut zu machen.

Gläserrücken – Okkulte Sitzungen in Deutschland

Mit zunehmender Verbreitung des Spiritismus im 19. Jahrhundert mehrten sich auch okkulte Sitzungen in Deutschland. Dabei ist diese Bezeichnung keineswegs pejorativ zu verstehen, da in der Zeit der großen spiritistischen Bewegung zahlreiche Gelehrte, Adlige und vermögende Persönlichkeiten solchen Kreisen respektive Sitzungen angehörten. Auch war die wissenschaftliche Erforschung spiritistischer Inhalte kein Tabu und so gab es durchaus renommierte Wissenschaftler, darunter auch Nobelpreisträger, die sich für den Spiritismus und paranormale Phänomene interessierten. Dennoch bevorzugten es viele spiritistische Sitzungsgesellschaften unter sich zu bleiben, um keine allzu große Aufmerksamkeit auf sich zu lenken und im vertrauten Kreis zusammenkommen zu können. Aus diesem Grund spricht man auch von „okkulten", also von „verborgenen" Sitzungen.

Eine beliebte Praktik solcher Sitzungen war bzw. ist das Gläserrücken, welches mit einem Ouija-Brett und einem Glas funktioniert. Anstelle eines Glases verwendete bzw. verwendet man bisweilen auch einen Zeiger oder eine Vergrößerungslinse, mit welcher die Buchstaben besser erkannt werden können. Das Ouija-Brett, welches von seinem Erfinder Elijah Bond am 10. Februar 1891 patentiert wurde, besitzt in der Regel alle lateinischen Buchstaben abzüglich der deutschen Umlaute, darüber hinaus alle Zahlen von 0 bis 9 und häufig noch wenige, einzelne Wörter wie Begrüßungsfloskeln sowie die Wörter „Ja" und „Nein". Das Ouja-Brett in der Form, in der es heute bekannt und populär ist, wurde allerdings von William Fuld, der Bonds Patent erworben hatte, erstellt. Das verbesserte Ouija-Brett ließ Fuld anschließend erneut patentieren. Kurz darauf verbreitete es sich auch in Deutschland.

Ein solches Werkzeug patentieren zu lassen, welches zur Kommunikation mit der anderen Seite bestimmt war, sorgte zu jener Zeit für keinerlei Empörung, da solche Praktiken nicht etwa verachtet oder gar belächelt, sondern von zahlreichen angesehenen Persönlichkeiten betrieben und unterstützt wurden.

Ein solches Brett ist für das Gläserrücken essentiell. Kreise, welche kein Ouija-Brett verwenden, nutzen daher meist eine selbst angefertigte

Unterlage, welche allerdings zahlreiche Ähnlichkeiten mit dem Originalbrett besitzt. So sind die Buchstaben beispielsweise wichtig, damit die andere Seite eine Botschaft hinterlassen oder auf Fragen der Teilnehmer antworten kann.

Der eigentümliche Name des Brettes stammt von dem französischen und dem deutschen Wort für die Bejahung: „oui" und „ja". Zusammengesetzt ergeben diese Wörter also das Kunstwort „Ouija". Trotz dieser Etymologie wird das Brett meistens „Widcha" ausgesprochen, da es vor allem im englischsprachigen Raum während der Zeit des Spiritismus verstärkt zum Einsatz kam. Denn spiritistische Kreise waren vor allem in England und den Vereinigten Staaten wesentlich populärer als in Deutschland, obgleich der Spiritismus sowie okkulte Sitzungen besonders Ende des 19. und Anfang des 20. Jahrhunderts auch in Deutschland zahlreiche Anhänger fand.

Der Ablauf beim Gläserrücken ist im Grunde stets ähnlich: Eine Gruppe versammelt sich um das Brett mit dem Glas, dem Zeiger oder der Vergrößerungslinse. In ganz seltenen Fällen kommt anstelle des Glases auch ein Pendel zum Einsatz, das aber weniger geschwungen wird, vielmehr ähnlich wie das Glas zu einem bestimmten Buchstaben bewegt wird. Diese Bewegung wird von keinem der Teilnehmer, die das Glas anfassen, bewusst gesteuert. Vielmehr erfolgt die Bewegung auf eine Frage hin spontan und scheint vom Glas auszugehen. Anschließend kombinieren die Teilnehmer die vom Glas oder von einem anderen Gegenstand aufgezeigten Buchstaben zu einem oder zu mehreren Wörtern und erhalten auf diese Weise die Antwort auf die gestellte Frage.

Dass es in den meisten Fällen tatsächlich zu einer Bewegung kommt, die von niemandem aktiv respektive bewusst gesteuert wird, wird in den meisten wissenschaftlichen Kreisen mittlerweile anerkannt, allerdings führt die Wissenschaft die Bewegung nicht auf die andere Seite zurück, sondern auf den Carpenter-Effekt und geht von einem kollektivunterbewussten Willen/Gedanken aus, der für die Bewegung des Glases verantwortlich ist. Dabei werde das Glas durch die akkumulierten, winzig kleinen Bewegungsimpulse der einzelnen Teilnehmer auf die jeweiligen Buchstaben respektive Wörter geschoben. Auch einige Spiritisten und Medien gehen mittlerweile davon aus, dass die andere Seite nicht tatsächlich und eigenständig Materie bewegen kann, sondern eher die Teilnehmer über ihr Unterbewusstsein steuert. Vergleicht man die esoterischen und die wissenschaftlichen Ansichten, geht hervor, dass beim Gläserrücken eine hohe Übereinstimmung zwischen Wissenschaft und Esoterik in Bezug auf Ursache und Wirkung besteht.

In Deutschland ist das Gläserrücken mit anderen typischen Aktivitäten okkulter Sitzungen wie das Channeling durch ein Medium vor allem seit den 1860er Jahren sehr populär geworden und wurde auch aktiv von angesehenen deutschen Wissenschaftlern wie Karl Friedrich Zöllner oder Gustav Theodor Fechner untersucht oder unterstützt. Dabei war eine der bedeutendsten Gesellschaften, die aber keineswegs okkult war, die Psychologische Gesellschaft, deren Ziel es war, Medien, also Menschen zu untersuchen, die angaben, mit der anderen Seite kommunizieren zu können, um wertvolle Erkenntnisse über die verschiedenen Bewusstseinsebenen des Menschen zu erhalten.

Während der Okkultismus in der Weimarer Republik recht verbreitet war, es zahlreiche okkulte Sitzungen gab und er nur wenige Gegner hatte, ging das Dritte Reich rigoros gegen alle spiritistischen und okkulten Sitzungen und Gruppen vor. Dies lag einerseits daran, dass jene Gruppen alle Menschen als gleichwertig ansahen, andererseits daran, dass sich deren Vorstellungen nicht mit den eigenen esoterischen Vorstellungen, vor allem solcher der SS, deckten.

Tischrücken – eine Anleitung

Der Begriff Tischrücken umschreibt eine spiritistische Methode, bei der versucht wird, mittels eines umgedrehten Trinkglases oder eines speziellen Miniaturtisches mit den Seelen von Verstorbenen in Kontakt zu treten. Das Glas oder der Miniaturtisch wird in die Mitte eines Buchstabenkreises gestellt, eine oder mehrere Personen berühren das Objekt vorsichtig mit den Fingern. Geistige Wesen, welche auf der immateriellen Ebene ihre Existenz durchleben, werden gebeten, die Fragen von den Beteiligten zu beantworten. Das Prinzip des Tischrückens ist vergleichbar mit dem Ouija.

Der Vorgang beim Tischrücken

Beim Tischrücken ist auf eine möglichst glatte Oberfläche zu achten, damit das Glas oder der Tisch wenig Reibungswiderstand zu überwinden hat. Kreisförmig müssen das Alphabet sowie die Zahlen von 0 bis 9 ausgelegt werden, während im Innenbereich zusätzlich die Wörter „Ja" und „Nein" symmetrisch hingelegt werden müssen. Im Anschluss wird in der Mitte des Kreises das Glas oder der Tisch platziert, die Teilnehmer berühren leicht mit ihren Fingerkuppen die Oberfläche des Objektes und es wird ein Geistwesen herbeigerufen, welches um Antworten gebeten wird.

Sofern sich ein immaterielles Wesen einfindet, wird sich das Glas nach einiger Zeit in Bewegung versetzen, obwohl von keinem Beteiligten eine bewusste Muskelkontraktion angestrebt wird. Während die Interaktion mit dem Geistwesen zu Beginn langsam und schleppend verläuft, gewinnt die Bewegung des Glases oder des Tisches in der Regel zunehmend an Geschwindigkeit, weswegen schon bald eine zügige Kommunikation möglich ist. Vielfach wird von den Teilnehmern versucht, Frage zu stellen, die sich mit einem einfachen „Ja" oder „Nein" beantworten lassen, doch auch komplexere Fragestellungen sind bei dieser Praxis möglich und führen, sobald ein Kontakt mit der Geisterwelt hergestellt wurde, zu detaillierten Antworten, die teils mit einer erstaunlichen Genauigkeit überzeugen können.

Tipps für das Tischrücken

Die Séance sollte mit einem tiefen Gebet beginnen, damit sich die Teilnehmer auf die mediale Übung einstellen können. Zudem stellt das Gebet sicher, dass sich keine bösen Geister einfinden, die den Teilnehmer Schaden zufügen könnten. Ein Salzkreis auf dem Tisch hilft zusätzlich, negative Energien fernzuhalten, während eine weiße Kerze begünstigt, dass gute Geistwesen sich bei der medialen Kommunikation einfinden. Lachen oder rumalbern, essen oder trinken müssen vermieden werden, damit die geistige Konzentration nicht verloren geht, welche unabdingbar ist für die Kommunikation mit den immateriellen Wesen. Nach Möglichkeit sollte darauf geachtet werden, einen Tisch zu nutzen, der nicht aus Metall besteht, damit ein möglichst homogener Energiefluss gewahrt werden kann. Im Idealfall sollten nicht einmal Nägel oder Schrauben im Tisch verbaut sein. Ein absolutes Tabu ist, dass Teilnehmer während der Séance Zukunftsfragen stellen, denn nicht nur, dass die geistigen Wesen ebenso wenig in die Zukunft gucken können wie wir Menschen, zudem eröffnen solche Fragestellungen bösen Geistern Tür und Tor, was tunlichst vermieden werden muss. Zum Abschluss einer Séance ist es wichtig, sich würdevoll und dankbar von den Geistwesen zu verabschieden, da es auch für immaterielle Existenzen mühsam und anstrengend ist, mit unserer Welt in Kontakt zu treten.

Wie kann man die Bewegung erklären?

Dass sich das Glas oder der Tisch bei dieser Art der Geisterbeschwörung oftmals in Bewegung versetzt, ist unbestreitbar, was bleibt, ist die Frage, wie die Bewegung des Objektes zustande kommt. Schließt man aus, dass ein oder mehrere Teilnehmer bewusste Muskelkontraktionen vollführen, muss davon ausgegangen werden, dass unbewusste Muskelkontraktionen die Bewegung des Objektes initiieren. Eine bekannte und medizinisch belegte Tatsache ist, dass Emotionen unkontrollierte Muskelkontraktionen auslösen können – bestes Beispiel dafür sind die schlotternden Knie nach einem Unfall oder das Zittern der Glieder vor Angst. Dieser Umstand wird auch bei einem Lügendetektor verwendet, welcher Mikrokontraktionen der Gesichtsmuskeln misst und sie in Relation zu Durchschnittswerten setzt, die individuell erfasst werden.

Kritiker argumentieren, dass unbewusste Muskelkontraktionen, die von den Teilnehmern nicht vorsätzlich hervorgerufen werden, für die Bewegung des Objektes verantwortlich sind, weswegen keine übernatürlichen Umstände vorliegen würden. Viele Verfechter des Tischrückens vertreten die Ansicht, dass zwar tatsächlich unbewusste Muskelkontraktionen für die Bewegung des Objektes verantwortlich sind, jedoch würden diese Kontraktionen hervorgerufen durch immaterielle geistige Wesen, welche kurzzeitig den materiellen Körper medial begabter Menschen nutzen würden, um mit unserer Welt in Kontakt zu treten.

Die Gefahren beim Tischrücken

Das Tischrücken basiert auf dem Resonanzprinzip: Jeder Mensch zieht das an, was er aussendet. Um gezielt mit wohlwollenden immateriellen Wesen in Kontakt treten zu können, ist viel Erfahrung und eine tiefe innere Balance nötig. Laien wiederum, die irgendwo in einem Buch, von Bekannten oder im Internet vom Tischrücken erfahren haben, besitzen in der Regel weder ausreichendes Wissen, wie man negative geistige Wesen durch gezielte Praktiken fernhalten kann, noch können sie durch Gedankenkonzentration gute Geistwesen darum bitten, sich bei der Séance einzufinden. Dies eröffnet bösen Geistern die Möglichkeit, die Naivität und Gedankenlosigkeit der Teilnehmer auszunutzen und ihnen Schaden zuzufügen. Neben einem ortsgebundenen Spuk, der unerklärliche Phänomene beinhaltet, die unabhängig sind von einer individuellen Person, kann es auch passieren, dass eine bestimmte Person aus dem Teilnehmerkreis nach einer unkontrollierten Séance schwere psychische Schäden davonträgt, die das Leben massiv beeinträchtigen. Daher ist es wichtig, dass immer ein erfahrener Teilnehmer eine Séance begleitet, der sicherstellen kann, dass alle Beteiligten im Nachhinein nicht von bösen Geistern belästigt werden.

Oftmals werden solche Sitzungen von zusätzlichen Phänomenen begleitet wie unerklärliche Temperaturstürze oder Berührungen. Findet die Sitzung im Dunkeln statt ist hier zusätzlich mit physikalischen Phänomenen zu rechnen. Laien sollten also bitte nur unter Begleitung eines erfahrenen Mediums erste Versuche im Gläserrücken oder Tischrücken unternehmen.

Table Tilting – Wenn Tische sich wie von Zauberhand bewegen

Das Table Tilting wird häufig mit der Levitation verwechselt, weil es diesem Phänomen ähnlich ist und besonders auf Fotografien wie das Anfangsstadium einer Levitation aussieht. Dennoch ist das Table Tilting etwas anderes und kann im Gegensatz zu einer vollständigen Levitation auf vielen Séancen erlebt werden. Zwar gelingt auch das Table Tilting nur echten Medien, die sich in einen Zustand tiefer Trance versetzen können, um so mit der anderen Seite in Kontakt zu treten, doch kostet es das Medium anscheinend weniger Energie bzw. Lebenskraft einen Tisch zu kippen (vgl. engl. „to tilt" – „kippen"), als einen Tisch vollständig schweben zu lassen.

Wie läuft das Table Tilting ab?

Für gewöhnlich fassen alle Teilnehmer auf ein Objekt, meist auf einem Tisch – daher auch der Name des Phänomens. Sie fassen jedoch nicht deshalb auf den Tisch, um ihn herunterzudrücken oder sein Schwerpunkt in irgendeiner Weise durch besondere Krafteinwirkung zu manipulieren. Stattdessen wird darauf geachtet, dass jeder Teilnehmer nur leicht den Tisch berührt.

Auf zahlreichen Séancen werden die Teilnehmer vom Medium speziell angewiesen, den Tisch lediglich mit ihren Fingerkuppen zu berühren, damit sichergestellt ist, dass keine großen Kräfte bewusst auf die Tischplatte ausgeübt werden, um den Tisch manuell zu bewegen. (Nicht selten versucht nämlich nicht das Medium, sondern einer der Teilnehmer die Bewegung des Tisches so zu beeinflussen, dass eine gewünschte Antwort entsteht.) Die Berührung des Tisches ist hingegen wichtig, damit Energie von den Teilnehmern auf den Tisch überfließen kann.

Was viele, die nicht mit dem Spiritismus vertraut sind, oftmals fälschlich annehmen, ist die Tatsache, dass sich Dinge von allein und vor allem aus eigener Kraft bewegen können. Das funktioniert nicht einmal in der noch immer nicht vollständig erforschten Welt des Spiritismus. Stattdessen ist es notwendig – gemäß der bekannten Gesetze der Physik – dass

Energie von irgendeiner Quelle bezogen wird, damit eine Arbeit verrichtet werden kann. Beim Table Tilting liegt diese Energie in Form von Lebenskraft vor – welche die alten Ägypter „Ka" nannten–, die von den Teilnehmern und freilich vom Medium selbst auf das Objekt bzw. auf den Tisch übertragen wird.

Doch wie bei einer leeren Steckdose, die an den Stromkreislauf angeschlossen ist, tut sich deshalb nichts. Wie im Haushalt zunächst ein Haushaltsgerät verwendet werden muss, welches den Strom in Arbeit umwandeln kann, muss das Medium nun den Kontakt zur anderen Seite herstellen. Diese vermag unmittelbar darauf die Energie zu nutzen, welche konstant auf den Tisch projiziert wird, obgleich es sich weniger um eine Projektion als vielmehr um einen stetigen Energiefluss handelt. Durch die genutzte Energie ist es den Geisterwesen jetzt möglich, den Tisch zu kippen oder gegebenenfalls sogar vollständig zu heben, wobei man in diesem Fall nicht von Tilting, sondern von einer vollständigen Levitation spricht. Will man sehr genau sein und daher den ungenauen Begriff des Table Tiltings ganz vermeiden, könnte man auch von einer unvollständigen Levitation sprechen. Andererseits würde man in diesem Falle die Intention der „Geisterwelt" außer Acht lassen.

Die Intention der anderen Seite beim Table Tilting

Obwohl der Begriff des Table Tiltings also relativ ungenau ist, weil damit einerseits das „bewusste" Kippen des Tisches durch die andere Seite beschrieben wird, als auch andererseits Levitationen, die aufgrund geringer Kräfte des Mediums oder sonstiger ungünstiger Beeinträchtigungen nicht vollständig erfolgt sind, ist der Begriff absolut korrekt gewählt, wenn es der Intention der anderen Seite entspricht, dass der Tisch lediglich kippt, aber nicht schwebt. Denn mit einem kippenden Tisch versucht jene Seite mit den Teilnehmern der Séance zu kommunizieren. Hierbei werden meist geschlossene Fragen gestellt, die mit einem Ja oder einem Nein beantwortet werden können und je nach „Nicken" des Tisches wird dann eine Bejahung oder eine Verneinung angezeigt.

Dieser Brauch geht übrigens sehr weit zurück: Die Römer hatten für dieses Nicken einen eigenen Begriff: „nutus" (Nicken). Später wurde das

Wort, das ursprünglich nur „Nicken" bedeutet hatte, auch zum „göttlichen Willen". Das Phänomen lässt sich aber noch weiter verfolgen bis zum Ursprung der Zivilisation: Im alten Ägypten war es Brauch, dass bei bestimmten religiösen Prozessionen die Götterbarke von Priestern aus dem Tempel getragen wurde, sodass sich einmal im Jahr ein Gott wie Amun oder Ptah dem einfachen Volk zeigte – sonst stand er lediglich im Naos, im Allerheiligsten des Tempels und war nur ausgewählten Priestern zugänglich. Anstelle des Tischs galt der einfachen Bevölkerung die Barke als Antwortmedium. Die Lebensenergie bezog die Barke aus den Händen der Priester. Die Bevölkerung richtete geschlossene Fragen an den jeweiligen Gott, während die sanften Bewegungen der Barke, also der nutus, entweder eine Bejahung oder eine Verneinung signalisierten.

Anhand dieses historischen Vergleichs wird freilich luzid, dass es beim Tilting – ich verzichte jetzt bewusst auf das Wort für Tisch, da es sich eben auch um andere Objekte handeln kann – nicht etwa darum geht, ein Objekt levitieren zu lassen, sondern eher darum, ein Objekt als einfaches Kommunikationsmittel zu verwenden. Oftmals greift die andere Seite auf solche Hilfsmittel zurück, wenn sie es nicht vermag, direkt mit den Teilnehmern über Ektoplasma (*voice box*) oder über das Medium zu kommunizieren.

Arten der Kommunikation über Table Tilting

Nicht in jeder Séance wird auf die gleiche Weise respektive mit den gleichen Mitteln durch Table Tilting kommuniziert. Viele Außenstehende haben oft die Vorstellung, allein die Bewegung des Tisches würde jeweils für eine Bejahung oder eine Verneinung stehen. Dies ist selbstverständlich möglich, wie in den obigen Schilderungen dargelegt. Auch die Kommunikation mit der Gottheit funktionierte bei den alten Ägyptern ausschließlich über das „Nicken" der Barke, doch es gibt auch andere Varianten. So setzen manche Medien, welche den Fokus von geschlossenen auf offene Fragen erweitern möchten, Buchstabenwürfel oder Buchstabenplättchen (ähnlich dem bekannten Scrabble-Spiel) ein, welche sie auf den Tisch oder den zu kippenden Gegenstand legen. Dadurch ist es der anderen Seite nicht nur möglich, auf geschlossene Fragen Antworten zu geben, sondern auch auf offene, also auf solche, dich sich nicht mit einer bloßen Bejahung oder Verneinung beantworten lassen. Diese Fragen werden meistens auch W-Fragen genannt, weil sie oftmals mit einem Fragepronomen (Wo? Wie? Wer? Wann? Weshalb?) beginnen. Durch das Kippen des Tisches, welches in den meisten Fällen eher ruckartig geschieht, werden die Buchstabenwürfel oder -plättchen dann so angeordnet, dass sie ein Wort ergeben. Hierfür muss das Medium die Würfel oder Plättchen nicht mehr sortieren, da sie bereits in der richtigen Reihenfolge eng beisammen liegen, während die anderen Würfel oder Plättchen durch die (meist zitternden) Bewegungen des Tisches beiseite geräumt wurden.

Gerade bei letzterer Methode des Table Tiltings können natürlich die Fragen der Teilnehmer wesentlich besser beantwortet werden als bei der ersten Methode. Da aber bei der „Buchstaben"-Variante mehr Gegenstände bewegt werden müssen, ist nach den Gesetzen der Physik auch mehr Energie der Anwesenden und in ganz besonderem Maße des Mediums erforderlich.

Die Rolle des Mediums beim Table Tilting

Wie bei vielen anderen Phänomenen auch – Levitation, Materialisation, *voice box* – fungiert das Medium als Mittler. Von dieser Grundaufgabe, die das Medium neben zahlreichen anderen Aufgaben hat (das Moderieren der Sitzung, das Führen der Teilnehmer, die Gewährung von Sicherheit vor schädlichen Energien etc.), stammt die Bezeichnung Medium selbst. Dieses Wort geht abermals auf das Lateinische zurück und bedeutet „Mittel".

Beim Table Tilting ist das Medium also der Mittler zwischen der anderen Seite und dem Diesseits. Wenn sich mehrere Teilnehmer ohne Medium treffen, um mit einer gemeinsamen, sanften Berührung Lebensenergie auf einen Tisch zu leiten, funktioniert dies zwar, doch die Energie kann wie am Beispiel der leeren Steckdose nicht genutzt werden. Erst durch die Präsenz des Mediums, das die andere Seite kontaktiert und ihr erlaubt, von der kollektiven und insbesondere von der eigenen Energie Gebrauch zu machen, kommt das Phänomen des Tiltings zustande.

Dabei verfügt ein Medium oftmals nicht über mehr Lebensenergie als die anderen Teilnehmer der Séance, kann diese aber wesentlich besser kontrollieren und in die richtigen Bahnen leiten bzw. channeln (nicht zu verwechseln mit Channeling, was etwas völlig anderes ist).

Die Glaubwürdigkeit von Table Tilting: Von Betrügern und unverbesserlichen Skeptikern

Durchsucht man das Internet nach dem Begriff, fällt auf, wie viele Menschen das Phänomen für existent halten. Nicht zuletzt haben dazu einige Internetvideos beigetragen, auf welchen teilweise klar erkennbar ist, dass keine Tricks im Spiel sind und der Akteur offenbar in der Lage ist, einen Tisch kippen zu lassen, obwohl er ihn nur leicht oder gar nicht berührt. Auf einigen dieser Videos ist sogar die Unterseite des Tisches zu sehen, auf der sich keinerlei Vorrichtungen wie Magnete etc. befinden. Auch geht aus den Videos deutlich hervor, dass der Tisch nicht etwa durch einen Fuß oder durch eine Verlagerung seines Schwerpunktes gekippt wurde. Was der Glaubwürdigkeit einiger dieser Videos freilich zuträglich ist, ist, dass sie in HD-Qualität gefilmt wurden.

Andererseits gibt und gab es auch beim Table Tilting schon zahlreiche Betrügereien, bei welchen sich sogenannte Medien irgendeines Mechanismus' bedienten, der für das Kippen des Tisches verantwortlich war. Viele Skeptiker, aber auch viele Neugierige, die an Séancen teilnehmen, führen daher Infrarot-Kameras mit und montieren diese mit Erlaubnis des Mediums so, dass sie etwaige Täuschungsversuche des Mediums aufzeichnen können. Da die meisten Séancen bei relativer Dunkelheit stattfinden, ist es notwendig solche Kameras und nicht etwa gewöhnliche Apparate zu verwenden, da moderne Infrarot-Kameras, die es mittlerweile zu sehr erschwinglichen Preisen gibt, auch in Dunkelheit ein brillantes und scharfes Bild aufzeichnen können.

Zahlreiche Medien begrüßen die Installation solcher Kameras sogar, weil sie von sich selbst wissen, dass sie zu keinen Tricks greifen werden und andererseits Vorwürfen über Täuschungsversuche von vornherein aus dem Weg gehen möchten. Schließlich werden die meisten Medien durch Séancen nicht reich, ferner bedeutet eine Séance für jedes Medium eine Kraftanstrengung. Auf der anderen Seite werden gerade wegen einiger unverbesserlicher Skeptiker, die einem Medium selbst mit Infrarot-

Kameras Betrügereien unterstellen, immer weniger Séancen, bei welchen auf die oben beschriebene Weise mit der anderen Seite kommuniziert wird, für interessierte Fremde angeboten, wodurch jene Sitzungen noch okkulter wirken.

Das geistige Team

Geistführer – Führung aus der Ebene Gottes

Spirituelle Führer oder Geistführer sind Wesen, die nicht mehr in den Inkarnationsprozess eintreten. Sie haben gewählt von der jenseitigen Seite über die Führung eines oder mehrerer irdischer Wesen ihren Beitrag zur Evolution aller Seelen beizutragen. Die Guides wurden bis hierhin einige Male genannt und in Ansätzen wurde auch schon der Versuch unternommen, sie zu erklären. Aber eine klare und ausführliche Erläuterung erscheint an dieser Stelle dennoch angebracht.

Geistführer sind Wesen, die sich ausgesucht haben, mit uns zu arbeiten, um uns mit Wissen und Kenntnissen auszustatten, die man nur persönlich erfahren kann und die auf unserer Ebene schwer vermittelbar sind. Sie assistieren den Menschen auf seinem Pfad zur spirituellen Entfaltung und Erleuchtung. Ihre Entwicklung ist an unsere geknüpft, sodass die Verantwortung eine gegenseitige ist, zwischen Mensch und Führer. Je mehr wir diese Führer wahrnehmen, wenn unsere Medialität fortschreitet, desto mehr kommen wir selbst in die Erkenntnis unseres wahren Ichs. Unser Leben wird zu einem Spiegel ihrer Arbeit, obwohl wir natürlich – genau wie unsere Geistführer – eigenständige, unabhängige Wesen sind, so sind wir doch aus der Einheit aller Seelen hervorgegangen und dienen Gott auf unsere Weise auf beiden Seiten des Lebens.

Geistführer sind hochstehende, geistige Wesen mit einem hohen Wissensstandard, die uns Zuversicht, Entwicklung, Mut und unseren Weg zu Gott zeigen können. Als Intelligenz haben sie viele Inkarnationen auf der Erde verbracht und Wissen gesammelt.

Die Heimat unseres Geistführers ist die geistige Welt. Der himmlische Helfer ist deshalb für uns nicht sichtbar. Dennoch spüren wir sein Einwirken und seinen Schutz häufig als eine Art Inspiration. Manchmal hören wir auch eine Art innere Stimme. Da wir die geistige Welt weder sehen noch hören können, nimmt er in dieser Art und Weise Kontakt zu uns aus. So kann er als Schutzengel wirken, ohne dass wir ihn dafür hören und sehen müssen. So mancher glückliche Zufall, der uns auf unserem Lebensweg bisher widerfahren ist, wird eigentlich ein Eingreifen unseres Helfers aus der geistigen Welt gewesen sein – wir jedoch sehen davon nichts, genauso wenig, wie wir Engel sehen oder hören können. Es bleibt uns eventuell eine Ahnung vom Wirken der Helfer, viele ihrer hilfreichen Handlungen nehmen wir jedoch gar nicht wahr. Auch ihre Gestalt oder ihr Wesen können wir nicht entschlüsseln, wenn uns die medialen Fähigkeiten dazu fehlen.

Bei Interesse an Wesen und Gestalt des Geistführers kann man eine Sitzung bei einem professionellen Medium buchen. Dieses stimmt sich auf die geistige Welt ein und kann dann Kontakt aufnehmen. Sobald der Kontakt hergestellt ist, kann man den himmlischen Helfer näher kennenlernen. Vielleicht erfährt man etwas über seine früheren Inkarnationen, seine physische Gestalt oder sogar über seine Hobbys. Natürlich kann man ihm auch konkrete Fragen zum eigenen Lebensweg stellen, denn schließlich begleitet er einen schon eine lange Zeit!

Für alle Leser dieses Buches haben wir eine wunderschöne Meditation als MP3-Download bereitgestellt. „Begegnung im Licht" ist eine Meditation, die Sie in Kontakt mit Ihrem Geistführer oder einem Verstorbenen bringt. Zugriff erhalten Sie über folgenden Link:

http://www.mediumausbildung.de/begegnung-im-licht

Der mediale Kontakt stellt für viele Menschen eine echte Wende im Leben dar, denn aus der Perspektive des himmlischen Helfers stellen sich die Stationen des eigenen Lebensweges eventuell ganz anders dar, als man sie selbst bisher betrachtet hatte. Der Kontakt kann deshalb helfen, auch schwierige Situationen und Schicksalsschläge in einem ganz neuen Licht erscheinen zu lassen und in den Lebensplan einzuordnen. Auch bei Plänen, die man für die Zukunft hegt, kann man den himmlischen Begleiter nach seiner Meinung befragen und sich so Hilfestellung und Rat suchen. Dies beschert jedem Menschen ganz neue Inspiration und Eingebungen für Entscheidungen. Dementsprechend ist der mediale Kontakt eine echte Bereicherung – selten wird man jemanden treffen, der einen so gut kennt wie der eigene himmlische Helfer, der einen schon ein ganzes Leben begleitet hat.

Geistführer kommunizieren mit Menschen durch die Gabe der Medialität, durch Träume und durch Inspiration. Sie versuchen uns Hilfestellung zu geben, nehmen uns aber Entscheidungen nicht ab. Je besser ein Medium ausgebildet wird, desto eher können Geistführer und Medium einander verstehen. Die Kommunikation entsteht über die verschiedenen Kanäle des Mediums. Dabei wird der menschliche Körper als Instrument für ätherische Kommunikation benutzt und das Leben des Mediums kann unglaublich bereichert werden, wenn beide Seelen einen synchronen Weg finden, sich miteinander auszutauschen. Dieses Band geht weit über den Tod hinaus, es wirkt ewig.

Guides ermutigen dazu, sich auf die eigene, innere Stimme zu verlassen. Es ist für sie wichtiger, dass man sich auf die eigene Stimme verlässt, als dass man sich auf sie verlässt. Ein Guide wird niemals versuchen, einen Menschen zu manipulieren oder zu kontrollieren, und hilft einem lediglich dabei, sich auf der Seelenebene zu entwickeln.

Ein Guide würde es niemals wagen, zu intervenieren, wenn er nicht darum gebeten wird. Die Geisterführer wissen, dass das, was wir lernen müssen, auch nur von uns selbst erfahren werden kann. Eigene Erfahrung bildet die Grundlage für jeden, der sich weiterentwickeln möchte. Im Gegenzug werden Guides jedem helfen und ihn unterstützen, wenn man sie darum bittet.

Verbindungen mit dem Geistführer

Oft, aber nicht immer, beginnt der Kontakt zu einem Guide im Traum. Es ist ein häufiges Phänomen, dass man mitten in der Nacht erwacht und nicht im Geringsten ahnt, aus welchem Grund. Bei Blavatsky und anderen kann man nachlesen, dass die Grenze bzw. der Schleier zwischen den Ebenen bei Nacht am geringsten ist, besonders, wenn die Nacht sich dem Morgengrauen nähert. Auch in der katholischen Kirche wurde diese Erkenntnis verbreitet, indem nämlich gesagt wurde, dass die Engel in der Nacht am wahrscheinlichsten zu einem kommen.

Daher erleben viele Menschen um diese Zeit sehr lebhafte Träume oder werden durch einen Geistführer geweckt, in der Hoffnung, dass man einen Kontakt zu ihnen aufbaut. Denn dann befinden wir uns in den Bewusstseinsebenen, auf denen es der geistigen Welt leichter fällt, den Kontakt zu uns aufzunehmen.

Am Anfang hatte ich immer Angst die geistige Welt zu sehen und ich betete ganz laut: „Ich arbeite gern für Euch, aber ich möchte Euch nicht sehen." Und genau so war es. Sie respektierten unsere Entscheidungen. Dann kam die Zeit, wo ich langsam mutiger wurde und sie bat: „Ich bin jetzt bereit euch wirklich zu sehen, aber bitte erschreckt mich nicht."

Mittlerweile kann ich sie oft sehen, nicht immer, aber immer öfter. Meinen Geistführer kann ich allerdings immer sehen. Bei jedem Seminar bekomme ich so ein Feedback durch seine Präsenz und oft ändert die geistige Welt Übungen, die ich eigentlich mit der Gruppe geplant hatte. Immer ist es zu Gunsten der Gruppe, die eine etwas andere Lernaufgabe braucht. Ich bin nie alleine beim Lehren. Immer befinden sich mehrere Wesen aus der geistigen Welt in meinem Seminarraum, und über Inspiration und Hellhören erhalte ich meine Anweisungen. Es ist ein wunderbares Gefühl so dirigiert zu werden und oftmals ist die Inspiration so hoch, dass alle die Anwesenheit dieser Wesenheiten spüren und magische Momente entstehen.

Verschiedene Arten von Geistführern

Obwohl man von Geistführern bzw. Guides generell spricht, gibt es verschiedene Arten unter ihnen, von denen jede einen anderen Zweck oder Sinn verfolgt. Ein wenig ist das vielleicht mit unseren Berufen vergleichbar. Ein Erzieher hat z.B. offensichtlich eine andere Aufgabe als ein Mediziner. Ein Guide wird zu dem Zweck passen, zu dem man ihn kontaktiert, jedoch hängt es oft von unserer Energie und unserer Entwicklung ab, welchen geistigen Helfer man kontaktieren kann. Alles, auch dies, unterliegt den spirituellen Gesetzen von Resonanz und Anziehung.

Guides, die beim Erwachen helfen

Derzeit erwachen viele Menschen und erinnern sich ihrer spirituellen Herkunft. Sie benötigen Hilfe auf ihrem Weg zur Erkenntnis und dem Sinn ihres persönlichen Lebens und dies ist die Stelle, an der die Geistführer ins Spiel kommen. Sie sind da, um uns bei dem wesentlichen Prozess zu helfen, der uns zu Wesen macht, die wissen, was sie sind und weshalb sie hier auf dieser Erde weilen.

Ein Geistführer kann in einer ganzen Reihe von Arten erfahren werden. Manche Menschen sehen ihre Guides. Von diesen Channels werden die Guides meist als menschliche Gestalten von klarem und hellem Wesen beschrieben. Diese Guides scheinen meist diejenigen gewesen zu sein, die früher einmal selbst einen physischen Körper hatten. Beim Channeling erscheint es so, als seien diese Körper eine Art Reflexion des physischen Körpers.

Andere hingegen werden nur empfunden, gefühlt oder sensorisch wahrgenommen. Ein Windhauch, ein Summen, ein Antippen auf der Schulter oder Stirn oder eine Zuckung im eigenen Körper, auch emotionale Regungen wie ein intensiver Glücksschwall oder ein Gefühl von Liebe sind keine Seltenheit.

Die erste Kontaktaufnahme ist oft ganz vorsichtiger Natur. Man will uns ja schließlich nicht erschrecken. Leider wird dies oft nicht von uns wahrgenommen, doch fast immer erzählen Menschen, dass dort ihre Sehnsucht begonnen habe und dieses Gefühl ist oft der Beginn der medialen und spirituellen Reise. Die Sehnsucht nach der Alleinheit, nach Hause zu kommen und den Weg zurück zu Gott zu finden und das Leben unter einen helleren und leuchtenderen Stern zu stellen.

Persönliche Geistführer

Jeder Mensch hat einen persönlichen Geistführer. Die Beziehung zu ihm ist am intensivsten und wird einen durch das eigene, gesamte Leben begleiten und sich auf einen als Individuum konzentrieren. Den Namen unseres Geistführers zu kennen ist nicht wichtig. Das hilft uns, uns ihn in „echt" vorzustellen und es macht ihn realer. Doch der Name ist eigentlich irrelevant. Oft geben sie uns einen Namen, mit dem wir persönlich etwas verbinden und es verbirgt sich dennoch eine ganz andere Energie hinter diesem Wesen, das wir am Anfang oft nicht in der wahren Größe erfassen können.

Ist der Kontakt zum persönlichen Guide einmal gefestigt, so besteht er dauerhaft und es wird immer leichter, diesen auch im Alltag herzustellen. Es ist so, als wäre ein solcher persönlicher Guide nur einen kleinen Schritt von unserem natürlichen Bewusstsein entfernt. Doch wir sollten auch nie vergessen, ihm ein Dankeschön zu geben.

Es gibt Wesen, die zu einem inneren Zirkel gehören und oft ist unser Hauptgeistführer die Stimme eines solchen Kollektivs. Es sind oft zehn bis fünfzehn geistige Wesen in diesem inneren Zirkel, die uns in unserem Leben unterstützen und oft können wir ihnen in der Meditation begegnen.

Heilende Guides

Ein Medium, das als Heilmedium arbeitet, scheint eine Besonderheit darzustellen. Denn oft sind diese Menschen schon, bevor sie sich bewusst sind, was sie tun, von Natur aus sehr fortgeschrittene Kanäle und haben auch im Leben oft sehr viel erlebt und überwunden. Häufig zeigt sich, dass sie seit langer Zeit bereits als Kanal gearbeitet haben, sich aber dessen nie bewusst waren. Sie spürten die Energie, aber wussten nicht, woher sie kam oder wie man sie aktiv hervorruft.

Zu heilenden Geistführern besteht oftmals kein verbaler oder direkter Kontakt. Sie arbeiten stattdessen mit Farben, Energien, Frequenzen und Vibrationen und gebrauchen keinerlei Worte, egal, was sie genau tun und mit und durch welches Medium sie arbeiten. Daher ist die Bindung zu einem heilenden Guide weniger direkt als bei einem persönlichen Guide und beruht mehr auf Führung. Heilende Medien haben daher meist mehr als einen Guide.

Diese Geistführer im heilenden Bereich können verstorbene Ärzte, Heiler, Kräuterkundige oder andere sein. Ab und an erlebt man unglaublich hohe Frequenzen wie zum Beispiel die Frequenz einer Christusenergie oder die heilende Frequenz eines Engels.

Kreative, inspirierende Geistführer

Eine ganze Bandbreite an Guides widmet sich der Erschaffung von kreativen, wissenschaftlichen und schöngeistigen Dingen. Es betrifft alle möglichen, denkbaren Felder: Sie schaffen Musik, Kunst, Wissen usw. Viele Menschen channeln diese kreativen Guides, oft ohne zu wissen, dass sie es tun.

Bei sehr kreativen Menschen ist es nicht selten, dass sie Phasen erleben, in denen sie der Tagträumerei verfallen, die zum Teil einfach mit Fantasiemomenten zu tun haben, aber auch sehr intensiv und tief erlebt werden können. Dies stellen Momente der Inspiration dar, in denen sie sich mit ihren kreativen Guides verbinden. Viele Augenblicke, die wir als inspirativ wahrnehmen, stammen von solchen Guides. Sie sind oft von einer sehr reinen Energie und einer hohen Frequenz.

Vor ihrer körperlichen Existenz scheinen sich solche Menschen, die kreative Guides hervorrufen, dem kreativen Leben und der Kunst verschrieben zu haben und sie halten oftmals ihr Leben lang fest an dieser Lebensaufgabe.

Es ist offensichtlich, dass die künstlerischen und kreativen Guides komplett ausgerichtet sind auf die Aufgabe, der sich eine solche Wesenheit verschrieben hat. Es scheint außerdem so, dass sehr kreative Menschen – wie sie nur selten in unserem Leben vorkommen – natürliche Kanäle sind, auch wenn sie sich dessen nicht bewusst sind.

Es existieren viele Erzählungen darüber, dass Komponisten oder andere Musiker ihre Musik hören, ob im Traum oder sogar im bewussten Zustand. Auch von Wissenschaftlern wird berichtet, die ihre Forschung oder ihre Erkenntnisse durch einen Traum entscheidend voranbringen konnten. Vielleicht ist der bekannteste Vorfall dabei die Entdeckung und Entschlüsselung der Struktur der menschlichen DNA, die bei der Ausbildung des menschlichen Körpers und der Weitergabe der Erbeigenschaften eine entscheidende Rolle spielt.

Francis Crick, der zusammen mit James Watson die DNA entschlüsselte, „sah" im Traum die charakteristische Doppel-Helix-Struktur der Moleküle in Form einer Wendeltreppe, ohne ahnen zu können, dass die DNA tatsächlich so aufgebaut sein würde. Er war auch im wachen Zustand dazu in der Lage, diesen inspirierenden Traum für seine wissenschaftliche Arbeit zu benutzen, war sich jedoch nicht der tieferen Bedeutung des Träumens bewusst und erzählte von dem Traum als eine witzige Anekdote (später in den 80ern stellte ausgerechnet Crick die Theorie auf, dass wir träumen, um zu vergessen).

Engel und Lichtwesen

Engel können zu den unterschiedlichsten Zwecken gechannelt werden. Wie schon erwähnt, stehen sie gerne den Heilern bei, da ihr Zweck anderen zu helfen genau dem Zweck entspricht, den sie selbst verfolgen. Sie setzen aber auch häufig als erster Kontakt ein, um – wie die erste Kategorie der Guides – beim Channeln zu helfen. Bei der Einführungsphase öffnen sie die Channels regelrecht und lassen ein Gefühl von intensiver Freude und Klarheit in ihnen aufkommen, um zu zeigen, dass das, was sie tun, gut und richtig ist und dass sie diesen Weg weiterhin einschlagen sollten.

Sie führen einem angehenden Medium auch Energie zu, damit die Energie, die die Person selbst in sich trägt, reicht einen Guide eigenständig zu channeln. Denn die Energie vieler Menschen reicht zu Beginn gerade nicht aus, um das Energielevel stabil zu halten, das ein Medium beim Channeln benötigt. Engel sind komplett darauf ausgerichtet, zu helfen und interessieren sich auch sehr stark für das, was auf der Erde geschieht.

Da Engel eine sehr hohe Frequenz haben und das Energielevel bei ihnen wohl am höchsten ist, stellen sie gerade für Anfänger eine große Hürde dar. Die Unsicherheit eines Mediums am Anfang bringt häufig nicht den erforderlichen Bewusstseinszustand hervor, der nötig ist um mit einer solch hohen Frequenz zu kommunizieren. Darüber hinaus sind Anfänger oft noch sehr undiszipliniert oder suchen den Sinn und ihre Aufgabe im Leben.

Häufig bauen Engel eine Verbindung zu uns auf, ohne dass wir wissen, was vor sich geht. Wir empfinden auf einmal ein Gefühl höchster Freude, von Offenheit, von Hoffnung und Liebe – all dies sind die Emotionen, die Engel bei Kontakt mit all ihrer Intensität hervorrufen.

Der Doorkeeper

Sollten Sie sich irgendwann einmal als Medium mit Trance oder physikalischer Medialität beschäftigen, dann ist es unabdingbar, dass Sie Ihren Doorkeeper kennenlernen. In der Trance steht er wie ein Türwächter am Eingang zu Ihrem Bewusstsein und achtet darauf, dass Ihre Trance für Sie sicher abläuft und dass Sie behütet und beschützt sind.

Man könnte ihn auch ein wenig den Trancekontrollführer nennen, das beschreibt sein Aufgabengebiet besser. Diese Beziehung ist sehr eng und dem Doorkeeper würde ich mein Leben anvertrauen.

Man kann ihn spaßeshalber vergleichen mit einem Rausschmeißer und Türsteher in einer Diskothek, nur dass es hier keine Party gibt, sondern eine Trance. Als reines Jenseitskontaktmedium wird man ihm schwerlich begegnen, doch wenn Sie sich mit bewusstseinserweiternden Methoden beschäftigen dann brauchen Sie ihn und Sie sollten nicht anfangen, ohne dieses Verhältnis etabliert zu haben.

Die Séance – Manifestation aus dem Dunkeln

Am besten beschreibe ich eine typische Séance. Allerdings muss ich direkt anmerken, dass es so etwas wie eine typische Séance eigentlich gar nicht gibt, da es ganz individuell von den Gegebenheiten des Mediums und der anwesenden Sitter abhängt, ob und welche Phänomene auftreten können.

Im Normalfall sitzen zwischen fünf und 12 Menschen zusammen in einem komplett abgedunkelten Raum. Selbst die Türschlösser sind abgeklebt. Die Sitter sitzen in einem Halbkreis um das Kabinett, in dem das Medium Platz nimmt. Oftmals wird das Medium gefesselt und geknebelt um sicherzustellen, dass wirklich die geistige Welt die Gegenstände bewegt.

In die Mitte werden oft Gegenstände gelegt, wie eine Trumpet oder ein kleiner Tisch, kleinere Musikinstrumente wie eine Mundharmonika oder eine Rassel und Trommelstöcke. All diese Gegenstände sind mit einem fluoreszierenden Band versehen, damit man im Dunkeln sehen kann, ob sich diese bewegen. Leeres Papier und ein Stift werden auch oft auf den Boden gelegt, denn es kann sein, dass manchmal auch jemand aus der geistigen Welt schreibt. Schriftstücke können aber auch im Séanceraum materialisiert werden.

Während das Medium nun in die Trance geht, sprechen die anwesenden Sitter ein Gebet und laden die geistige Welt ein an diesem Abend anwesend zu sein. Dabei wird sehr viel Wert im Gebet auf Schutz gelegt und alle Energien, die nicht aus der Liebe Gottes stammen, werden ausgeschlossen.

Die Musik beginnt zur Energieverstärkung von einer CD zu spielen und alle fassen sich an den Händen. Am Anfang gilt es sehr leise zu sein, da jedes abrupte Geräusch das Medium schlagartig zurück in seinen Körper bringen kann. Das würde in diesem Stadium sehr starke Schmerzen verursachen und kann bis zum Tod führen. Viele Medien der Vergangenheit wie Alec Harris und Helen Duncan mussten in dem Zusammenhang grauenvolle Erfahrungen sammeln und brauchten viele Monate, um sich zu erholen.

Sobald die Energie hoch genug schwingt, wird die Stimme des Trancekontrollers durchkommen. Ein anderes Wort wäre „Doorkeeper" oder Türwächter. Diese Wesenheit beschützt das Medium und lässt nur ausgewählte Energien durch. Oft wird die Gruppe auch gebeten, lauter zu singen um die Energie weiter anzuheben.

Wenn sich die geistige Welt persönlich an einen Sitter wendet, sollte man antworten. Oftmals ist es ein wunderbarer, fröhlicher Abend mit viel Humor auf beiden Seiten des Lebens. Ist die Energie hoch genug, können weiter Geistwesen durchkommen. Manchmal sind es Geistführer oder spirituelle Lehrer aus der geistigen Welt, die ihre Ansicht zu einem Thema oder zu einem Weltgeschehen darlegen. Manchmal wird auch jeder Sitter reihum von der geistigen Welt mit Namen begrüßt und man nimmt Bezug auf Dinge, die seit dem letzten Zirkel im Leben des Sitters passiert sind. Somit wird sichtbar, dass die geistige Welt wirklich alles sehen und beobachten kann.

Manchmal darf ein Sitter aufstehen und nach vorne zum Kabinett kommen. Dies dient dazu, dem Sitter ein Geschenk, einen Apport, aus der geistigen Welt zu überreichen. Dieser Apport kommt entweder aus der Trumpet und manchmal auch aus dem Mund des Mediums. Allerdings kann man in Dunkeln nicht sehen, was es ist. Man hört oft beim Herunterfallen aus der Trumpet ein klingendes, klirrendes Geräusch. Der Guide erklärt dann, wozu der Apport dient. Ob er zur Meditation einzusetzen ist, zur Heilung oder vielleicht auch eine ganz besondere Bedeutung für den Sitter hat. Mehr darüber erfahren Sie später.

Wenn sich die Séance dem Ende zuneigt, spricht oft der Doorkeeper noch ein wenig zur Gruppe und oftmals gibt es die letzten Minuten noch eine Art Lightshow mit wirbelnden Trumpets und rasselnden und trommelnden Gegenständen in der Luft, begleitet von Stimmen aus der geistigen Welt. Danach werden noch so lange Lieder gesungen, bis das Medium zurück ist aus der Trance und sich bemerkbar macht. Erst dann kann vorsichtig das Licht angeschaltet und die Erfahrungen ausgetauscht werden. Die Séance endet mit einem Schlussgebet und einem Dankeschön an die geistige Welt.

Das Kabinett und der Séanceraum

> *„Er errichtete den Vorhof um die Wohnstätte und den Altar und ließ den Vorhang am Tor des Vorhofs aufhängen. So vollendete Mose das Werk. Dann verhüllte die Wolke das Offenbarungszelt und die Herrlichkeit des Herrn erfüllte die Wohnstätte."*
>
> *Buch Exodus, 2. Mose, 33-34*

Das Kabinett hat nichts mit einem Gruselkabinett zu tun. Das Wort kommt aus dem italienischen, *il cabinetto,* und bezeichnet ein kleines Kämmerchen oder ein Hinterzimmer.

Im medialen Sprachgebrauch benutzt man bei physikalischen Séancen ein Kabinett. Man kann es sich als eine Art Umkleidekabine vorstellen, die an drei Seiten und der Decke aus Holz ist und vorne mit zwei Vorhangschals verschlossen werden kann. Manche Kabinette haben auch nur einen einzigen Schal.

Die Kabinette sind oft schwarz gestrichen und bestanden vor hundert Jahren aus Edelholz.

Das Medium sitzt oft gefesselt und geknebelt auf einem Stuhl oder Sessel im Kabinett und geht, wenn das Licht aus ist und der Vorhang zugezogen wird, in Trance. Das kann innerhalb von Sekunden geschehen, da die geistige Welt hierbei hilft. Mein Mann bezeichnet es oft als ein erst sanftes Hinübergleiten, gefolgt von einem Ziehen am Hinterkopf. Dann geht ihm im wahrsten Sinne des Wortes das Licht aus. All das passiert innerhalb weniger Minuten. Manche Medien benutzen aber auch eine Technik, die man holotropes Atmen nennt. Man führt sich selbst über eine gezielte vertiefte und beschleunigte Atmung in einen Zustand der Hyperventilation und gelangt dadurch in einen tiefen Trancezustand.

Die meisten physikalischen Medien haben in einem solchen Kabinett gesessen. Berühmte Medien wie Alec Harris hatten oft nur einen Stuhl in einer Ecke, durch einen Vorhang vom Rest des Raumes abgetrennt. John Campbell Sloane saß mit Arthur Findlay zusammen in einem Raum, ohne ein Kabinett oder einen Vorhang.

Man benutzt ein Kabinett aus zwei Gründen. Die geistige Welt muss während der ganzen Zeit nicht nur die Energien im Raum kontrollieren, sondern auch die Energie des Mediums. Wird das Medium separiert und ein Raum im Raum geschaffen, in dem das Medium unter Kontrolle ist, so lässt sich dies leichter bewerkstelligen. Ein geistiges Team kümmert sich um das Medium, während ein anderes Team vor dem Kabinett im Raum Phänomene wie schwebende Trumpets, Tische und andere Dinge entstehen lässt. Dabei arbeiten beide spirituelle Teams Hand in Hand.

Der Séanceraum ist heiliger Boden. Das Kabinett dagegen stellt das Allerheiligste im heiligen Raum dar. Hier wirken Gottes Gesetze der Schöpfung und der Himmel kann im wahrsten Sinne des Wortes auf die Erde kommen. Was in der Bibel als Wolke Gottes bezeichnet wurde oder als Od-Energie ist die Lebensenergie des Mediums, die von der geistigen Welt benutzt, transformiert, mit neuen Ingredienzen vermischt, verdichtet und geformt wird. Heute bezeichnet man diesen Stoff als Ektoplasma. Vor zwei Jahrhunderten trug dieser Stoff auch den Namen Fluidum oder die Bezeichnung „feinstofflicher Körper". Da es sich hier um die Lebensenergie des Mediums handelt ist es ein ungeschriebenes Gesetz im Séanceraum, das niemand diese Erscheinungen berühren darf, es sei denn, die geistige Welt berührt einen. Dabei entsteht neue Schöpfung, die auf dem kleinsten Raum kontrolliert werden kann, im Kabinett. Dazu braucht es viele spirituelle Helfer, Wissenschaftler und Ärzte in der geistigen Welt, die bei jeder Séance anwesend sind, um das Medium zu beschützen.

Eine derartige Schöpfung kann niemand auf der irdischen Ebene vollbringen, daher ist die göttliche Gegenwart im Kabinett und im Séanceraum spürbar. Ohne das Vertrauen des Mediums, das sich in einer Art Bewusstlosigkeit befindet, in seine geistigen Helfer wäre ein solcher Akt undenkbar.

Da aus Erfahrungen der Vergangenheit in den letzten 150 Jahren immer wieder Sitter Gebote in diesem Raum missachteten und aus Egoismus oder Neugier den Anweisungen nicht Folge leisteten, musste so das Medium einen geschützten Raum bekommen, in dem das heilige Wunder der Schöpfung stattfinden kann.

Aus diesem Kabinett heraus vollziehen sich alle diese Wunder, die bereits in der Bibel erwähnt werden wie Levitation, Erschaffung neuen, zeitlich begrenzten Lebens, direkte Stimmen aus der göttlichen Ebene, Materialisationen von Verstorbenen und Geistführern, spirituellen Händen, die die Sitter berühren.

Sollte also etwas im Séanceraum außer Kontrolle geraten, so kann dennoch im kleinen Raum die Energie besser kontrolliert und gewahrt werden. Bei einem solchen Fall zieht sich das Ektoplasma sofort zurück ins Kabinett und dann zurück ins Medium unter Aufsicht der geistigen Helfer und Führer. Ohne die tiefe Hingabe des Mediums und die Liebe der geistigen Führer ist eine solche Séance nicht möglich. Das Medium ist dabei in einer tiefen Trance, der Volltrance.

Die Trumpet

Die Trumpet oder Trompete ist ein Gegenstand im Séanceraum, der auch heute noch zum Einsatz kommt. Sie ist geformt wie ein konischer Zylinder. Sie kann die Größe und Form einer Schultüte haben und aus unterschiedlichen Materialien bestehen.

Während einer Séance, wenn die Energie aufgebaut worden und das Ektoplasma ausgeströmt ist, werden aus diesem Stoff sogenannte *rods* geformt. Sie können die Form von Stangen annehmen oder wie Hände geformt sein oder wie Stangen, an deren Ende Hände aus Ektoplasma sind. Damit wird die Trumpet empor gehoben und beginnt zu levitieren und im Séanceraum zu kreisen. Ich habe es schon erlebt, dass die Trumpet vor einer Person stoppt und Stimmen aus dem Trichter hörbar werden. Dabei funktioniert der Trichter als natürlicher Schallverstärker. Die Bewegungen können von einer unglaublichen Geschwindigkeit sein. Dabei ist es durchaus möglich, dass mehrere Trumpets gleichzeitig in der Luft sind. Häufig bewegen sich diese levitierten Gegenstände im Takt der Musik.

Die Trumpets wurden zu Beginn des 19. Jahrhunderts populär und von bekannten Medien wie Etta Wriedt und Jonathan Koons benutzt. Jonathan Koons war einer der ersten, der eine solche Trumpet einsetzte. In Athens, Ohio, in seinem Séanceraum pflegten die Geistwesen durchzukommen. Sie begannen den Abend, indem sie laut allen Anwesenden einen Guten Abend wünschten und danach fragten, welche Art Materialisierung sie sehen wollten. Meistens sind irgendwo an der Trumpet fluoreszierende Klebebänder befestigt, die im Dunkeln leuchten, sodass jeder im Raum die Bewegungen der Trumpet nachvollziehen kann. Ist die Energie im Séanceraum gut, kann es auch zu *direct voice* Phänomenen kommen. In der alten Zeit nutzten Geiststimmen, die der Kommunikation zwischen dem Jenseits und dem Diesseits noch nicht so kundig waren, diese Trumpets, um ihr schwachen Stimmen anzuheben und zu verstärken. Eine Trumpet Séance dauert zwischen ein bis drei Stunden, je nachdem, wie viel Energie die anwesenden Sitter aufbringen können. Meistens fällt irgendwann die Trumpet zu Boden. Dies gilt auch heute noch vielerorts als das Einläuten des Endes der Séance.

Apporte

Ein fortgeschrittenes Medium erlaubt es der geistigen Welt sogenannte Apoorte durchzubringen. Das sind kleine Geschenke wie Ringe, Edelsteine, Armreifen, Nüsse, Steine, Muscheln oder ähnliches.

Oft haben sie eine Bedeutung für den Empfänger. Manchmal wird dem Empfänger während der Séance mitgeteilt, dass das apportierte Objekt einem besonderen Zweck dient wie der Heilung oder der Fokussierung während der Meditation. Aber ganz oft ist es auch nur ein Dankeschön.

Apporte werden von außerhalb, von irgendwo aus der Welt, in den Séanceraum gebracht. Dabei manipuliert die geistige Welt die Atome und molekulare Struktur des Gegenstandes und bringt diese in eine ganz hohe Schwingung. Gegenstände, die für uns solide aussehen, sind in Wirklichkeit nur ganz langsame Schwingungen von Materie, dadurch werden sie sichtbar. Wird die Vibration erhöht, so ist es möglich, diese Gegenstände unsichtbar zu machen und durch solide Strukturen wie Wände in den Séanceraum zu befördern. Dabei entsteht eine ungeheure Hitze, die man auch fühlen kann, wenn einem der apportierte Gegenstand in die Hände fällt. Einen Transport von außerhalb in den Séanceraum nennt man einen Apport. Das Verschwinden eines Gegenstandes aus dem Séanceraum wird mit dem Begriff Asport bezeichnet. Der Vorgang dazwischen heißt Teleportation.

Keith Rhinehart war ein sehr bekanntes Materialisierungsmedium. Seine Apporte sind legendär in ihrer Größe und wurden oft durch den Körper von Keith sogar bei hellem Tageslicht in einem Raum materialisiert.

Physikalische Phänomene im Séanceraum

Physikalische Phänomene sind Phänomene, die sich normalerweise ausschließlich im Dunkeln manifestieren, da die benötigte Substanz – das Ektoplasma – absolut lichtempfindlich ist. Viele Medien der Vergangenheit nahmen körperlichen Schaden, wenn plötzlich Licht in den Séanceraum fiel. Was macht nun ein physikalisches Phänomen so besonders?

Physikalische Erscheinungen sind für jeden Menschen sichtbar. Ihr Wirken wird also nicht über die Hellsinne eines Mediums wahrgenommen, sondern über die objektiven Sinne. Jeder Anwesende kann diese Phänomene demnach wirklich hören, sehen, riechen und fühlen. Es gibt viele unterschiedliche Phänomene, doch fast allen liegt ein Baustoff zugrunde – Ektoplasma. Mithilfe des Ektoplasmas kann die geistige Welt im Séanceraum Schöpfung entstehen lassen. Mein Geistführer versuchte es zu erklären, da ich nicht verstand, warum die absolute Dunkelheit herrschen musste, wenn solche Phänomene bzw. Schöpfungen von Materie stattfanden.

Er erklärte es so: „Wenn ein Mensch geboren wird, muss er auch erst neun Monate in der Dunkelheit verbringen. Dort wird um den Lichtfunken seiner Seele Materie um Materie angehäuft, bis der Mensch bereit ist, ins Licht des Lebens entlassen zu werden."

Nun, niemand würde neun Monate in einem dunklen Séanceraum verbringen, das mag die Erklärung sein, warum diese Materialisationen so flüchtig sind in ihrer Erscheinung.

Dennoch ist es spektakulär, Zeuge solcher Manifestationen zu sein. Mein Mann und ich durften vieler solcher Séancen beiwohnen, sowohl in England als auch bei uns zu Hause in unserem eigenen Séanceraum. Hier eine kurze Beschreibung meiner ersten Séance bei einem australischen Medium. Sie war atemberaubend und elektrisierend zugleich und wie immer zeigte die geistige Welt ihre Intelligenz.

Wir waren in England im Urlaub und hatten eine Séance bei einem australischen Medium gebucht. Am Abend der Veranstaltung nahmen wir mit 40 Personen im Séanceraum Platz. Das Licht ging aus. Nie wieder erlebte ich eine solche fundamentale Dunkelheit wie damals. Mein Herz klopfte zum Hals heraus und ich musste tief durchatmen, um mich zu beruhigen. Dann wurde das Eröffnungsgebet gesprochen und die Musik setzte vom Band ein. Alle sangen mit und halfen, die erforderliche Energie zu kreieren. Niemand kannte uns dort. Vielleicht sollte ich vorausschicken, dass ich sehr müde war und mit dem Gedanken spielte mich von der Medialität zurückzuziehen. Vierzig Seminare pro Jahr waren einfach zu viel. Ich hatte noch nicht einmal mit meinem Mann darüber gesprochen. Niemand wusste von diesen Gedanken.

Über die an sich schon laute Musik ertönte ein unglaublich lautes Geräusch, als würde man einen überdimensionalen Speer auf den Boden immer und immer wieder aufstampfen lassen und die erste Stimme kam durch. Wir alle begrüßten die Stimme, die von irgendwoher aus der Mitte des Raums kam. Dann hörten wir Schritte, die zu einer Dame aus der Schweiz auf die andere Seite gingen und die Stimme unterhielt sich eine Weile mit ihr. Schließlich fragte William, die Manifestation aus der geistigen Welt, ob sie berührt werden wollte und natürlich bekam er ihre Zustimmung. Völlig atemlos sagte sie: „Er berührt mich. Er hat unglaublich große Hände und seine Hände sind überall an meinem Kopf. Das ist toll."

Danach fragte William: „Wo ist die andere Lady aus dem Ausland?" Er konnte nur mich meinen. Mein Herz blieb fast stehen und augenblicklich schossen mir die Tränen in die Augen. Seine Schritte kamen quer durch den Raum auf mich zu. Es war dunkel und nur die Schritte waren zu hören. Schließlich endeten seine Schritte vor meinen Knien und die Stimme sprach von ganz oben: „Good evening or shall I say, Guten Abend." Das Eis war gebrochen und ich musste lachen, doch ich wurde sofort wieder ernst, denn nun begann seine Rede an mich. Er dankte mir für meinen Einsatz für die geistige Welt und bat mich, nicht aufzuhören, denn ich wäre seit langer Zeit dafür ausgesucht worden und es würde noch so vieles auf mich warten. Er wäre die Stimme von vielen in der geistigen Welt, die bereits warten, um durch mich zu arbeiten und Botschaften und Wissen auf die Erde zu bringen. Er dankte mir, dass ich eine Quelle der Kraft wäre um andere Menschen medial zu entwickeln. Er strich mir über die Wange und augenblicklich hüllte mich eine solche Liebe ein, dass ich wieder weinen musste. Damit war alles klar. Ich habe es ihnen natürlich versprochen. Die Rede ging noch weiter und er berührte mich und diese Energie, die mich einhüllte, werde ich nie vergessen.

Im Laufe des Abends schwebten Trumpets in der Luft, ich sah die Hände eines geistigen Kindes, die einen fluoreszierenden Ball vor mich hielten und immer wieder Stimmen. Verstorbene, die über *direct voice* zu ihren Zurückgeblieben sprachen. Geistige Stimmen, die mitsangen. Ein Phänomen wechselte das andere ab. Es war unglaublich und niemals werden mein Mann und ich diese Erfahrung vergessen. Seitdem besuchten wir einige Séancen und sitzen selbst im Dunkeln in unserem Séanceraum und geben unsere Zeit in die Hände der geistigen Welt.

Es kann Jahre dauern, bis sich Phänomene entwickeln. Viele Medien sitzen Jahre, bis die ersten Erscheinungen auftauchen. Doch immer wieder ist es unbeschreiblich in der Energie von ihnen zu sitzen, denn dass sie da sind, kann jeder spüren, der einmal in einer solchen Umgebung saß.

Es ist eine Dunkelheit, die sich wie der tröstende Schoß einer Mutter anfühlt und jeder spürt, dass viele Wesen dort sind. Die Brücke, um die beiden Welten Gottes zu vereinen, ist Liebe. Diese Liebe ist spürbar und jeder, der das erlebt hat, hat nie wieder Angst vor der Dunkelheit.

Wir gehen oft mit unseren Schülern in den Séanceraum, denn nirgends lässt sich so viel über Energie lernen, wie in einem solchen Setting.

Doch in einer richtigen physikalischen Séance braucht es Ektoplasma, um Dinge zu bewegen und um eine künstliche Kehle zu bilden, denn dadurch wird die Kommunikation außerhalb des Körpers des Mediums erst möglich.

Ektoplasma – Der Baustoff Gottes

ls Ektoplasma wird seit dem Nobelpreisträger und Physiker Charles Richet jene Substanz beschrieben, die sich während Séancen am Medium oder auch losgelöst vom Medium zeigen kann.

Man versteht unter dem Ektoplasma eine Lebenskraft, die sich in zahlreichen Aggregatzuständen, auch solchen, die wir von „natürlicher" Masse nicht kennen, manifestieren kann. So wurden zahlreichen Berichten zufolge Teilnehmer, welche nass wirkendes Ektoplasma berührt hatten, nicht wirklich nass und als sich die Substanz zurückzog, hinterließ sie keine Spuren, wie es etwa Wasser getan hätte.

Der Begriff des Ektoplasmas ist allerdings gerade wegen dieser zahlreichen Aggregatzustände, in welchen die Substanz auftreten kann, sehr weitläufig gewählt. Bei gefrorenem Wasser sprechen wir beispielsweise von Eis, bei flüssigem Wasser von Wasser und bei verdampftem Wasser von Nebel oder Dampf. Ektoplasma kann in allen drei Aggregatzuständen vorkommen, wird jedoch immer nur Ektoplasma genannt. Dieser Tatsache ist es auch geschuldet, dass das vom Medium produzierte Ektoplasma nicht auf allen Fotografien und auf allen Séancen gleich aussieht. Die Konsistenz, die Form, ja, sogar die Farbe kann verschieden sein.

Ein weiterer Begriff der Esoterik für das Ektoplasma ist auch das Od oder der Odem. Dieser wird nicht von jeder spiritistischen Gemeinschaft in gleicher Weise verstanden. Die einen verstehen ihn als Teil oder vielmehr als Aspekt des Ektoplasmas, andere verwenden die beiden Begriffe synonym.

Untersucht man genauer, was der Begriff Od eigentlich meint, wird schnell klar, welche begriffliche Verwendung die akkuratere ist. Viele Christen kennen das Wort „Odem" aus der Bibel, als es im ersten Buch Mose 2,7 heißt: „Und Gott hauchte dem Menschen den Odem des Lebens in die Nase; so wurde der Mensch zu einem lebendigen Wesen." Deshalb stellt für viele Esoteriker die Bibel diesbezüglich eine der wichtigsten und vor allem ältesten Quellen dar, welche jene geheimnisvolle Kraft erwähnt.

Tatsächlich ist dieses Motiv eines Gottes, der den Odem einem offenbar leblosen Körper durch die Nase eingibt oder einhaucht, wesentlich älter und geht auf das alte Ägypten zurück. In zahlreichen Pharaonengräbern finden sich Darstellungen, wie ein Gott – häufig Horus, Amun oder Isis – dem verstorbenen Pharao eine Lotusblüte oder ein Anch-Zeichen an die Nase hält. Durch den Duft der Lotusblüte, die für Fruchtbarkeit und Sexualität steht, werden die regenerierenden Kräfte des Verstorbenen im Jenseits geweckt, während das Anch eben für jene Lebenskraft steht.

Während die Bibel lediglich den Begriff Odem kennt – die Römer verwenden hier schlicht *animus* für Geist oder Seele – sind die Ägypter diesbezüglich viel akribischer. Zugegeben: Sie sind derart penibel bei der Unterscheidung der jeweiligen Aspekte der Seele, dass die Ägyptologie auch heute noch nur mit Mühe folgen und die Ideen und Konzeptionen nachvollziehen kann.

Gott haucht dem Menschen also Lebensgeist, den Odem oder auch die Odkraft ein; Horus dem verstorbenen Pharao ebenfalls, doch wie kann das sein, wenn sich die Seele des Menschen, der „Ba", nach altägyptischem Glauben doch erfolgreich vom Körper löst und von selbst weiterlebt?

Das liegt an einem anderen Aspekt der Odkraft, welchen die Ägypter „Ka" nannten. Während der Ba eine Art unsterbliche oder zumindest transzendente Seele ist, so ist der Ka der Lebensgeist, der, solange er sich im Körper befindet, durch einen gesunden Körper, ein gesundes Leben und gesunden Gedanken genährt werden muss und auch nach dem Tod Nahrung in Form von kleinen Opferungen und Gedanken benötigt. Wird an den Verstorbenen gedacht, so kann sich nach ägyptischer Vorstellung sein Ka daran laben.

Doch in welcher Beziehung stehen Ka und Ba zur Odkraft? Ist es überhaupt sinnvoll, die Odkraft respektive den Glaube und den Umgang mit der Odkraft derart weit zurückzuverfolgen?

Ein Mensch, der weder Ka noch Ba besitzt, war in den Vorstellungen der alten Ägypter nicht lebensfähig. Das bedeutet für diese Untersuchung, dass beides, Ka und Ba Aspekte der Odkraft waren bzw. als Aspekte der Lebenskraft, wahrgenommen wurden. Während der Ba eine abstrakte und transzendente Form der Odkraft darstellte, stellte der Ka eine „greifbarere" Form dar, weil er gepflegt und ernährt werden musste. Andererseits konnte er sich auch manifestieren.

An dieser Stelle wird es spannend: Wenn Ba und Ka Aspekte der Odkraft sind und sich der Ka (nach altägyptischer Vorstellung seltener der Ba, soweit wir es verstehen) materialisiert, dann ist das Ektoplasma lediglich eine Manifestation des Kas, also eine Manifestation eines Teils der Odkraft, jedoch nicht die Odkraft selbst. Wenn dem so ist – obgleich die Überlieferungen der Ka- und Ba-Konzeption zwar vielfältig, aber sehr komplex sind – dann haben all jene Esoteriker recht, welche die Odkraft eben nicht mit dem Ektoplasma gleichsetzen, sondern letzteres lediglich als Manifestation der Odkraft oder als Teil der Odkraft verstehen.

Dies mag nun für Menschen, die eher weniger zu philosophischen Gedanken neigen, ein eher unbedeutender Unterschied sein, aber man könnte dies mit einem lebenden Menschen vergleichen: Ein Körper, dem keine Gliedmaßen fehlen, ist nicht automatisch ein Mensch. Zu einem Menschen gehört viel mehr, zum Beispiel ein Bewusstsein, ein eigener Wille, eine Persönlichkeit, Hoffnungen, Ängste usw. Die Liste ließe sich fast unendlich fortsetzen. So ist ein Körper, dem all diese Qualitäten fehlen, nur ein Körper. Vielleicht handelt es sich um den Körper eines Toten. Doch die Odkraft hat die Person bereits verlassen.

Wenn Ektoplasma in seinen vielfachen Aggregatzuständen jedoch immer nur eine Manifestation der Odkraft darstellt, gelingt es auch, die vielen Arten des Ektoplasmas unter den Begriff der manifestierten Odkraft zusammenzuführen. Doch was ist deren Ursprung?

Viele Menschen zweifeln noch immer daran, dass es überhaupt existiert. Blickt man allein in die Bibel, mag die Episode, in welcher Gott dem Menschen den Odem durch die Nase einhaucht und ihn so zum Leben erweckt, für Ungläubige freilich bizarr, ja frankensteinesk fantastisch, aber wenig glaubwürdig wirken. Doch der Religionsforscher und der Historiker gehen einen Schritt weiter und vergleichen unvoreingenommen die Bibelstelle mit anderen Schöpfungs- bzw. Inspirationskonzeptionen. Erst dann fällt auf, dass wir ähnliche Schöpfungsmythen in den Metamorphosen des römischen Dichters Ovids lesen. Ganz Ägypten ist uns eine Quelle dafür, dass eine solche Episode, bei der dem Verstorbenen Lebensodem durch das Nase eingegeben wird, für die alten Ägypter völlig normal war. Ähnliches findet sich in anderen Kulturen, so zum Beispiel im Königreich Meroe, das zugegebenermaßen stark von den ägyptischen Konzeptionen beeinflusst war, allerdings auch eigene Vorstellungen und Konzeptionen entwickelte.

Was wäre, fragt nun der Religionswissenschaftler, wenn all jene Konzeptionen, die im Grunde alle auf der gleichen Episode basieren, auf einen wahren Kern zurückgingen? Dann wirkt die Bibelstelle im ersten Buch Mose keineswegs mehr bizarr, sondern vielmehr als Teil des gemeinsam Menschlichen; dann stehen die jahrtausendalten altägyptischen Darstellungen, die elaboriert zwischen Ka und Ba unterschieden, plötzlich in enger Beziehung zu der Bibel, deren Schriften erst so viele Jahrhunderte später verfasst wurden. Plötzlich passen die Konzeptionen völlig unterschiedlicher Kulturen, ja, völlig unterschiedlicher Religionen (Polytheismus und Monotheismus) zusammen.

Folgt man der oben aufgenommenen Spur, dann gilt für die Odkraft, dass Gott oder jene Existenz(en), welche von den alten Ägyptern als mehrere Götter verehrt wurden, der Ursprung der Odkraft und somit auch der Ursprung des Ektoplasmas ist. Für Skeptiker mag das vielleicht kein tröstender Grund dafür sein, dass es dem Menschen noch immer nicht gelungen ist, die Odkraft oder das Ektoplasma wissenschaftlich zu untersuchen. Der Gläubige wundert sich nicht darüber, da es sich für ihn um etwas rein Göttliches handelt.

Und trotz dieses reinen Quells an Göttlichkeit, der, wenn wir den vielen auf zahlreiche Kulturen verstreuten Belegstellen Glauben schenken, in jedem von uns steckt, kann die Odkraft unter Umständen auch beeinträchtigend wirken. Interessant ist, dass solche Fälle sehr oft von der Wissenschaft untersucht und bestätigt wurden, allerdings es der Wissenschaft nicht gelang, die Odkraft als Ursache auszumachen.

Wenn jeder Mensch einen individuellen Lebensgeist besitzt – hier halte ich mich jetzt erneut an die Ka- und Ba-Konzeption – dann ist unser Körper in logischer Konsequenz von dieser individuellen Lebenskraft tief durchdrungen. Wir erinnern uns daran, dass nach ägyptischer Vorstellung der Ba zwar die transzendente Seele ist, der Ka allerdings in enger Wechselbeziehung mit unserem Körper und seinen Nährstoffen steht. Ein von der Wissenschaft, vor allem von der Chirurgie und Psychologie beobachtetes Phänomen, ist eine eintretende Persönlichkeitsveränderung nach erfolgter Organtransplantation. Dies liegt daran, dass der Ka unseren ganzen Körper samt seiner Organe durchdringt. Entnehmen wir ihm ein Organ und spenden es aus Nächstenliebe einem anderen Menschen, also einem anderen Körper, dann geben wir ihm chirurgisch einen Teil unserer Lebenskraft ein, die sich unmittelbar mit seiner Lebenskraft verbindet. Besonders das Blut sehen einige Spiritisten als Träger der Odkraft.

Erstaunlich ist, dass die meisten Persönlichkeitsveränderungen bei Herz- und Lebertransplantationen vorkommen (etwa bei einem Drittel der Patienten). Während wir heute wissen, dass das Gehirn für das Denken verantwortlich ist und Sitz unseres Bewusstseins ist, vermuteten die Ägypter, obwohl sie mit der Anatomie des Menschen bestens vertraut waren, aus irgendeinem ungeklärten Grund das Herz als Sitz des Lebens. Auch im christlichen Glauben wohnt Gott im Herzen und nirgendwo sonst. Legt man diese Übereinstimmung zugrunde und berücksichtigt ferner, dass das lateinische Wort *animus* sowohl Seele als auch Herz und sogar Verstand bedeuten kann, liegt der Schluss nahe, dass es tatsächlich das Herz ist, welches Sitz unseres Lebensodems ist.

Was vermag die Odkraft nun in ihrer Manifestation als Ektoplasma? Im Grunde das, was unser Odem wünscht: Sie kann eine künstliche Stimme erzeugen, dann spricht man von einer *voice box*. Auf diese Weise kommunizieren mitunter Verstorbene auf Séancen mit den Angehörigen, wobei sie die Odkraft des Mediums verwenden. Sie kann Gegenstände abbilden, sich in ihrer ektoplasmischen Form zu einem harten, befühlbaren Gegenstand verdichten. Sie kann Gegenstände unterstützend anheben oder durch sogenannte *rods* zum Schweben bringen. Es ist möglich, dass sie als eine Art Wolke oder auch Schild abschirmend gegenüber negativen Energien wirkt. All diese mannigfaltigen Fähigkeiten sind Berichten über Ektoplasma entnommen, wenn man die unterschiedlichen Aggregatzustände einmal beiseitelässt. Anhand dieser Kräfte und der zahlreichen Manifestationsmöglichkeiten zeigt sich sehr deutlich der göttliche Charakter der Substanz, respektive der Kraft.

Ektoplasma – Die Odkraft des Mediums

Der Begriff Ektoplasma stammt eigentlich aus der Biologie und bezeichnet das äußere Zellplasma. Doch Ende des 19. Jahrhunderts, als der Spiritismus in Europa und Nordamerika am weitesten verbreitet war, übertrug der Wissenschaftler und Nobelpreisträger Charles Richet den Begriff in die Welt des Spirituellen. Heute wird der Spiritismus zwar oftmals belächelt und in vielen wissenschaftlichen Kreisen gilt es als verpönt, sich mit spiritistischen Inhalten zu beschäftigen, doch war die Situation Ende des 19. Jahrhunderts eine völlig andere.

So war es nicht weiter Aufsehen erregend, wenn sich ein Nobelpreisträger zugleich für ein spiritistisches Thema interessierte, ja, sogar verschiedenen Séancen beiwohnte. Schien ein Thema interessant, konnte es durchaus von namhaften Personen untersucht werden. So geschehen mit dem Ektoplasma.

Die Definition des Ektoplasmas

Als Ektoplasma verstand Richet die Substanz, die im Rahmen einer Séance von einem Medium ausgehen und dabei mehrere Formen annehmen kann. Ektoplasma ist seiner Ansicht nach zwar ein Zeichen dafür, dass Wesen von der anderen Seite anwesend sind und mit dem Medium interagieren, dennoch stellt es nicht etwa jene Wesen dar, sondern ist ein integraler Bestandteil des Mediums, nämlich dessen Lebenskraft. Auch moderne spiritistische Gesellschaften verstehen unter Ektoplasma die materielle oder immaterielle Form der Lebenskraft des Mediums. Diese Lebenskraft, die jeder Mensch besitze, könne sich unter Umständen, so beispielsweise während tiefer Meditation, manifestieren.

Werde das Ektoplasma während einer Séance von einem Teilnehmer berührt, so sei es so, als würde man eine offene Wunde des Mediums berühren. Der Kontakt mit dem zum Medium gehörigen Ektoplasmas sei nicht nur extrem schmerzhaft, sondern könne sogar zu einem schweren Schock führen, da sich das Medium schließlich in einem tranceartigen Zustand befände, in welchem es sehr verwundbar sei.

Für Skeptiker, die noch niemals an einer Séance teilgenommen haben, mag sich diese Beschreibung des Ektoplasmas in der Tat verwunderlich, wenn nicht sogar unglaubwürdig anhören, doch gibt es zahlreiche Augenzeugenberichte, die aus erster Hand von jener Substanz berichteten. Nicht immer jedoch liegt die Substanz laut der Berichte in gleicher Form vor. Mitunter ist sie flüssig, wird jedoch von der überwiegenden Mehrheit als völlig anders als Wasser beschrieben. Spuren hinterlässt es jedoch nicht, auch nicht, wenn es mit Kleidung, also mit Stoff in Berührung gekommen ist. Nachdem sich das Ektoplasma wieder zurückgezogen hatte, war der Stoff verschiedenen Berichten zufolge, trocken und in einem solchen Zustand, als wäre er niemals mit der Substanz in Berührung gekommen.

Dabei dauert die Manifestation des Ektoplasmas Berichten zufolge einige Minuten an. In vielen Fällen blieb sogar derart viel Zeit, die Substanz zu verfolgen, dass sie fotografiert werden konnte. Infolgedessen existieren zahlreiche Fotografien, die von mindestens einer weiteren Person, die an derselben Séance teilgenommen hatte, als echt bestätigt wurden.

Nicht immer manifestiert sich Ektoplasma allerdings in flüssiger Form, es kann sich auch als eine Art Gel zeigen, das Teilnehmern zufolge mitunter den Gesetzen der Schwerkraft unterworfen ist oder im Raum schwebt und wabert. Für das Gel gilt hingegen das gleiche wie für die Flüssigkeit: Wenn sich das Ektoplasma wieder in das Medium zurückzieht (was offenbar nicht immer der Fall zu sein scheint), hinterlässt es häufig überhaupt keine Spuren, so als sei es nie dagewesen, obwohl die Anwesenheit von allen Beteiligten zuverlässig bestätigt werden kann.

Ektoplasma ist nicht nur eine Art Material, das sich zeigt und wieder verschwindet. Ektoplasma vermag bestimmte Aufgaben zu übernehmen und kommt damit der altägyptischen Vorstellung des Kas sehr nahe. So wurde auf zahlreichen Séancen beobachtet, wie es das Gesicht einer verstorbenen Person nachbildete. Mitunter formte es auch leblose Gegenstände oder wird verwendet, um einen Gegenstand, der sich an einem anderen Ort befindet, in der Runde der Séance erscheinen zu lassen. Dann spricht man von Apportationen, wobei es umstritten ist, ob es sich tatsächlich immer um Ektoplasma handelt oder ob sich der Gegenstand selbstständig – in Interaktion mit der anderen Seite – materialisiert.

Mitunter soll es Berichten zufolge auch vorgekommen sein, dass eine Maske oder eine Silhouette aus Ektoplasma plötzlich anfing zu sprechen. Einige Medien wurden durch solche Sitzungen besonders populär und ließen sich von Zweiflern den Mund zukleben, während sie eine Flüssigkeit während der gesamten Sitzungen im Mund behalten mussten, um keine Möglichkeit zu haben, von bauchrednerischen Fähigkeiten Gebrauch zu machen. Von zahlreichen Teilnehmern solcher Sitzungen wurde dann erfolgreich bestätigt, dass die Stimme der ektoplastischen Gestalt tatsächlich nicht vom Medium, von einem Lautsprecher und auch von keinem der Teilnehmer kam. Solche Manifestationen des Ektoplasmas, die zu sprechen vermögen, nennt man auch *voice box*.

Ektoplasma wird von verschiedenen Spiritisten auch Ideoplasma, Spiritplasma und Teleplasma genannt.

Voice box – künstlicher Kehlkopf aus Ektoplasma

Eines der faszinierendsten Phänomene des modernen Spiritismus der letzten 150 Jahre ist das der *direct voices*. Während einer Séance können sich die genuinen Stimmen von Verstorbenen manifestieren – eindeutig identifiziert von anwesenden Verwandten oder Freunden. Damit die körperlosen Stimmen auch zu hören sind, kommt ein künstlicher Kehlkopf aus sogenanntem Ektoplasma zum Einsatz: die *voice box*.

Ektoplasma – ein ganz besonderer Stoff

Das Hauptkommunikationsmittel von Geistern sind ihre Gedanken. Ein Medium ist während einer Séance in der Lage, diese Gedanken zu empfangen und den Anwesenden mitzuteilen.
Bei solchen Zusammenkünften passiert es auch, dass eine sehr lichtempfindliche Substanz aus dem Medium heraustritt. Diese Substanz ist von schaumiger Konsistenz und changiert farblich zwischen grau und weiß. In spiritistischen Kreisen wird sie Ektoplasma genannt und als Verbindungsstoff zwischen materieller und geistiger Welt betrachtet. Bei dem *direct voice* Phänomen kreieren die Geister mit dem Medium als Mittler eine *voice box* aus kurz zuvor manifestierten Ektoplasma. Meistens befindet sich dieser etwa tennisballgroße künstliche Kehlkopf auf

der Schulter des Mediums. Nun sind die Geister von Verstorbenen per Gedanken in der Lage, über jene *voice box* ihre früheren Stimmen zu rekonstruieren – mit allen individuellen Charakteristika. Natürlich gibt es mit diesem Provisorium nur in seltenen Fällen eine einhundertprozentige Kongruenz mit der Originalstimme. Verwandte und Freunde identifizieren den geliebten Menschen aber sofort und lassen keine Zweifel an der Echtheit des Phänomens zu.

Flüstern in der Dunkelheit

Die Teilnehmer einer Séance berichten, dass die sich manifestierende Stimme eines Verstorbenen zunächst wie ein Flüstern klingt. Da keiner der Anwesenden die für sie wichtigen Botschaften der Geister überhören möchte, ist absolute Stille und Fokussierung vonnöten. In einigen *direct voices* Séancen liegt mitunter eine sogenannte Trompete bereit – ein spitz zulaufender Pappkegel, der zur Verstärkung und Verständlichmachung der Geisterstimme benutzt wird. Ein manifestierter Geist kann die Trompete auf einen bestimmten Teilnehmer der Séance richten und mit ihm darüber kommunizieren.

Dabei ist der Stimmverstärker die ganze Zeit mit dem Ektoplasma des Mediums verbunden, das sich in dieser Phase meist in einer tiefen Trance befindet. Mitunter erlangt das Medium wieder Bewusstsein und kann sich an dem jeweiligen Gespräch aktiv beteiligen. Eine besonders harte Nuss für Skeptiker ist die Tatsache, dass eine manifestierte Stimme sich gelegentlich in einer Sprache ausdrückt, die weder das Medium noch die anwesenden Beisitzer nachweislich beherrschen. So liegen Tonbandaufnahmen von diversen Geisterstimmen vor, die sich in Chinesisch, Sanskrit, Baskisch oder in Hindi ausdrücken.

Die Toten sind nicht tot

Dr. Aubrey Rose, einer der bekanntesten Anwälte Großbritanniens, wohnte als Skeptiker viele Male den spiritistischen Sitzungen des Mediums Leslie Flint bei. Mr. Flint, der 1994 starb, war durch seine *direct voice* Séancen über die Grenzen Englands hinaus berühmt geworden. Dr. Rose erklärte, dass er durch seinen Kontakt zu Mr. Flint unerschütterliche Beweise für ein individuelles Weiterleben nach dem Tode gefunden habe. So hörte er sich eine Tonbandaufnahme an, die während einer Séance mit Mr. Flint entstanden war. Auf ihr war die Stimme eines verstorbenen Richters zu hören, die sich über eine *voice box* manifestiert hatte. Dr. Rose identifizierte verblüfft den Sprachduktus des Richters, den er persönlich gekannt hatte. Langsam freundete er sich mit dem Medium Flint an und wurde später zum überzeugten Spiritisten.

Transfiguration – Gesichter von Verstorbenen

Die Transfiguration ist ein heftig umstrittenes Phänomen innerhalb des Spiritismus. Umstritten deshalb, weil die Meinungen in der Frage, was man genau unter dem Begriff der Transfiguration versteht, stark auseinandergehen.

Das Wort leitet sich aus dem Lateinischen her, nämlich aus den Wörtern *trans*, welches so viel wie „von einem Ort zum anderen" bzw. in diesem Falle „von einem Zustand zum anderen" bedeutet und *figura*, das lateinische Wort für „Gestalt".

Die Grundidee ist also die, dass sich das Gesicht des Mediums verändert, dass es also die eigenen Gesichtszüge ablegt und die Gesichtszüge einer verstorbenen Person annimmt. Zumeist handelt es sich um diejenige Person, die gerade bei einer spiritistischen Sitzung anwesend ist und sich durch den Prozess der Transfiguration den Anwesenden auch visuell offenbart.

Allerdings definiert die US-amerikanische *Spiritualist National Union* den Begriff etwas anders und durchaus kontrovers. Diese Vereinigung geht davon aus, dass es sich bei der Transfiguration lediglich um Ektoplasma handelt, welches von der anderen Seite gelenkt eine Art Maske des Verstorbenen produziert, sei es direkt auf dem Gesicht des Mediums, sei es in einem größeren Abstand zu diesem.

Tatsächlich sind zahlreiche Augenzeugenberichte bekannt, die von Séancen berichten, bei welchen es zu einer direkten Transfiguration am Medium selbst gekommen ist, ohne dass dabei Ektoplasma eine größere Rolle spielte. Wenn dem so ist, sagen Vertreter des anderen Lagers, spiele Ektoplasma für die Transfiguration keine Rolle. Es könne selbstverständlich simultan mit ihr auftreten, müsse aber nicht zwingen existent sein, damit es zu einer Transfiguration komme. Einig sind sich aber beide Lager, dass die Transfiguration eine Manifestation der anderen Seite ist – wie auch das Ektoplasma, obwohl dieses als Verlängerung der Physis des Mediums verstanden wird.

Der Grad der Transfiguration hängt, wenn man den zahlreichen im Internet und in Printform veröffentlichen Berichten Glauben schenkt und die Fähigkeiten des jeweiligen Mediums mit dem Ausmaß der Transfiguration vergleicht – eben von diesen Fähigkeiten ab: Je besser ein Medium in den Trancezustand fallen und dort agieren kann und je besser es mit der anderen Seite in Verbindung zu treten vermag, desto plastischer und klarer ist die Transfiguration.

Es existieren Augenzeugenberichte, bei welchen das Gesicht einer etwa vierzigjährigen Frau plötzlich durch das Gesicht eines elfjährigen Jungen ersetzt wurde. Darüber hinaus geben weitere Berichte und auch Fotografien, die noch aus Zeiten vor der Photoshop-Ära stammen, darüber Auskunft, dass das ursprüngliche Gesicht nahezu durchscheinend ist und ein neues Gesicht für alle Beteiligten manifest wird.

Eine Transfiguration ist ein dynamischer Prozess, der nicht geplant werden kann und dem Medium viel Kraft kostet. Bei einer Séance, welche eine solche Transfiguration beinhaltet, sitzt das Medium dennoch in unmittelbarer Nähe der Gäste, sodass sie mitunter, wenn es zur Produktion von Ektoplasma kommt, die wie bereits erwähnt unabhängig von der Transfiguration sein kann, dieses sogar berühren und fühlen konnten und können, wenn es von der geistigen Welt erlaubt wurde.

Die andere Seite nutzt die Transfiguration offenbar, um sich allen Anwesenden nicht nur akustisch, sondern auch visuell zu zeigen, und um darüber hinaus jeden Zweifel an ihrer Identität zu zerstreuen und gleichzeitig den unmittelbaren Angehörigen noch einmal die Chance respektive die Möglichkeit zu geben, in ihr Gesicht zu blicken. Die Klarheit bzw. das plastische Ausmaß einer solchen Transfiguration hängt jedoch nicht nur von den Fähigkeiten des Mediums ab, worauf bereits eingegangen wurde, sondern auch von der Stärke der jeweiligen Präsenz.

Es liegen Berichte vor, welchen zufolge die Präsenz geäußert haben soll, dass es sie sehr viel Kraft kostet anwesend zu sein und sich zu zeigen. Bei einigen Séancen soll die Präsenz, die sich lediglich in Form von Ektoplasma gezeigt habe, gar im Boden verschwunden sein. Das heißt folglich, dass eine Transfiguration, um erfolgreich zu sein und um von allen Anwesenden klar wahrgenommen werden zu können, einerseits von den medialen Fähigkeiten der Kontaktperson der anderen Seite und andererseits von der Kraft und Stärke der gerufenen, verstorbenen Person abhängig ist.

Vor allem sind Berichte über Transfigurationen während Séancen bekannter Medien existent, darunter auch zahlreiche Fotos, die von Augenzeugenberichten verifiziert wurden. So kam es zum Beispiel während einer Séance von Gladys Hayter zu einer unvollständigen Transfiguration, bei der sich ihr Kopf zu dematerialisieren begann. Dieser Vorgang konnte von allen Anwesenden klar und deutlich gesehen werden und ging derart langsam voran, dass die Zeit für eine Fotografie ausreichte.

Während einer Séance von Queenie Nixon war im Rahmen einer Transfiguration ihr Gesicht zwar die ganze Zeit über zu sehen, doch über ihren Haaren erschien ein junges Gesicht aus Ektoplasma. Dieser Vorgang entspricht übrigens voll und ganz der Definition der *Spiritualist National Union*, weil sich hier nicht das Gesicht des Mediums per se transfigurierte, sondern sich eine Art Maske anhand von Ektoplasma bildete, während das Gesicht des Mediums an dem Prozess unbeteiligt blieb.

Bestimmte Transfigurationen zeigen sich lediglich bei einer speziellen Infrarot-Fotografie, bei der man den Seelenkörper des Mediums und den greifbaren Körper auf ein und demselben Foto sichtbar machen kann.

Materialisation – Wenn das Unsichtbare sichtbar wird

Unter der Materialisation bzw. Dematerialisation versteht man das eigenständige Erscheinen bzw. Verschwinden eines Gegenstandes oder sogar einer lebenden Person. Dieses Phänomen kann während Séancen auftreten, bei welchen das Medium in der Lage ist, mit reiner Gedankenkraft Bilder, Gegenstände oder sogar Personen aus Ektoplasma zu formen. Obwohl nur wenige Medien zu diesen Phänomenen in der Lage sind, gab es während der Zeit, als der moderne Spiritismus am populärsten war, unzählige Séancen, bei welchen den Gästen vor allem – mitunter sogar ausschließlich – Materialisationen versprochen wurden. Keine Séancen haben dem Spiritismus so sehr geschadet wie die so genannten „Materialisations-Sitzungen".

Da es tatsächlich nur wenige Medien gibt, die imstande sind, Dinge oder Personen durch Ektoplasma zu formen, liegt es auf der Hand, dass sich zu jener Zeit, gegen Ende des 19. Jahrhunderts, zahlreiche Betrüger als Medien ausgaben. Dies rief wie viele andere paranormale Phänomene natürlich zahlreiche Skeptiker auf den Plan, die sich sofort daran machten, verschiedene Medien als solche Betrüger zu entlarven. Dem Spiritismus zum Nachteil gelang ihnen das sehr häufig. In der Konsequenz schenkte man allerdings jenen Medien, die tatsächlich Materialisationen zu generieren vermochten, keinen Glauben mehr und strafte sie mit Verachtung. Aus diesem Grund werden heute nur noch sehr wenige (halb-)öffentliche Séancen als Materialisationssitzungen angepriesen, auch wenn dieses Phänomen im Laufe der Sitzung stattfindet, weil sich viele Medien vor der Verachtung schützen möchten.

Den wohl größten Schaden haben vermeintliche Medien wie Edward Cox angerichtet, die Schauspieler beauftragten während der Séance zu erscheinen. Sie konnten sehr schnell entlarvt werden, als ein Skeptiker sich auf den scheinbaren Geist stürzte, um ihn festzuhalten und als Mensch zu enttarnen. Aber auch gutmeinende Teilnehmer solcher Sitzungen wie der Baron von Schrenk-Notzing, der ein Buch über Sitzungen eines Mediums schrieb, trugen nicht dazu bei, dass solche Materialisationssitzungen wieder angesehener wurden.

Er fokussierte sich in seinem Buch über jenes Phänomen auf das Medium Eva Carrère. Zwar soll sie tatsächlich die Fähigkeit besessen haben, Dinge aus Ektoplasma zu formen, doch verwendete Schrenk-Notzing teilweise Fotos aus Magazinen für seine Monografie, statt tatsächlich Fotografien zu verwenden, die während der Séance angefertigt worden waren. Auch wurden beim Medium selbst solche Fotografien aus Magazinen gefunden, die allerdings Schrenk-Notzing zufolge, der ja bei zahlreichen Séancen dabei gewesen war, nie während der Sitzungen als Täuschungsmittel eingesetzt wurden. Da ihm die Fotografien bekannt waren, wäre ihm das freilich auch unweigerlich aufgefallen. Jedoch trugen seine Ausführungen, die er in seinem Buch über Materialisation veröffentlichte, weder dazu bei, dass man ihm Glauben schenkte, noch, dass man Eva Carrère als Medium ernst nahm.

Dabei steht die sehr verbreitete skeptische Einstellung zur Materialisation bei Séancen im krassen Widerspruch zur christlichen Religion, denn auch in der Bibel lesen wir von diesem Phänomen: So soll Jesus die in der Antike so wichtigen Nahrungsmittel Fisch und Brot vervielfacht haben, um eine große Menge Hungriger zu sättigen.

Auch die Wissenschaft widerspricht sich in ihren Folgerungen und Vermutungen über Masse und Materie selbst. Einerseits geht man davon aus, dass aufgrund des Energie/Masse-Erhaltungssatzes nichts per se entstehen, d.h. materialisieren kann, andererseits geht man allgemein davon aus, dass unser Universum durch einen Urknall entstanden ist. Man glaubt also, dass dort, wo ursprünglich da Nichts war, Materie aus dem Nichts hervortrat. Eine konkrete Vorstellung, was sich außerhalb unseres Universums befindet, existiert praktisch nicht. Insofern kann das Phänomen wissenschaftlich im Grunde nicht ausgeschlossen werden.

Doch wie funktioniert die Materialisation eigentlich?

Bei vielen Séancen kommt ein Kabinett zum Einsatz, in welchen sich bestimmte Gegenstände materialisieren bzw. manifestieren. Hier operiert die Esoterik wieder mit zwei verschiedenen Begriffen, die jeweils einen unterschiedlichen Aspekt beschreiben. Während sich das Wort „materialisieren" vom lat. Wort *materia* also „Materie" ableitet und meint, dass etwas Stoffliches entsteht, bezeichnet das Wort „manifestieren", welches vom lat. Wort *manifestum* kommt, was „offenkundig" bedeutet, also das Sichtbarwerden eines Gegenstandes.

Genau genommen ist das nicht automatisch dasselbe. Denn ein Gegenstand kann sichtbar werden, ohne dass er dabei stofflich ist. Die Teilnehmer der Séance können dann wie durch ein Hologramm durch ihn hindurchfassen. Derlei Manifestationen sind bereits geschehen und man könnte hier tatsächlich von einem Hologramm sprechen, obwohl es von der anderen Seite wohl auf andere Weise generiert wird als ein technisch produziertes Hologramm. Bei der Materialisation kann der Gegenstand von den Teilnehmern jedoch befühlt werden, weil er oder zumindest seine Oberfläche stofflich ist.

Bei den meisten Materialisationen spielt Ektoplasma eine große Rolle. Das Medium denkt an einen Gegenstand oder an eine Person und Teile des betreffenden Objektes werden anschließend durch Ektoplasma und die Gedankenkraft des Mediums geformt. Dies funktioniert auch bei Personen, wobei es durchaus geschehen kann, dass nur Teile der Person sichtbar sind, so zum Beispiel ein Gesicht, ein Arm oder auch nur die Augen. Trotzdem scheinen Materialisationen nicht möglich zu sein ohne die Hilfe der anderen Seite, weil die Mehrzahl der Berichte solcher Séancen, die von einem echten Medium abgehalten wurden, darauf hindeutet, wie die andere Seite um Kraft und um Hilfe angerufen wurde.

Das Medium scheint bei dem Prozess vielmehr als Katalysator zu fungieren. Das Ektoplasma kann während der Materialisation deutlich sichtbar sein, es kann aber auch in einem Zustand vorliegen, in welchem es nur sehr schwer oder gar nicht erkennbar ist.

Die Dauer einer Materialisation hängt von den Fähigkeiten des Mediums ab, den Kontakt mit der anderen Seite aufrechtzuerhalten. Außerdem ist es für die meisten Medien, die es vermögen, in einen ausreichend tiefen Trancezustand zu fallen, möglich, diesen auch eine gewisse Zeit zu erhalten. Nicht immer dauert die Materialisation hingegen so lange an, dass das entstandene Objekt von allen Teilnehmern berührt werden kann. Da das Objekt häufig nicht nur durch Ektoplasma geformt ist, sondern auch aus Ektoplasma besteht, ist auch eine sehr leichte Berührung des Objektes für das Medium mitunter mit großen Schmerzen verbunden.

Es existieren jedoch auch Berichte von solchen Materialisationen, bei welchen das entstandene Objekt bzw. die entstandenen Objekte an die Teilnehmer als Gastgeschenke verteilt wurden. Wieso es zu diesen unterschiedlichen Formen der Materialisation kommt, ist noch ungeklärt. Legt man die Berichte über verschiedene Séancen zugrunde, so muss es noch einen anderen Weg für die andere Seite geben, Dinge erscheinen zu lassen, die ohne Ektoplasma auskommt. In solchen Fällen wäre es für das Medium nämlich völlig ungefährlich, wenn die Gäste den Gegenstand berühren.

Welche Techniken werden heute eingesetzt, um Medien während Materialisationssitzungen zu kontrollieren?

Dank des modernen Stands der Technik werden auf heutigen Sitzungen sehr oft Infrarotkameras eingesetzt, da sie dem Medium nicht schaden. So gibt es mittlerweile zahlreiche Videoaufnahmen von Séancen sowie zahlreiche hochauflösende Fotos, die mit Infrarotkameras gemacht wurden. Die meisten Medien lassen solche Kameras zu, weil sie das Infrarot-Licht der Geräte nicht als störend oder gar gefährlich für die eigene Konstitution betrachten. Skeptiker stellt der Einsatz dieser Geräte oft zufrieden, weil sie sich eine Kontrollinstanz während der Sitzung wünschen.

Zahlreiche Medien lassen sich derweil auch bewusst testen, um von vornherein Vorwürfen aus dem Weg zu gehen, sie seien Betrüger. Zahlreiche Betrüger hingegen kommunizieren, dass es nicht gewünscht ist, wenn Infrarotkameras zum Einsatz kommen. Obgleich dies in den meisten Fällen eine fadenscheinige Ausrede ist, bestätigen Ausnahmen die Regel.

Da nun allerdings auf mehreren Sitzungen der letzten Jahre Materialisationen mit solchen modernen Kameras aufgezeichnet wurden, lässt sich die Materialisation an sich bzw. das Phänomen einer solchen nicht länger als Humbug klassifizieren.

Auch in nicht-westlichen Regionen sind Manifestationen und Materialisationen bekannt. Ein sehr bekanntes indisches Medium, ein Guru mit dem Namen Satyha Sai Baba, war für seine zahlreichen Manifestationen bekannt. Und obwohl es zahlreiche Ungläubige gab, die ihm billige

Tricks vorwarfen, konnten ihm diese bis zu seinem Tode im Jahre 2011 nicht nachgewiesen werden. Ein weiteres indisches Medium, das nicht weniger bekannt war, ist Swami Premananda, der sich bei seinen Sitzungen ebenfalls auf Manifestationen respektive Materialisationen fokussierte.

Welche Rolle spielt die andere Seite bei Materialisationen?

Die andere Seite tritt bei diesem Phänomen direkt in Kontakt mit dem Medium. Bei solchen Materialisationen, die durch Ektoplasma gebildet werden, scheint sie dem Medium einen oder mehrere Gedanken an einen Gegenstand oder an eine Person einzugeben. Indem sich das Medium auf jene Gedanken konzentriert, erschafft es mit dem eigens hervorgebrachten Ektoplasma, welches eine Art Verlängerung der Lebenskraft des Mediums darstellt, den erdachten Gegenstand oder die erdachte Person. Nicht immer ist die andere Seite jedoch stark genug, einen vollständigen Gedanken zu übermitteln. Es kann also sein, dass nur eine Hand, ein Gesicht oder auch nur die Mundpartie dem Medium eingegeben werden, wodurch auch nur der jeweilige Bereich vom Ektoplasma abgebildet wird. Andererseits ist es auch möglich, dass sie zwar einen kompletten Gedanken an das Medium übermittelt, dieses jedoch nicht imstande ist, jenen vollständig mit Ektoplasma darzustellen. In beiden Fällen ist das dargestellte oder gebildete Objekt nicht vollständig zu sehen.

Mitunter scheint die andere Seite aber auch dazu in der Lage zu sein, einen Gegenstand von einem anderen Ort zu dematerialisieren und im Kreise der Séance zu materialisieren. Solche Materialisationen nennt man dann Apporte. Jedoch geschieht es in der Regel nicht, dass Wertsachen apportiert werden. In den meisten Fällen handelt es sich um Dinge, die am ursprünglichen Ort niemandem fehlen, nachdem sie dematerialisiert worden sind.

Dies kann hingegen auch umgekehrt geschehen: Ebenso wie die andere Seite mithilfe des Mediums Dinge oder Personen materialisieren kann, kann sie sie ebenso dematerialisieren. Es gibt zahlreiche Berichte, die entsprechende Fotografien bestätigen, denen zufolge sich das Medium selbst teilweise während seines tiefen Trancezustandes dematerialsierte. Hierbei möchte die andere Seite dem Medium jedoch nicht schaden, sondern häufig etwas anderes zeigen, wozu offenbar die Materie des Mediums (vorübergehend) notwendig ist. Eine solche Dematerialisation ist reversibel.

Levitation – Wenn Dinge wie von Zauberhand schweben

Unter dem Begriff der Levitation versteht man das plötzliche Schweben von Objekten oder Personen. Dabei existiert der Begriff keineswegs nur in der esoterischen Literatur, sondern auch in der christlichen Religion. Teilweise spricht das Christentum auch von der Transvektion – ein Begriff, mit dem im Grunde das Gleiche gemeint ist, der jedoch einen anderen Aspekt des Vorgangs betont. Das Wort Levitation leitet sich vom lateinischen Verb *levare* ab, welches „(sich) erheben" bedeutet. Das Wort Transvektion stammt ebenfalls aus dem Lateinischen und setzt sich aus der Vorsilbe *trans-* und dem Verb *vehere* zusammen. Die Vorsilbe deutet eine räumliche Veränderung von einem Punkt zum anderen an, während besagtes Verb „fahren", aber auch „ziehen" bedeutet. Wer bei einem plötzlich eintretenden Schweben also von einer Transvektion spricht, betont, dass das Objekt oder die Person scheinbar vom Erdboden weggezogen wurde. Wer vom Levitieren spricht, bezieht sich einzig auf den Vorgang des Schwebens.

Die Esoterik unterscheidet zwei Arten von Levitation, bei welchen es zwar immer um dieselbe Wirkung geht – ein Objekt oder eine Person beginnt zu schweben – die aber in ihrer Ursache verschieden sind.

Bei der einen Levitation ist Ektoplasma die Ursache, weil jene Substanz das Objekt oder die Person anhebt – im Grunde genommen handelt es sich hierbei also um gar keinen Schwebezustand, sondern vielmehr um eine Art Getragenwerden.

 Viele gehen bei der anderen Form der Levitation i davon ausgehen, dass die andere Seite auf irgendeine noch nicht erforschte Weise die Schwerkraft temporär und lokal eng begrenzt außer Kraft setzt.

Bei der ersteren Form spricht man oftmals auch von ektoplasmischen *rods*, also Stangen, an welchen die schwebenden Objekte befestigt sind. Dies ist natürlich eher bildhaft zu verstehen, da Ektoplasma in keinem der drei gewöhnlichen Aggregatzuständen (fest, flüssig oder gasförmig), sondern in einem vierten noch unerforschten Aggregatzustand besteht.

Die Levitation ist allerdings kein rein esoterisches Phänomen. In der Bibel lesen wir, wie Jesus über Wasser läuft – hier ist wohl von der zweiten Form der Levitation auszugehen. Außerdem besitzen wir von vielen Heiligen Kenntnis, die – versunken in ihre tiefe Meditation – levitiert sind.

Eine Levitation ist für das Medium selbst für sich genommen kein körperlich anstrengender Zustand, doch nur wenige Medien verfügen über so viel Erfahrung und vor allem über eine so große Fähigkeit, um sich derart tief in einen meditativen Zustand zu versetzen, dass sie zu levitieren vermögen. Um dies zu können ist nämlich eine absolute Notwendigkeit, sich selbst durch konzentrierte und fokussierte Meditation gezielt in Trance zu versetzen. Aus dieser Trance heraus kann dann die ausreichende Menge an Ektoplasma erzeugt werden, die nötig ist, um zu levitieren. Auch bei der zweiten Variante der Levitation ist ein tiefer Trancezustand notwendig, um die andere Seite so tiefgreifend an der eigenen inneren Kraft teilhaben zu lassen, dass jene die Kräfte der Physik überwinden kann.

Fast kein anderes Phänomen spaltet die Menschen derart wie die Levitation. Während die einen fest davon überzeugt sind, dass bestimmte Medien mit ausreichend Erfahrung tatsächlich levitieren können, lassen sich die anderen durch nahezu nichts davon überzeugen. Es ist daher nur natürlich, dass vor allem Ende des 19. Jahrhunderts, als der Spiritismus auf seinem Höhepunkt war, unzählige Skeptiker Séancen gezielt aus diesem Grund besuchten. Den meisten Skeptikern ging es freilich nicht darum, sich vom jeweiligen Medium überzeugen zu lassen oder unvoreingenommen der Sitzung beizuwohnen, vielmehr hatten sie die erklärte Absicht, das Medium des Betruges zu überführen. Trotz ihrer Bemühungen konnten jedoch einige zu jener Zeit sehr bedeutende Medien keines Betruges überführt werden.

Ein Irrglaube, dem viele unterworfen sind, ist, dass das Phänomen der Levitation ein sehr kurzlebiges und vor allem schwaches Phänomen sei. Obwohl bis zum heutigen Tage keine Berichte über ein Medium existieren, das jemals einen Gast „mitgerissen" bzw. „mitgenommen" hat, kam es im frühen 20. Jahrhundert in der britischen Stadt Liverpool zu einer Séance, die vom englischen Medium Gladys Owen geleitet wurde und bei der Gäste versuchten, das Medium wieder zu Boden zu drücken. Obgleich man sich nach eigenen Berichten wirklich angestrengt hatte, mit der Schwerkraft zusammenzuarbeiten, hatte man es dennoch nicht vermocht, die Levitation vorzeitig zu beenden. Ähnliche Berichte sind von weiteren Séancen überliefert. Auch wenn solche Séancen, bei welchen Objekte oder Personen derart beharrlich schweben, recht selten sind und es auch bei erfahrenen Medien keine Garantie für das Eintreten solcher Ereignisse gibt, scheint die Levitation ein starkes Phänomen zu sein, dem man nur schlecht entgegenwirken kann.

Ein weiterer Irrglaube ist, dass sich bei einer Levitation niemals Ektoplasma bildet und dass beide Phänomene nicht zusammen auftreten können. Diese Annahme rührt vor allem von zahlreichen veröffentlichten Bildern her, die während Séancen gemacht wurden. Die oftmals sehr alten Bilder zeigen häufig schwebende Gegenstände oder Personen, jedoch nur sehr selten Ektoplasma. Dies liegt daran, dass Ektoplasma nicht immer für die Kamera sichtbar ist. Berichte von diversen Séancen geben Aufschluss darüber, dass sich die jeweilige Person oder das jeweilige Objekt nicht wie von Geisterhand gehoben hatte, sondern von der deutlich sichtbaren Substanz des Ektoplasmas mal gleichmäßig, mal ungleichmäßig gehoben respektive gestützt worden war. Auf Fotografien derselben Sitzungen ist das Ektoplasma jedoch nicht mehr zu sehen und es scheint, als hätte sich das Medium oder der Tisch von allein gehoben. Dennoch gibt es auch Berichte solcher Séancen, bei welchen auch für die Teilnehmer kein Ektoplasma zu sehen war und es dennoch zu einer erfolgreichen Levitation gekommen war.

Aus diesen unterschiedlichen Quellen rührt auch die anfängliche Unterscheidung der beiden Arten der Levitation her. In den einen Fällen scheint sie nur erfolgt zu sein, weil die Substanz des Ektoplasmas einen Gegenstand oder eine Person anhob, während sie in den anderen Fällen völlig eigenständig eingetreten zu sein scheint, da Ektoplasma in der Regel für das menschliche Auge sichtbar ist. Allerdings sei an dieser Stelle betont, dass auch heute noch viele Dinge aus der Welt des Spiritismus nicht vollständig erforscht oder auch nur ansatzweise erklärt wurden und es durchaus sein kann, dass selbst bei jenen Levitationen, bei welchen kein Ektoplasma zu sehen ist, solches in unsichtbarer Form aufgetreten ist.

Viele Skeptiker, die vor allem im 19. und 20. Jahrhundert zu angeregten Untersuchungen spiritistischer Themen und Phänomene animierten, bleiben Séancen heute oftmals fern, weil mehr und mehr Illusionisten im Rahmen ihrer Shows auch eine Illusion aufführen, die das Levitieren nachahmt. Hierdurch vermuten zahlreiche Skeptiker, dass die Medien diese Illusion schon früher beherrschen und regelmäßig aufführten. Hier kann jedoch eingewendet werden, dass die Zuschauer bei levitierenden Illusionisten niemals in deren unmittelbaren Nähe sitzen, geschweige denn sie berühren, während das bei levitierenden Medien möglich und in der Vergangenheit bereits häufig der Fall gewesen ist.

Unter besonders starken Levitationen versteht man solche, bei welchen sich ein Objekt nicht einfach nur hebt und nach einer gewissen Weile wieder absenkt, sondern solche, bei der ein Objekt oder eine Person umher zu schweben vermag. Über derartige Levitationen sind vergleichsweise wenige Berichte bekannt, da sie überdurchschnittlich hohe Fähigkeiten des Mediums verlangten. Ein solches Medium war beispielsweise D. D. Home, der Ende der 1860er Jahre Séancen abhielt, bei welchen er ein Gebäude durch Fenster verließ und wieder „betrat". Solche komplexen Levitationen durch gewöhnliche Fenster – durch enge Fenster des 19. Jahrhunderts – wären auch den bekanntesten Illusionisten überhaupt nicht möglich.

Besonders starke Levitationen trugen sich auch bei anderen Sitzungen zu, als ein Tisch beispielsweise etwa einen halben Meter zu schweben begann, obwohl alle Anwesenden ihre Unterarme auf den Tisch gelegt hatten. Und obgleich das Levitieren für gewöhnlich etwas ist, was sich häufig nur im Trancezustand einstellt, vermochte das sehr bekannte südamerikanische Medium Carmine Carlos Mirabelli quasi auf Bestellung zu levitieren. Teilweise levitierte er im Rahmen extra hierfür veranstalteter Shows auf Kommando zu Demonstrationszwecken. Hierfür und für zahlreiche andere Phänomene, die sich bei seinen Sitzungen zutrugen, erregte Mirabelli sehr großes Aufsehen und wurde mehrfach des Betruges bezichtigt. Obgleich es für ein Medium eine immense Kraftanstrengung ist, eine Séance bei Tageslicht abzuhalten, tat er dies mehrere Male und konnte trotz sehr harscher Untersuchungen anwesender Skeptiker keiner Täuschung und keiner Tricks überführt werden.

Die Levitation ist nichts, was sich exklusiv im westlichen Kulturkreis ereignet. Es existieren ebenso zahlreiche Augenzeugenberichte, ja, sogar Videos von afrikanischen Schamanen, die während ihrer tiefen Meditation levitieren. Und auch in anderen Kulturkreisen ist die Levitation ein bekanntes Phänomen. Sie gilt übrigens deshalb als Phänomen, weil sie noch immer nicht wissenschaftlich erklärt bzw. erschlossen ist, obwohl sich die Wissenschaften im Zuge der Raumforschung intensiv mit Schwerkraft und Schwerelosigkeit beschäftigen.

Unter den nicht-westlichen Regionen, in welchen das Phänomen des Levitierens besonders häufig beobachtet werden konnte, ist neben Schwarzafrika die Region Tibet zu nennen. Von Tibet existieren zahlreiche Reiseberichte, meist von Europäern, die völlig überrascht waren, dass so viele Mönche die Kunst des Levitierens beherrschten. Während für die Mönche selbst das Levitieren eine durchaus gewöhnliche Alltagstätigkeit darstellt und fest zu ihrer üblichen Meditation gehört, stellte diese Entdeckung für die meisten europäischen Reisende eine Art Wunder dar.

Im Hinblick auf dieses Phänomen existieren zahlreiche (und teilweise) sehr umstrittene Theorien, die mitunter auch innerhalb spiritistischer Kreise nicht immer auf Glauben treffen. So existiert zum Beispiel vom arabischen Historiker Al-Masudi die Vermutung, dass das Phänomen des Levitierens auch von den alten Ägyptern beherrscht wurde und nicht nur häufig, sondern sogar regelmäßig auf königliche Anweisung beim Bau der Pyramiden der frühen Dynastien des Alten Reiches Verwendung fand. Diese Theorie ist allerdings heftig umstritten, obwohl noch immer nicht geklärt ist, wie die alten Ägypter zu solchen Bauwerken fähig waren, vor allem deshalb nicht, weil moderne Kräne, welche Steine dieser Gewichtsklasse heben könnten, im Wüstensand versinken würden. Und genau das ist das Argument jener, welche diese gewagte Theorie unterstützen: In unserer modernen Zeit wäre es schier unmöglich, ein Bauwerk wie die Cheopspyramide an der gleichen Stelle zu errichten.

Diejenigen, welche diese Theorie eher verwerfen, führen an, dass für eine Levitation Medien mit hervorragenden Fähigkeiten notwendig sind, die dann trotzdem nicht auf „Bestellung" und nach Zeitplan arbeiten könnten. Darüber hinaus wurde die Pyramide selbstverständlich bei Tageslicht errichtet, welches man für das hohe Maß an Präzision benötigte. Für die meisten Medien ist es hingegen eine extreme körperliche Anstrengungen Sitzungen bei Tageslicht abzuhalten.

Spirituelle Fotografie – wenn das Unsichtbare sichtbar wird

Unter dem Begriff spirituelle Fotografie bzw. Geisterfotografie (engl. *spirit photography* bzw. *ghost photography*) verbirgt sich die Kunst medial veranlagter Menschen, Geister fotografieren zu können. Leider ist die Geschichte der Geisterfotografie überwiegend durch Betrugsfälle geprägt, da sich Bilder mit Erscheinungen von Geistern bereits Mitte des 19. Jahrhunderts sehr einfach anfertigen ließen. Falls überhaupt, dürften nur wenige Menschen eine mediale Veranlagung besitzen, die es tatsächlich erlaubt, die Geister Verstorbener ablichten zu können.

Geschichte der spirituellen Fotografie

Die Geschichte der spirituellen Fotografie reicht bis in die Mitte des 19. Jahrhunderts zurück. Vor allem zu Zeiten des Amerikanischen Bürgerkrieges erlebte diese Form der Fotografie eine Hochphase, da viele Spiritisten mit den Seelen, der im Krieg Gefallenen, Kontakt aufzunehmen versuchten.

Die erste Darstellung eines Fotos mit einer geisterähnlichen Erscheinung geht allerdings auf den schottischen Physiker Sir David Brewster zurück, der unter Anwendung der Daguerreotypie, einem fotografischen Verfahren des 19. Jahrhunderts, ein Geisterbild erzeugte. In seinem Buch „Das Stereoskop" von 1856 berichtete er, wie sich durch das Bewegen eines Motivs während der Aufnahme eine verschwommene Erscheinung auf dem später entwickelten Foto darstellen lässt.

Eine erste und vielleicht auch authentische Aufnahme eines Geistes wurde 1860 von W. Campbell aus dem amerikanischen Bundesstaat New Jersey aufgenommen, während er einen Stuhl fotografierte. Bei der Entwicklung dieses Fotos saß auf einmal ein kleiner Junge auf dem Stuhl. Campbell gelang es leider nie wieder eine Aufnahme von diesem oder einem anderen Geist zu machen.

William H. Mumler

In das Licht der Öffentlichkeit wurde die Geisterfotografie in den 1860ern allerdings vor allem durch den Bostoner Graveur William Mumler,gerückt.

Mumler beschäftigte sich in seiner Freizeit viel mit der Fotografie und fertigte 1861 ein Selbstporträt an. Bei der Entwicklung des Fotos bemerkte er allerdings die verschwommenen Umrisse einer Frau, die hinter ihm zu schweben schien. Er selbst dachte zunächst, dass es sich um eine versehentliche Doppelbelichtung handelte, aber Verwandte überzeugten ihn davon, dass die Frau seine vor vielen Jahren verstorbene Cousine wäre.

Nachdem das Foto dann auch noch enormen Anklang bei den Vertretern des Spiritismus fand, entschloss sich Mumler nach New York zu gehen, um dort als Fotograf von Geistern zu arbeiten. Seinen Schwerpunkt setzte er vor allem auf die Fotografie trauernder Angehöriger der Verstorbenen des Bürgerkrieges.

Wenige Jahre später wurde Mumler wegen Betruges angezeigt und vor Gericht gebracht. Seine Bilder wurden als Fälschungen dargestellt. Experten versuchten während des Verfahrens zu zeigen, wie sich Mumlers Fotos durch einfache Doppel- und Langzeitbelichtungen nachahmen ließen. Viele seiner Kunden sagten während des Verfahrens allerdings aus, dass seine Fotos echt wärem. Nach dem dreiwöchigen Gerichtsverfahren wurde Mumler dann zwar freigesprochen, sein Ruf jedoch war ruiniert.

Mumlers wohl berühmtestes Foto zeigt Mary Todd Lincoln zusammen mit der Silhouette ihres verstorbenen Ehemanns Abraham Lincoln.

William Hope

William Hope war der Begründer des *Crewe Circle*, einer Gruppe spiritistischer Fotografen, die ihren Sitz in Crewe, einer kleinen Stadt in der britischen Grafschaft Cheshire in England, hatte. Die Gruppe bildete sich in der zweiten Hälfte des 20. Jahrhunderts. Einer ihrer prominentesten Befürworter war der schottische Schriftsteller Sir Arthur Conan Doyle, der sich nach dem Tod seiner Frau und seines Sohnes vor allem dem christlichen Spiritismus widmete.

William Hopes Karriere als spiritistischer Fotograf begann Anfang des 20. Jahrhunderts, als er sich mit einem Freund gegenseitig fotografierte. Eines dieser Bilder zeigte Hope zusammen mit einer geisterähnlichen Erscheinung, die sich als Hopes verstorbene Schwester identifizieren ließ. Kurz danach bildete Hope mit fünf weiteren Freunden den *Crewe Circle*, der sich auf spirituelle Fotografie spezialisierte.

Dass William Hopes Aufnahmen Fälschungen waren, wurde durch den britischen Parapsychologen Harry Price ans Tageslicht gebracht. Price ließ Hopes Fotoplatten ohne dessen Wissen mit Markierungen versehen und schenkte ihm zusätzliche Fotoplatten mit dem Logo des Herstellers. Die Markierungen und das Logo waren später nicht auf Hopes Aufnahmen zu sehen und bewiesen somit, dass Hope auf bereits vorpräpariertes Material zur Fälschung seiner Fotos zurückgegriffen haben musste. Trotz all der Anschuldigungen hatte Hope weiterhin Gönner wie Arthur Conan Doyle auf seiner Seite.

Die Brown Lady von Raynham Hall

Das im Dezember 1936 veröffentlichte Foto der Brown Lady von Raynham Hall gilt als eines der wenigen authentischen Fotos, die jemals von einem Geist aufgenommen wurden, obwohl es auch in diesem Fall zahlreiche Kritiker gab, die dem Bild nachsagten, dass es sich um eine versehentliche Doppelbelichtung oder gar um eine andere Art der Fälschung handeln würde. Die Aufnahme der Brown Lady wurde von Captain Hubert C. Provand und Indre Shira, zwei Fotografen des Country Life Magazins, für einen Life-Magazine-Artikel angefertigt.

Bei der Brown Lady handelt es sich um eine der berühmtesten Geistererscheinungen Großbritanniens, was sicher auch auf den Erfolg des Fotos zurückzuführen ist. Wahrscheinlich versteckt sich hinter dieser Geistererscheinung, die im Jahre 1726 an Pocken verstorbene Dorothy Walpole, die Schwester des ersten Premierministers von Großbritannien.

Moderne spirituelle Fotografie

Mit der zunehmenden Popularität der Amateurfotografie in der späten zweiten Hälfte des 20. Jahrhunderts und hier insbesondere den Bildbearbeitungsprogrammen, wurde es noch schwieriger authentische Geisterbilder unter der großen Menge an Fälschungen zu erkennen.

Ab der Mitte des 20. Jahrhunderts wurden Lichterscheinungen in Bildern populär, die als Orbs (Geisterflecke) oder auch Ektoplasma-Streifen bezeichnet und als Zeichen der Kommunikation von Geistwesen gedeutet wurden.

Diese Lichteffekte lassen sich allerdings bereits durch Lichtstreuung bei der Blitzlichtfotografie von Regentropfen und Staub oder Bewegungen unter Langzeitbelichtungen sehr leicht nachahmen, sodass ein medialer Fotograf zunächst das Grundhandwerk der Fotografie erlernen und beherrschen muss, um authentische Bilder von Geistern erzeugen zu können.

EVP Elektronische Stimmen Phänomene – Wenn Geister sich melden

Das Electronic Voice Phenomenon – auch EVP oder auch Elektronische Stimmen Phänomene genannt – bezeichnet man gerne als sogenannte Tonbandstimmen. Diese Tonbandstimmen sind nichts anderes als Hörereignisse während akustischen Aufzeichnungen. Die Elektronische Stimmen Phänomene bestehen entweder aus Wörtern oder Satzfragmenten, die beim Anhören durch unterschiedliche Interpretation wahrgenommen werden. Vor allem durch ihren unheimlichen Mythos werden die Elektronische Stimmen Phänomene von einigen Menschen als außergewöhnlich erachtet.

Wissenschaftliche Tests zeigten jedoch bislang keine Auffälligkeiten, die über das Aufnahmegerät hinausgehen, sodass das EVP oftmals direkt in Verbindung mit dem Aufnahmegerät steht. Eine genaue Definition gibt es derzeit nicht. Das bedeutet: Niemand weiß, ob das Phänomen auf Grund seiner technischen-physikalischen oder der informellen Art entsteht.

Bei der technisch-physikalischen Art spricht man von den Tonbandstimmen aufgrund des bestehenden Schalls. Bei den informellen Tonbandstimmen spricht man von einem nicht erklärbaren Informations-Feedback.

Die Definition EVP – warum elektronische Stimmen ein Phänomen sind

Die Elektronische Stimmen Phänomene sind vor allem in der Esoterik äußerst beliebt. Viele ihrer Anhänger sind sich sicher, dass die Elektronische Stimmen Phänomene in Wahrheit eine Kontaktaufnahme bereits Verstorbener ist. Einer der Kritiker dieser These war Ernst Senkowski. Der Physiker prägte somit den Begriff „instrumentelle Transkommunikation". Dieser Begriff bedeutet im Endeffekt nichts anderes als eine säkularisierte Form von Spiritismus. Weitere Skeptiker gehen davon aus, dass es ein noch nicht geklärter wissenschaftlicher Ursprung ist. Bislang gibt es keine Beweise, dass es so ist, auch Beweise, dass es nicht so ist, gibt es derzeit nicht. Viele Kritiker bezeichnen die Elektronische Stimmen Phänomene als Schall, der auf den Tonträgern vorkommt. Dieser Schall wird von den Menschen als stimmenähnlicher Laut wahrgenommen. Ebenfalls gibt es verschiedene technische Möglichkeiten, dass stimmenähnliche Laute intensiver wahrgenommen wird. So gibt es immer wieder Artefakte wie Vormagnetisierung oder auch elektromagnetische Immission, die grundsätzlich für die Elektronische Stimmen Phänomene verantwortlich sind. Des Weiteren basieren die Elektronische Stimmen Phänomene auf einer einfachen Wahrnehmungstäuschung der Personen. Somit interpretieren Anwesende in die Elektronische Stimmen Phänomene Texte und Fragmente, die nur sie hören. Jedoch gibt es – wie bereits erwähnt – keinen Beweis, ob Kritiker oder Befürworter der Theorie mit der Kontaktaufnahme von Verstorbenen, Recht oder Unrecht haben.

Der Ursprung der Tonbandstimmen

Die begriffliche Bestimmung der Tonbandstimmen stammt aus der Zeit, in welcher Aufnahmen aufgrund des technischen Mangels mithilfe eines Tonbandgerätes aufgenommen wurden. Dieser Begriff ist auch heute noch in Verwendung. Tonbandstimmen bezeichnen unter anderem auch Aufnahmen auf unterschiedlichen Geräten. So gibt es etwa Tonbandstimmen oder die Elektronische Stimmen Phänomene bei Radiogeräten, Fernsehgeräten oder auch Computern. Es existieren bereits spezielle Programme für den Computer sowie diverse Aufzeichnungsformate, mit welchem Elektronische Stimmen Phänomene aufgezeichnet wurden. Selbst bei Musik- und Videokassetten war schon von Elektronische Stimmen Phänomenen die Rede. Die Bezeichnung Electronic Voice Phenomenon bildet die Grundlage der Übersetzung „Elektronische Stimmen Phänomene". Die Abkürzung dafür lautet ESP und gilt als 1 zu 1 Übersetzung aus der englischen Sprache. Weitere Bezeichnungen für Elektronische Stimmen Phänomene gibt es in der deutschen Sprache – bis auf Ausnahme der Tonbandstimmen – nicht.

Die unterschiedlichen Methoden zur Herstellung von Tonbandstimmen

Um Elektronische Stimmen Phänomene zu erleben, gibt es verschiedene Möglichkeiten. Die häufigsten Techniken und Geräte sind:

Mikrofon-Methode

Bei der Mikrofon Methode wird eine Aufzeichnung während kompletter Stille vorgenommen. Das Mikrofon ist am Aufnahmegerät angeschlossen. Voraussetzung: Komplette Stille während der Aufnahme.

Radio Methode

Bei der Radio Methode hingegen nimmt man von mehreren fremdsprachigen Radiosendungen auf. Die Aufnahme erfolgt entweder mit oder ohne ein Mikrofon. Dabei versucht man in den Bereich zwischen zwei Sendern zu gelangen um aus dem Frequenzband und dem Rauschen Stimmen hören zu können.

Weißes Rauschen

Die Aufnahme erfolgt abermals mit dem Rundfunkgerät. Hier jedoch auf einer Frequenz, auf welcher kein Sender eingestellt ist bzw. es keine Sendung gibt. Das Geräusch wird als „weißes Rauschen" bezeichnet und ist eine weitere Alternative zum Herbeiführen von Elektronische Stimmen Phänomenen.

Die Phonem-Synthese Methode oder Sprachsynthese Methode

Bei dieser Methode kommt ein Computerprogramm zur Anwendung. Durch verschiedene Programme – wie etwa den EVPMaker – nimmt man eine Audiodatei auseinander. Die Audiodatei – zum Beispiel .wav – wird nach dem Zufallsprinzip in verschiedene Segmente zerteilt. Somit entsteht die Phonem-Synthese bzw. Sprachsynthesen Methode, die als neueste Methode im Bereich Tonbandstimmen und Elektronische Stimmen Phänomene anerkannt ist.

Selbst eine Kombination der unterschiedlichen Aufzeichnungstechniken ist möglich und wird immer wieder angewandt. Somit erlebt die Aufnahme eine genauere Auswertung und unterschiedliche Interpretation durch das mehrmalige Abspielen. Danach greift man auf relevante Abschnitte zu, die ausgesucht werden. Es gibt jedoch kein standardisiertes Verhalten, das anzuwenden ist, um tatsächlich ein Elektronische Stimmen Phänomen zu erleben. Die Auswahl der unterschiedlichen Segmente unterliegt dem Experimentator und dessen Fähigkeiten, „etwas zu hören" bzw. Tonbandstimmen zu interpretieren.

Der geschichtliche Hintergrund

Friedrich Jürgenson, schwedischer Opernsänger und Kunstmaler, prägte den Begriff „Tonbandstimmen". Bereits im Jahr 1959 fertigte er mit seinem damaligen Tonbandgerät Aufnahmen von Vogelstimmen an. Nachdem Jürgenson die Vogelstimmen mehrmals abgespielt hatte, war er überzeugt, neben den Vogelstimmen auch menschliche Stimmen zu hören. Friedrich Jürgenson gab immer wieder bekannt, dass er etwa „Friedrich, du wirst beobachtet" hörte. Ebenfalls sagten die Stimmen Sachen, die nur er wissen konnte. Durch diese Erfahrung 1959 widmete er sich den Tonbandstimmen und dem Elektronische Stimmen Phänomen. Bereits im Jahr 1967 veröffentlichte er das erste Mal in ein Buch zu diesem Thema. In diesem Werk berichtet der Schwede über den Sprechfunk mit bereits verstorbenen Personen. Deshalb prägte er auch den „Stimmen aus dem Jenseits"-Begriff und machte diesen publik.

Der Schwede war darauf bedacht, seine Entdeckung auch von wissenschaftlicher Seite bestätigen zu lassen. Er führte nicht nur Gespräche mit Rundfunktechnikern, sondern suchte auch den Dialog mit Psychologen und Physikern, die ihm das Phänomen erklären sollten. Bereits in den Jahren 1964 und 1970 führte Jürgenson in Verbindung mit dem Parapsychologischen Institut in Freiburg diverse Arbeiten durch. Unter der Leitung von Hans Bender arbeitete Jürgenson sechs Jahre dort und versuchte die Elektronische Stimmen Phänomene wissenschaftlich zu bestätigen. Nach sechs Jahren wurde das Projekt jedoch eingestellt. Es brachte nicht den gewünschten Effekt und auch nicht etwaige Lösungen. Im Gegenteil. Es sah ganz danach aus, als würden Hans Bender und Jürgenson die Zeit vergeuden. Im Jahr 1970 wurde das Projekt endgültig auf Eis gelegt.

Weitere Experimentatoren, die sich mit den Tonbandstimmen befassten

Aber nicht nur der Schwede beschäftigte sich mit den Tonbandstimmen und den Elektronische Stimmen Phänomenen. Auch Konstantin Raudive, lettischer Schriftsteller, der zwischen 1909 und 1974 lebte, befasste sich umfassend mit den Tonbandstimmen. Bereits im Jahr 1968 erschien ein Buch, das sehr wohl über Tonbandstimmen berichtete. Raudive war – genau wie sein schwedischer Kollege Jürgenson – das ganze Leben lang bestrebt, einen wissenschaftlichen Nachweis zu erhalten. Jedoch gelang auch Raudive dieser Erfolg nicht.

Doch mit einem Experiment im März 1971 konnte er sehr wohl Menschen überzeugen – wenn auch nicht alle. So präsentierte er die Elektronische Stimmen Phänomene mittels einer Mikrofonmethode im Laboratorium der Firma Belling & Lee Ltd. in London. Skeptiker sind der Ansicht, dass die Möglichkeiten eines ruhigen Raumes und eine Verhinderung von Manipulation nicht gegeben waren. Daher sind sie überzeugt, dass nicht alle notwendigen Vorkehrungen getroffen wurden, sodass auch hier kein wissenschaftlicher Beleg in Bereich der Tonbandstimmen stattfand.

Neben dem Schweden und dem Letten setzten sich auch weitere Persönlichkeiten mit den Tonbandstimmen auseinander. Darunter war es etwa Ernst Senkowski aus Mainz, Deutschland, sowie Leo Schmid, Pfarrer aus Oeschgen, Schweiz, sowie der Österreichische Ing. Seidl aus Wien. Alle drei waren weitere Experimentatoren, die sich immer wieder intensiv mit den Tonbandstimmen und dem dazugehörigen Elektronische Stimmen Phänomen beschäftigten. Doch auch diesen drei Personen gelang es nicht, einen wissenschaftlichen Beleg zu erzielen, der besagt, dass es tatsächlich das Elektronische Stimmen Phänomen gibt.

Physiker Johannes Hagel befasst sich intensiv mit den Tonbandstimmen und den Elektronische Stimmen Phänomenen

Auch Johannes Hagel, Physiker aus Wien, befasste sich mit den Elektronischen Stimmen Phänomenen. Bereits in der Zeitschrift für Anomalistik im Jahr 2002 (1. und 2. Ausgabe) sinnierte er über die Elektronische Stimmen Phänomene. Seine Experimente geben Aufschluss darüber, dass durchaus verschiedene Zufälle eintreten, damit überhaupt eine Tonbandstimme zu hören ist. Des Weiteren gibt er zu, dass maschinelle Systeme immer wieder mit Umgebungen sowie Zufallsprozessen versehen sind. Das bedeutet, dass die Zufälle dafür sorgen, dass viele Menschen eine Tonbandstimme interpretieren - die jedoch keine Stimme ist. Vor allem durch akustische Sequenzen sind Menschen überzeugt, bei den Aufnahmen eine Stimme zu hören. Der Physiker betont des Weiteren, dass die Elektronische Stimmen Phänomene aber ein Phänomen bleiben, da es keine akausale Korrelation zu bereits bestehenden Mechanismen gebe. Es gibt weder Beweise dafür, noch Beweise, die dagegen sprechen.

Fakt ist: Die Elektronische Stimmen Phänomene sind seit dem Jahr 1959 bekannt. Der Schwede Jürgenson interpretierte mit der Aufnahme der Vogelstimmen eine weitere Stimme, die Sätze sagte. Wissenschaftlich war es bislang niemandem möglich, nur annähernd beweisen konnte, dass es die Tonbandstimmen und in weiterer Folge die Elektronische Stimmen Phänomene gibt. Es liegt jedoch auch kein Beweis vor, er das Gegenteil belegt, sodass die Elektronische Stimmen Phänomene weiterhin ein Phänomen und ein Mythos bleiben.

Berühmte Persönlichkeiten im Dienst des Spiritismus

Schon immer gab es Menschen, die nicht unbedingt medial veranlagt waren. Doch was sie letztendlich auszeichnete war ihr Mut, sich über die Grenzen und Gesetzmäßigkeiten der Wissenschaft zu erheben. Ihr Anliegen war es, Menschen begreiflich zu machen, dass eine Kommunikation zwischen den Lebenden und den Toten absolut möglich ist. Manche von ihnen wurden ausgelacht und diskreditiert, doch letztendlich trugen sie mit ihrem guten Namen dazu bei, dass der Spiritismus trotz vieler Anfeindungen, nicht zuletzt aus den Reihen der etablierten Kirchen, nicht totgeschwiegen wurde und immer noch lebendig ist.

Die Zeiten haben sich verändert. In unserer Zeit gehen mehr und mehr Menschen den medialen Weg um ihr Bewusstsein auszudehnen und zu erweitern. Sie erforschen selbst die Grenzbereiche ihrer Wahrnehmung. Medialität ist heute zu einem Selbsterfahrungsbereich geworden. Wir haben erkannt, dass nicht nur einige wenige Menschen diese Fähigkeiten besitzen zur Heilung oder zur Kontaktaufnahme, sondern, dass in jedem von uns dieses unglaubliche Potenzial innewohnt.

Allerdings, die Qualität der Medialität des letzten Jahrhunderts ist bis heute unerreicht. Selbst berühmte Medien unserer Zeit, hochgepuscht von Verlagen und dem Fernsehen, haben noch lange nicht die Qualität einer Estelle Roberts oder das Können eines Gordon Higginson. Unsere Gesellschaft zeigt auch leider hier die Tendenz „höher – schneller – weiter" und setzt mehr auf Werberummel und Quantität. Aus der Sicht der geistigen Welt sind wir zurückgefallen auf den Pfad der Pioniere der medialen Kommunikation.

Da laut meinen Umfragen mehr als 80 % der angehenden Medien die Geschichte der Medialität und des Spiritismus unbekannt ist und die meisten Bücher auch nur in Englisch vorliegen, soll dieses Buch eine Wissenslücke schließen.

Ich glaube fest daran, dass es möglich ist, diese Qualität, die in der Vergangenheit möglich war, wieder zu erreichen und aus diesem Grunde ist dieses Buch entstanden. Begreiflich zu machen, was wirklich möglich war und vielleicht wieder einmal sein kann. Nicht zuletzt ist dieses Buch ein Appell an alle Medien: Geht aus der Komfortzone heraus und geht für Qualität. Scheut keine Weiterbildung, denn es ist ein Dienst am Menschen und ein Dienst an Gott. Gebt das Beste, was ihr könnt und nicht das, was ihr gerade einmal in zwei Tagen gelernt habt. Medialität ist ein Seelenweg. Lange vorher in der geistigen Welt entschieden, trägt er eine Verpflichtung in sich, das Licht in die Seelen der Menschen zu tragen, Gottes Wege zu vereinen und wieder für alle begehbar zu machen.

An diesem Buch schrieben Menschen mit, die im Alltag keinen Bezug zur Medialität haben und viele Artikel sind im Auftrag von mir entstanden. Dennoch war bei allen die Faszination spürbar und für viele war es eine völlig neue Thematik und dennoch haben sie unvoreingenommen ihr Bestes gegeben und recherchiert und geschrieben. So wie dieses Buch ein Buch von Vielen ist, sollte Medialität auch wieder eine Arbeit werden Hand in Hand, damit unser Bewusstsein kollektiv in die neue Dimension wächst.

Letztendlich beruht unser ganzes Universum auf Frequenzen und interagierenden Wellen und Photonen. Kommunikation findet über das flüssig-kristalline Netzwerk der Magnetite im Menschen statt und über die 90 % der DNS, die ehemals als DNS-Müll oder Junk DNA bezeichnet wurden. All dies ist bereits wissenschaftlich entdeckt und erforscht. Informationen können eine Dimension verlassen und in einer anderen wieder auftauchen, was nicht zuletzt wissenschaftlich gesehen, den Austausch zwischen Diesseits und Jenseits erst möglich macht. Doch wir sollten hier auch nicht vergessen, dass dies nur zwei Dimensionen sind innerhalb eines multidimensionalen Modells der Schöpfung und wir noch endlose dimensionale Entdeckungen vor uns haben. Schließlich gibt es da noch mindestens 80 % unseres Gehirns, die bisher unbenutzt sind. Diese Kapazitäten werden wir nur dann nutzen, wenn wir mit unserem Bewusstsein evolutionsmäßig die nächsten Stufen erreichen.

Doch kehren wir zurück zu Menschen, die zu ihrer Zeit ein unglaubliches Bewusstsein hatten. Natürlich sind es viele, die wir hier nicht erwähnen. Doch stellvertretend für all jene, die ihren Beitrag leisteten um die Grundsteine zum Fundament der Medialität zu legen seien sie hier erwähnt.

Beginnen wir mit dem Altmeister der Spannung, besser bekannt als Schöpfer des legendären Sherlock Holmes

Sir Arthur Conan Doyle – Botschafter des Spiritismus

Am 22. Mai 1859 erblickte Sir Arthur Ignatius Conan Doyle M. D. das Licht der Welt. Er kam in Edinburgh zur Welt und war neben seiner schriftstellerischen Tätigkeit als Arzt tätig. Sir Arthur Conan Doyle ist vor allem durch seine Romane rund um Sherlock Holmes und Dr. Watson bekannt. Auch Professor Challenger stammt aus der Feder von Sir Arthur Conan Doyle. Neben seiner Tätigkeit als Schriftsteller und britischer Arzt, war er auch ein bekennender Anhänger des Spiritismus und gilt heute in Insider-Kreisen als Botschafter der übernatürlichen Fähigkeiten und Wahrnehmungen.

Das Leben von Sir Arthur Conan Doyle

Sir Arthur Conan Doyle war der Sohn von Charles Altamont Doyle, einem Beamter aus aristokratischem Haus, der mitunter für seinen Werdegang als Mediziner verantwortlich war. Sir Arthur Conan Doyle besuchte unter anderem die Jesuitenschule Stonyhurst sowie die Stella Matutina in Österreich. Er war im Jahr 1880 als Schiffsarzt tätig; 1882 öffnete er eine Arztpraxis in Southsea, Portsmouth. Diese führte er bis zum Jahr 1890. Schon damals schrieb er in seiner Freizeit Geschichten. Bereits im Alter von 23 Jahren verfasste er den Roman „The Narrative of John Smith", der jedoch erst im Jahr 2011 erschien. Die erste Veröffentlichung einer Sherlock Holmes Geschichte fand im Alter von 28 Jahren statt. Nachdem er 1890 seine Praxis geschlossen hatte, zog er nach London. Bereits ein Jahr später unterhielt er seinen Lebensunterhalt mit der Veröffentlichung seiner Werke. 1893 endet das Leben von Sherlock Holmes; er stürzt in dem letzten Roman „The Final Problem – Das letzte Problem" in den Tod. Sein Freund Dr. Watson erklärt ihn daraufhin für tot. Auch wenn Sir Arthur Conan Doyles Mutter ihren Sohn überreden wollte, Sherlock Holmes nicht sterben zu lassen, entschied sich der Schriftsteller für diesen Weg. Er begründete es damit, dass er sonst keine Zeit für andere Charaktere hätte. Des Weiteren war Sir Arthur Conan Doyle bekennender Freimauer und wurde im Jahr 1893 Meister der Freimaurerloge „Phoenix No. 257".

Seinen Ehrentitel „Sir" erhielt Sir Arthur Conan Doyle im Jahr 1902. Neben seiner schriftstellerischen Tätigkeit, war er auch immer wieder in spiritistischen Kreisen aktiv. Er selbst stritt nie ab, ein Anhänger des Spiritismus zu sein, äußerte sich aber nie dahingehend, ob er bei Séancen war oder selbst ein Medium wäre. Die Thematik kam in die Öffentlichkeit, als er mit Houdini, der schon immer als Skeptiker bekannt war, einen dementsprechenden Streit ausfocht. Vor allem die Affäre rund um Margery sorgte dafür, dass der Zauberkünstler in den Kreisen des Spiritismus nicht gerne gesehen war.

Der Spiritismus – warum Sir Arthur Conan Doyle ein Botschafter war

Doch Sir Arthur Conan Doyle befasste sich mit der Zeit immer mehr mit Zukunftsromanen. Ganz im Stil von Jules Verne begann er Romane zu verfassen, die sehr wohl auch im Bereich Spiritismus und Mystizismus vertreten waren.

Sir Arthur Conan Doyle gilt als Fan des Spiritismus. Bekannt ist unter anderem die Kontroverse mit Harry Houdini, dem weltbekannten Zauberkünstler und größten Skeptiker im Bereich des Spiritismus. Während Sir Arthur Conan Doyle der Ansicht war, dass Houdini selbst übernatürliche Fähigkeiten besaß, dementierte diese die Vermutung immer wieder. Schlussendlich zerbrach die Freundschaft der beiden Männer aufgrund der unterschiedlichen Vorstellungen im Bereich Spiritismus. Sir Arthur Conan Doyle versuchte Houdini immer wieder zu überzeugen, lud ihn zu Séancen und Geisterbeschwörungen ein. Durch die Affäre rund um Margery war Houdini allseits als Skeptiker in Sachen übernatürliche Fähigkeiten und Spiritismus bekannt. Auch Sir Arthur Conan Doyle konnte ihn nicht vom Gegenteil überzeugen. Inwieweit Sir Arthur Conan Doyle selbst an Séancen teilnahm oder sich tatsächlich für die Geisterbeschwörung interessierte, ist ungeklärt. Auch wenn er in esoterischen Kreisen als Botschafter des Spiritismus gilt, gibt es offiziell keine Beleggründe, weshalb dies so ist. Es sind vorwiegend seine Zukunftsromane und auch weitere Stellungnahmen sowie seine Verbindung zu den Freimaurern, die ihn wohl den Titel des Botschafters verleihen. Der Disput mit Houdini heizt die Sache natürlich noch mehr ein. Houdini ein Skeptiker, Sir Arthur Conan Doyle ein Anhänger – beide begruben deshalb ihre Freundschaft.

Des Weiteren hat Sir Arthur Conan Doyle in seinen späteren Werken immer wieder Bezug auf spiritistische Dinge genommen. Die Frage ist nur: Nahm er sich selbst ernst, oder hat er den Spiritismus mit einem ironischen und zynischen Auge gesehen? Grundsätzlich war Sir Arthur Conan Doyle Schriftsteller, der mit erfundenen Geschichten rund um andere Personen sein Geld verdiente. War es also möglich, dass er mit seinen späteren Werken nur für Abwechslung und Spannung sorgen wollte? Oder war der britische Mediziner und Schriftsteller tatsächlich immer wieder bei Séancen und brachte seine Erfahrungen in den Romanen selbst ein? Belegt ist, dass er an Séancen mit Anna Wickland teilnahm.

Sir Arthur Conan Doyles Tod mit 71 Jahren

Sir Arthur Conan Doyle starb am 7. Juli 1930 in Windlesham, in Sussex, auf seinem Anwesen. Er erlitt mit 71 Jahren einen Herzinfarkt. Sir Arthur Conan Doyle war bis dahin zweimal verheiratet gewesen. Seine Frau Louisa „Touie" Hawkins von 1885 bis 1906 starb, woraufhin er 1907 nochmals heiratete – dieses Mal Jean Leckie. Mit ihr blieb er bis zu seinem Tod 1930 verheiratet. Aus der Ehe mit seiner verstorbenen Frau stammen die Kinder Mary und Kingsley. Während der Ehe mit Jean Leckie zeugte er die Söhne Denis, Adrian sowie seine Tochter Jean, deren Spitzname „Billie" ist. Sir Arthur Conan Doyle wurde am „All Saints Churchyard" Friedhof der „All Saints Church" von Minstead begraben. Sein Grab befindet sich unter einer alten Eiche. Bis heute sind seine Überreste in dem Grab. Seine Frau Jean starb 1940. Auch sie wurde in demselben Grab wie ihr Mann Sir Arthur Conan Doyle begraben.

Sir Oliver Lodge – Präsident der Society for Psychical Research

Sir Oliver Lodge war nicht nur ein weltweit anerkannter Wissenschaftler und Physiker, er war auch ein Mann, den eine starke Überzeugung antrieb. Zeit seines Lebens ließ er keine Gelegenheit verstreichen, seine persönliche Gewissheit kundzutun, dass der Tod nicht das Ende ist, dass eine tatsächliche Ebene existiert, in der pures Bewusstsein und geistige Wesen jegliche Materie durchdringen und dass eine Kommunikation mit dieser Ebene, die manche als Jenseits bezeichnen mögen, möglich ist.

Biografische Daten und wissenschaftlicher Werdegang

Sir Oliver Lodge wurde am 12. Juni 1851 im englischen Penkhull (das heutige Stoke-On-Trent) in Staffordshire geboren und studierte an der Universität zu London, wo er im Jahr 1877 als Professor für Physik einen Lehrstuhl innehatte. In den Jahren zwischen 1881 und 1890 lehrte er Physik an der Universität zu Liverpool. Von 1900 bis 1919 war er Universitätsrektor in Birmingham. Seine herausragenden Arbeiten in den wissenschaftlichen Bereichen der Elektrizität und der Radiowellenforschung führten dazu, dass er 1887 in die Royal Society aufgenommen und 1902 zum Ritter geschlagen wurde. Er erfand unter anderem die drahtlose Telegrafie.

Erforschung des Übersinnlichen

Neben dieser Welt der harten wissenschaftlichen Fakten beschäftigte sich Sir Oliver Lodge aber auch eingehend mit der Erforschung des Unbekannten, mit der Erforschung dessen, was wir nicht sehen und auch nicht direkt begreifen können. Wie viele Menschen im Viktorianischen England dieser Zeit, unter ihnen zum Beispiel auch Charles Dickens und Sir Arthur Conan Doyle, glaubte Sir Oliver Lodge an die Möglichkeit und Existenz der Gedankenübertragung und Telepathie. Die wissenschaftliche Vorstellung dieser Zeit besagte, dass die materielle und stoffliche Welt zusätzlich mit einer Art Äther gefüllt wäre, der unsichtbar alle Materie verbinden würde. Über diesen

Äther, so die Überzeugung, müsse es möglich sein, Gedanken an andere zu übertragen, ähnlich der Übertragung von Radiowellen von Sender zu Empfänger. Um diese (und andere) Annahmen wissenschaftlich zu bearbeiten und, wenn möglich, empirisch zu beweisen, wurde im Jahr 1882 die SPR gegründet, die „Society for Psychical Research". Sir Oliver Lodge war ein Mitglied dieser Gesellschaft und in den Jahren zwischen 1901 und 1903 auch ihr vorstehender Präsident. Er sah sich selbst aber nicht nur als Wissenschaftler, sondern auch als spiritualistischer Christ.

Spiritismus

Zum Spiritismus gehört mehr, als nur die oben erwähnte Bereitschaft, an die Möglichkeit von Gedankenübertragung und Telepathie zu glauben. Weitere, wichtige Aspekte des Spiritismus sind der Glaube daran, dass die Seele eines Menschen nach seinem physischen Tod weiterexistiert und darüber hinaus der Glaube an die Möglichkeit einer Kommunikation mit Verstorbenen. Auch zeichnet spiritualistisches Gedankengut aus, dass von einer gewissen persönlichen Verantwortung eines jeden Menschen ausgegangen wird, die sich dann wiederum in seinen Lebensumständen widerspiegelt (vergleichbar mit einer Lebenssituation basierend auf Karma). Außerdem gehen Menschen dieser Lebensanschauung davon aus, dass es auch noch nach dem Tod möglich sein wird, sich persönlich und spirituell weiterzuentwickeln, dass eine gewisse geistige Evolution also ständig fortschreitet. Der Begriff eines Gottes weicht in diesem Fall häufig der Bezeichnung einer allumfassenden Intelligenz. Die tatsächliche, von uns Menschen wahrnehmbare Realität ist somit, in diesem Glaubenssystem, bloß Ausdruck und Manifestation dieser allumfassenden Intelligenz.

Medien

Zu diesen oben beschriebenen Glaubensansätzen kommt zusätzlich der Glaube daran, dass unter uns Menschen gewisse, sogenannte Medien existieren, die eine besondere Gabe haben und dank dieser Gabe mit Verstorbenen kommunizieren können. Solche Kommunikationen werden meist in Sitzungen erreicht, die als Séancen bezeichnet werden. Man braucht aber nicht unbedingt eine angeborene Gabe, um ein Medium zu sein oder zu werden. Es ist auch möglich, so die Überzeugung, sich durch Übung und Training solche Fähigkeiten anzueignen.

Séancen

Es gab aber selbstverständlich auch persönliche Erlebnisse im Leben des Sir Oliver Lodge, die mit dafür verantwortlich waren, dass er so überzeugt war von einer Existenz eines übersinnlichen Raums und einer fortbestehenden Existenz des Menschen nach dem Tod. Im Jahr 1915 fiel sein Sohn Raymond im Ersten Weltkrieg. Direkt danach besuchte Sir Oliver Lodge mehrere Medien, um Kontakt mit seinem verstorbenen Sohn aufzunehmen. Über die Erfahrungen, die er dabei sammelte, veröffentlichte er ein Jahr später ein Buch mit dem Titel „Raymond, or Life and Death", das zu einem beachtlichen Verkaufsschlager der damaligen Zeit avancierte. Darin wird beschrieben, wie er zusammen mit einem damals berühmten Medium Botschaften von seinem toten Sohn empfing. Da dieser Fall sehr gut dokumentiert ist, soll hier an dieser Stelle etwas näher darauf eingegangen werden, denn dieser Fall ist es auch, der ein erklärendes Licht auf die Faszination des Oliver Lodge mit der Realität des Jenseits werfen kann.

Sir Oliver Lodge und das Übersinnliche

Im Falle seines gefallenen Sohnes Raymond dokumentierte er in dem entsprechenden Buch Séancen, die er zusammen mit seiner Frau und dem Medium Gladys Osborne Leonard durchführte. Sir Oliver Lodge war davon überzeugt, dass sein Sohn mit ihm Kontakt aufgenommen hätte. In seinem Buch geht er auch näher darauf ein, wie sich die Welt gestaltet, in der sich sein Sohn seit seinem Tod zu befinden schien. Demzufolge teilte Raymond seinem Vater über diese Botschaften mit, dass die Menschen, nachdem sie sterben, in dieser anderen Existenzebene immer noch die gleichen Menschen wären wie vor ihrem Tod. Auch die Welt der Toten, was die Menschen im Allgemeinen als Jenseits bezeichnen, unterscheide sich nicht sonderlich von der Welt, die wir kennen. Es gäbe dort Häuser, Bäume, Blumen. Diese Welt an sich sei der unseren sehr ähnlich, nur dass es dort zum Beispiel keine Krankheiten gäbe. Weiter beschreibt Sir Oliver Lodge in diesem Buch, dass sein Sohn ihm berichtete, dass die Soldaten, die im Krieg gefallen waren, in dieser jenseitigen Welt Zigarren rauchten und Whisky tränken. Diese Beschreibung der jenseitigen Welt brachte Sir Oliver Lodge jedoch viel Häme seitens seiner Kritiker ein, die behaupteten, er wäre kein ernstzunehmender Wissenschaftler und in der Trauer um seinen Sohn auf eine traurige, nichtwissenschaftliche Bahn abgedriftet, um seinen Verlust besser verkraften zu können.

Sir Oliver Lodge bleibt unbeirrbar

Trotz dieser Vorwürfe, denen er sich ausgesetzt sah, blieb Sir Oliver Lodge seinen Überzeugungen treu. Seine wissenschaftlichen Arbeiten im Bereich der elektromagnetischen Strahlung bestärkten seine Überzeugung sogar noch und er vertrat die Ansicht, dass der bereits vorher schon erwähnte und von vielen Wissenschaftlern dieser Zeit vermutete Äther eben genau die Welt wäre in welche die Seelen verstorbener nach ihrem Tod gelangen würden. Als Christ war er weiterhin der Meinung, dass die Apostel Jesu bei dessen Auferstehung von den Toten eben jenen geistigen Körper gesehen hätten, der noch einmal zurück aus dem Äther gekommen wäre, um ihnen die Frohe Botschaft zu verkünden.

Erbe und Hinterlassenschaft

Sir Oliver Lodge heiratete im Jahr 1877 Mary Fanny Alexander Marshall und bekam mit ihr zwölf Kinder, sechs Jungen und sechs Mädchen. Vier seiner Söhne wurden erfolgreiche Geschäftsmänner, die einige der verschiedenen Erfindungen Oliver Lodges zu Geld machten. Sir Oliver Lodge verstarb schließlich am 22. August 1940.

Zurück bleiben all seine wissenschaftlichen Werke und seine Überzeugung, die immer noch viele Anhänger findet. Denn die Hoffnung darauf, dass nach dem Tod nicht alles zu Ende ist und die Existenz in irgendeiner Art und Weise fortgeht, dieser Wunsch und diese Hoffnung einigen letztlich fast alle von uns. In der tatsächlichen empirischen und wissenschaftlichen Erforschung dieser Möglichkeit und These bleibt Sir Oliver Lodge aber einer der bedeutendsten Vorreiter und ist somit zumindest auf diese Art unsterblich geworden.

Mediale Zirkel

Mediale Zirkel sind Gruppenzusammenkünfte, die eine typisch englische Methode sind, sich im medialen Bereich fortzubilden.

In den spirituellen Kirchen gibt es verschiedene Zirkel, die unterschiedlichen Zwecken dienen. Manche dieser Zirkel sind geschlossen und manche offene, an denen man jederzeit teilnehmen kann. Es gibt Heilungszirkel, Rettungszirkel um Seelen zu helfen ins Licht zu gehen, persönliche Entwicklungszirkel, Zirkel für übersinnliches Training, in Deutschland würde man sie als ASW-Zirkel bezeichnen (ASW – außersinnliche Wahrnehmung) und Zirkel um Jenseitskontakte zu üben. Sogenannte philosophische Zirkel runden das Bild ab. In diesen Zirkeln geht es darum, die Philosophie der geistigen Welt zu channeln. Also das gesprochene Wort (*spoken word*) unter den Menschen zu verteilen. Darüber hinaus gibt es auch noch Trancezirkel. All diese Zirkel werden von einem möglichst erfahrenen Zirkelleiter geleitet.

Obwohl der Standard in England sehr hoch ist, was zum Beispiel die Beweisführung innerhalb der Jenseitskontakte betrifft, so wird dennoch die Ausbildung in den Zirkeln aus den eigenen Reihen angegriffen und als nicht ausreichend betrachtet, da die Zirkelleiter oft selbst nur wenig Ausbildung genossen. Dazu kommt, dass neuere Forschungsergebnisse nicht in die Zirkelarbeit mit einfließen und so noch immer gelehrt wird wie vor hundert Jahren. Daher braucht ein englisches Medium eine Mindestentwicklungszeit von mindestens fünf Jahren, wobei man in England eher von fünfzehn Jahren ausgehen würde.

Wir lernen heute schneller und ich kann nur aus meiner Sicht als Lehrer sagen, dass wir in der medialen Woche bereits am ersten Tag voll in die Jenseitskontakte einsteigen und dies auch immer von allen Teilnehmern erfolgreich absolviert wird. Danach kommt natürlich die Feinarbeit und als Medium sollte man auch in der Persönlichkeit gereift sein. Schließlich ist man ja auch Botschafter der geistigen Welt im Diesseits.

Meditation ist unentbehrlich zur Entwicklung eines Mediums, allerdings gibt es auch viele (sehr teure) mediale Kurse, die versuchen über Meditation neue Medien auszubilden. Dies ist nicht möglich. Nur weil jemand channelt ist diese Person noch lange kein Jenseitskontaktmedium. Das zweitere verlangt viel mehr Schulung, eine weit höheres Bewusstsein und ein langfristiges Wahrnehmungstraining als es ein Channeling je sein könnte, es sei denn wir sprechen von Volltrancemedien.

Es ist ein wenig, als würde man eine neue Fremdsprache lernen, die aber nicht nur aus Worten, sondern auch aus Bildern, Gefühlen und anderen sinnlichen Eindrücken besteht. Das dies dauert und am Anfang viel Raum für Fehlinterpretation liefert, dürfte jedem plausibel erscheinen. Ein Lehrer betreut jeden seiner Schüler individuell und versucht das Optimum aus den Fähigkeiten des Schülers herauszuholen, denn jedes angehende Medium hat seine einzigartige Qualität, die es zu verfeinern und zu bewahren gilt.

Einen Zirkel möchten wir hier besonders erwähnen, denn er ist ein herausragendes Beispiel, was Menschen bewirken können, die sich und ihre Zeit über Jahre regelmäßig gemeinsam einbrachten.

Robin Foy – Der legendäre Scole Circle

Im Jahr 1992 gründete Robin Foy den Scole-Zirkel, auch bekannt als das „Scole-Experiment". Diese Gruppe tat sich zusammen, um physische Beweise für die Geisterwelt zu finden. Keine durch ein Medium durchgegebenen Botschaften Verstorbener, sondern Beweise, die hieb und stichfest waren. Reproduzierbare Beweise, die jeder näheren Betrachtung standhalten würden und die sich nicht verflüchtigen würden oder nur für einzelne Menschen eine bedeutsame Botschaft enthielten.

Die erste Sitzung des neu gegründeten Zirkels fand am 21. September 1992 statt, in einem Kellerraum in Scole (Norfolk, Großbritannien). Dieser Raum blieb der Sitzungsraum für die Dauer der Experimente. Doch etliche Jahre später fanden ähnliche Versuche in den USA statt, die bewiesen, dass die Phänomene der Scole-Gruppe nicht auf den Keller in Scole beschränkt waren. Ein wichtiger Fürsprecher in den USA war Professor Arthur Hastings von dem „Institut für überpersönliche Psychologie" in Kalifornien. Er stellte entschieden klar, er glaube nicht daran, dass sich die Ergebnisse der Sitzungen durch irgendwelche anderen Mittel fingieren ließen.

1993 wurde den Mitgliedern des Zirkels von ihrem „Geisterteam" mitgeteilt, dass es Zeit wäre, ein Projekt zu starten. In diesem Projekt ging es darum, das Weiterleben nach dem Tod einwandfrei zu beweisen. (In weiten Kreisen gelten die Scole-Experimente tatsächlich als der schlagende Beweis dafür.)

Ab 1994 veröffentlichten die Mitglieder des Zirkels Berichte in ihrer Zeitschrift „The Spiritual Scientist".

Um unabhängige Beobachter zu haben, die die Versuchsergebnisse bezeugen könnten, nahmen ab 1995 Mitglieder der „Society for Psychical Research" Teil an einzelnen Sitzungen. Die SPR erforschte seit 1882 paranormale Phänomene. In insgesamt 37 Sitzungen des Scole-Experiments waren Mitglieder der SPR anwesend. Später wurde von den SPR-Mitgliedern der Report „Das Scole-Experiment" geschrieben, in dem gründlich über die Experimente berichtet wurde.

Die Sitzungen

Während der Sitzungen wurde der Raum komplett abgedunkelt. Ein bis zwei Medien versenkten sich in Tiefentrance und nahmen so Kontakt mit Geistern auf. Während der Sitzungen kam es zu vielfältiger Interaktion mit dem Geisterreich, das sich durch verschiedene Signale bemerkbar machte. Als Kontaktmöglichkeit wählten die Geister Orbs, Berührungen der Gruppenmitglieder, Apporte, Geräuschmanifestationen, Interaktion mit im Raum vorhandenen Gegenständen, geistige Fotografie, paranormale Stimmen und Musik.

Geistige Fotografie

Auf dem Tisch liegende Polaroid-Filme, noch vollständig eingeschweißt, wurden durch geistige Fotografie belichtet. Trotz der Dunkelheit in dem Raum, obwohl die Polaroid-Filme eingeschweißt und in Schachteln auf dem Tisch lagen, gab es eine Vielzahl von solchen Fotografien mit ganz unterschiedlichen Motiven. Die Firma Polaroid sponserte sogar mit kostenlosem Filmmaterial diese Séancen. Es entstand eine Anzahl von Porträts, genauso wie Fotos von Gebäuden, von sonderbaren, abstrakten Mustern, von schlierigen Farben und einigem mehr. Besonders bemerkenswert ist aber, dass es auch eine Reihe von Fotos gab, die Schriftstücke zeigten. Einen Teil der Upanischaden beispielsweise, Botschaften, Rätsel und sogar Hieroglyphen.

Interaktion mit im Raum befindlichen Gegenständen

Öfters wurden Gegenstände im Raum zum Schweben gebracht, beispielsweise 1994 ein Tambourin. Eine von der Decke hängende Kuhglocke wurde angeschlagen und wiederholt wurde auf Musikinstrumenten gespielt, die auf dem Tisch lagen. Erstmalig geschah dies im Sommer 1996 mit einer Trompete.

Musik

Musik spielte eine große Rolle bei dem Scole-Experiment. Mehrfach wurde Musik vernommen, die auf Instrumenten gespielt war, die sich nicht im Raum befanden – vor allem Schlagzeug-Geräusche und Trompete. Und die Geister kommentierten auch die Musik, die während der Sitzungen von Band gespielt wurde.

Apporte

Auch Apporte traten während der Scole-Sitzungen auf. Erstmalig wurde in einer Sitzung eine Zeitung von 1945 manifestiert, noch so frisch, als sei kein Jahr vergangen. Innerhalb weniger Tage alterte das Papier dann aber deutlich. Danach gab es noch mehrere solcher Apporte, insgesamt um die siebzig Stück. In einer Sitzung versprach der Geist „Manu" jedem Teilnehmer ein Geschenk. Am Ende der Sitzung lagen tatsächlich sieben verschiedene Gegenstände auf dem Tisch bereit.

Geräuschmanifestationen

Oft waren (vor allem in der Anfangszeit) während der Sitzungen Geräusche zu vernehmen, die nicht mit den Zirkel-Mitgliedern oder im Raum befindlichen Gegenständen in Zusammenhang gebracht werden konnten. Typisch waren dabei klackende, schnalzende und klopfende Geräusche.

Paranormale Stimmen

Nicht nur auf Kassetten, die während der Sitzungen aufgenommen wurden, waren oft paranormale Stimmen zu hören, die Geister schafften es später auch, direkt zu den Teilnehmern zu sprechen. Dies war nur möglich, weil während der Scole-Sitzungen mit Energie und nicht mit Ektoplasma gearbeitet wurde. Durch diese Energie konnten die Geister das Stimmzentrum des Mediums quasi außerhalb seines Körpers nutzen und so Sprache mitten in der Luft erzeugen. Also eine vollkommen neue Entwicklung der physikalischen Medialität, bei der das Medium geschont wurde.

Orbs

Orbs sind kleine Lichtkugeln, die sich vor allem auf Fotografien zeigen. Bei dem Scole-Experiment wurden wiederholt Orbs gesehen, die durch den Raum schwirrten. Doch diese Orbs waren nicht bloße Lichtkugeln, sondern auch Sterne aus Licht, sie funkelten und sprühten Funken und wurden sogar von Geräuschen begleitet.

Berührungen

Im stockdunklen Kellerraum wurden nicht nur häufig die Zirkel-Mitglieder von Geisterhänden berührt, auch sie durften einige der Geister berühren, die sich für sie „körperlich" machten. So konnten sogar Beschreibungen zu dem Körperbau eines Geistes gemacht werden.

Das Geisterteam

Im Laufe der Sitzungen wurde klar, dass die Geister meistens als Teams auftraten. Nach dem Tod wurden sie einer Gruppe mit jeweils bestimmten Aufgaben zugeteilt.

Als wichtigster Teilnehmer des Geisterteams ist dabei „Manu" zu nennen, der anderen Geistern erst den Weg in den Sitzungssaal ebnete, indem er die Energien anpasste. Erst wenn er anwesend war, kamen andere Geister nach.

Jeder Geist hatte dabei noch einen gewissen Bezug zu seinem ehemaligen Leben. Der Geist „Edward Matthews" beispielsweise, der in seinem Leben ein Wissenschaftler gewesen war, hatte von allen Geistern am meisten Freude daran, die Experimente und Versuche vorzubereiten und durchzuführen.

Auch für das Geisterteam des Scole-Zirkels waren viele der Versuche und Experimente neu und sie erfanden ständig neue Wege, sich ihren menschlichen Zirkelmitgliedern mitzuteilen. Oft musste dabei erst eine Weile experimentiert werden (wie zum Beispiel bei den Sprachmanifestationen mitten in der Luft), ehe der Versuch klappte.

Ende des Scole-Circles

In seinem Buch „Witnessing the impossible" schreibt Robin Foy im Tagebuchformat über alle Sitzungen des Zirkels. Leider ist das Buch, wie alle interessanten Bücher nur auf Englisch zu lesen.

Das Ende des Zirkels erfolgte abrupt. Nicht Manu manifestierte sich wie üblich, sondern der *Rat der Kommunikation* erschien erstmalig aus der geistigen Welt und bat die Mitglieder, nie wieder in dieser Form zusammenzukommen, da sie durch die Stärke der Energie bei den Sitzungen einen Vortex eröffnet hätten, der widerrechtlich von Wesenheiten benutzt würde um die Zukunft zu manipulieren.

Man hielt dies erst für einen Scherz und traf sich erneut und wieder kam die gleiche dringliche Bitte aus der geistigen Welt. Mit dem Ende des Scole-Experiments begann eine neue Ära. Überall, besonders in Großbritannien, etablierten sich neue Zirkel, die für physikalische Medialität sitzen. Nicht alle hatten wirklich die Disziplin Jahre zu sitzen, bis sich endlich ein Durchbruch zeigte. Doch wie Silver Birch, der Geistführer von Maurice Barbanell, bereits sagte:

„Glaubt nicht, dass auch nur eine Sekunde verschwendet ist, die ihr im Dienst der Ewigkeit verbringt. Jede einzelne Sitzung gibt uns die Gelegenheit zu arbeiten und Dinge zu erreichen und der Tag wird kommen, an dem sich jede Anstrengung gelohnt hat, auch wenn dies Jahre in eurer Zeitrechnung sind."

Das macht zumindest Mut, es auch zu versuchen und mein Mann und ich sitzen regelmäßig in unserem Séanceraum und spüren, wie die Energien wachsen und wer weiß, eines Tages geschehen dann Wunder.

Wir hatten die Gnade einige der heutigen physikalischen Medien zu erleben und können nur betonen, dass Sie, wann immer Sie die Möglichkeit haben, so etwas zu sehen, die Chance wahrnehmen sollten. Es wird ihr Leben verändern.

Spiritismus als Religion

Über die Anfänge des Spiritismus haben wir ja bereits berichtet. Dass Spiritismus neben der *Church of England* die einzige anerkannte Religion in England ist, wissen allerdings nur wenige. Alle anderen Religionen wie der Katholizismus, der Buddhismus, der Islam werden geduldet, sind aber nicht offiziell anerkannt.

Die SNU ist die Dachorganisation, dabei steht SNU für *Spiritualist National Union*. Diese Organisation leitet und unterhält mehrere Spiritual Churches im Land, aber nicht alle Kirchen unterstehen dem Reglement der SNU. Es gibt auch viele freie oder christliche spirituelle Kirchen.

Was für Christen die Zehn Gebote sind, sind für Spiritualisten die sieben Prinzipien, erstmalig proklamiert von Emma Hardinge Britten.

1. Die Vaterschaft Gottes.
2. Die brüderliche Gemeinschaft aller Menschen.
3. Die Gemeinschaft der geistigen Welt und das helfende Wirken der Engel.
4. Die ewige Existenz der menschlichen Seele.
5. Persönliche Verantwortung.
6. Ausgleich im Jenseits für alle guten und bösen Taten, die im Diesseits begangen wurden.
7. Unbegrenzte Weiterentwicklung, offen für jede menschliche Seele.

Divine Service – Gottesdienst im Spiritismus

Der Spiritismus ist eine Religion, die das Ziel verfolgt, ihre Mitglieder auf die nach dem Tode einfindende Einkehr in die geistige Welt und das dortige Leben vorzubereiten. Natürlich unterscheiden sich Gottesdienste im Spiritismus durch diese andere Herangehensweise an die Welt der Verstorbenen von denen der traditionellen Kirchen. Allerdings berichten viele Anhänger des Spiritismus, dass ihnen gerade diese Unterschiede zu evangelischen bzw. katholischen Gottesdiensten oder im Allgemeinen den Gottesdiensten anderer, traditionellerer christlicher Glaubensgemeinschaften besonders zusagen und sie das Gefühl haben, dass die Gottesdienste bzw. *Divine Services* des Spiritismus sie nach dem Eintritt in eine entsprechende Gemeinde auf ihrem spirituellen Pfad deutlich weitergebracht oder emotional berührt hätten.

Dies muss aber natürlich nicht auf jeden zutreffen. Manche Menschen orientieren sich lieber an den traditionelleren, in der Gesellschaft verwurzelteren Religionen, um nach ihrem Seelenheil zu suchen. Aber für viele Gläubige bietet die regelmäßige Erfahrung im Umgang mit der geistigen Welt ein für ihre Seele wertvolles Ritual, das sie nicht mehr missen möchten.

Was unterscheidet die Gottesdienste von traditionellen Gottesdiensten? Wie läuft ein solcher Gottesdienst ab?

Anders als bei Gottesdiensten der katholischen oder evangelischen Kirche, bei denen die Gemeinde durch ihren Priester zu Gott betet, wird im Spiritsmus während des Gottesdienstes eine Verbindung in die geistige Welt hergestellt. Dies geschieht meist durch das den Gottesdienst leitende Medium. Denn auch, wenn viele Menschen glauben, dass die geistige Welt für sie vor dem Tod nicht zugänglich ist, so gibt es doch mit den Medien Personen, die immer wieder das Unmögliche wagen und sich in das noch von der Wissenschaft weitgehend unerforschte Territorium dieser Welt begeben. Als Mittler zwischen der geistigen und der unseren Welt stellen sie eine Brücke zwischen diesen beiden existentiellen Dimensionen her und bringen die Bewohner der beiden Welten miteinander in Kontakt. Ein Medium sprach dabei einmal davon, dass es ähnlich wie in unserer Welt auch in der geistigen Welt Bewohner dieser existentiellen Ebene gäbe, die auf eigenen Impuls gut oder weniger gut mit der unseren Welt in Kontakt treten könnten. Diese würden dann in dieser Hinsicht das geisterweltliche Pendant zu den Medien in unserer Welt bilden. Nach diesen Berichten gibt es also auch Geister, die über so etwas wie den siebten Sinn verfügen.

Wie geht aber eine Kontaktaufnahme mit den Bewohnern der geistigen Welt vonstatten? Das Medium begibt sich dabei im spiritistischen Gottesdienst oder auch zu einer sonstigen Gelegenheit in einen Trancezustand, der ihm ermöglicht, sein Bewusstsein über die normalen den Sterblichen auferlegten Grenzen zu erweitern und so den Kontakt zwischen Gemeinde und geistiger Welt herzustellen.

Auf diese Weise können die Mitglieder der Gemeinde und die sonstigen am Gottesdienst teilnehmenden Mitglieder der Gemeinde in Kontakt mit geliebten Menschen treten, die bereits verstorben sind und sich nun in der geistigen Welt befinden. Dabei werden sie von dem Medium unterstützt, das den Gottesdienst leitet und natürlich dazu über die besondere Gabe zum Kontakt mit der geistigen Welt und bereits über Erfahrung bei der Orientierung in dieser verfügen sollte. Auf diese Weise können die Mitglieder der Gemeinde während des Gottesdienstes mit den verstorbenen geliebten Menschen aus der geistigen Welt zusammen sein. Auch die Seelen der Verstorbenen genießen diesen Gottesdienst für gewöhnlich sehr und sind dankbar über die Chance, in so geselliger Runde von denen besucht zu werden, die ihnen bereits zu Lebzeiten so viel bedeuteten. Dies berichten jedenfalls viele Mitglieder von solchen Gemeinden aus eigener Erfahrung und auf Grundalge des dort erfahrenen Kontakts mit den geliebten Menschen. Andere schätzen die Einstimmung auf ihr nächstes Leben sehr und sind froh über die Gelegenheit, die sie erwartende geistige Welt schon einmal „beschnuppern" und diese mit Freunden aus ihrer Gemeinde nach dem Gottesdienst diskutieren zu können.

Heilung und seelische Erlösung aus der geistigen Welt

Häufig enthält der Gottesdienst auch einen Moment der Heilung, in dem heilende Kräfte aus der geistigen Welt herbeigebeten werden, um die körperlichen und seelischen Schmerzen und Gebrechen der Mitglieder der Gemeinde zu lindern und das Leben im Diesseits so durch Kräfte aus dem die Gemeindemitglieder nach dem Tod erwartenden Jenseits zu erleichtern. Schon einige Menschen wurden durch die Linderung ihrer Schmerzen durch die Teilnahme an einem solchen Gottesdienst und des eigenen Erfahrens der dort wirkenden geistigen Kräfte von der Religion des Spiritismus überzeugt. Natürlich braucht es aber bei vielen Menschen erst eine gewisse Einarbeitungszeit, bis ihr Körper und ihre Seele ausreichend aufeinander abgestimmt sind, um die entsandten Energien aus der geistigen Welt empfangen und wahrnehmen zu können. Hierbei sollte man sich keinesfalls von eventuell von außerhalb angebrachten Spott abhalten lassen, diese heilende Wirkung zu akzeptieren und die entgegengebrachte Freundlichkeit der Geister anzunehmen. Ein unvoreingenommenes Herantreten mit offenem Geist ist in vielen Fällen eine unbedingte Voraussetzung für die erfolgreiche Aufnahme der heilenden Energie durch das eigene Bewusstsein oder den eigenen Körper. Erst nach dieser Aufnahme kann der Heilungsprozess beginnen. Auch wenn der Spiritismus ein wissenschaftliches und auch kritisches Herangehen an das Leben nach dem Tod und die uns von dort erreichenden Kräfte unterstützt, sollte man also keine unbegründete Abwehrhaltung gegenüber einer solchen Heilung einnehmen.

Gesang bietet Lebenden und Geistern Unterhaltung

Gewöhnlich wird zu Eröffnung des Gottesdienstes und auch zu weiteren sich bietenden Gelegenheiten während der spiritistischen Messe gemeinsam gesungen. Zusammen stimmt man sich durch ein Lied auf den gemeinsamen Gottesdienst und die Kontaktaufnahme mit den Bewohnern der geistigen Welt ein. Manche Gemeindemitglieder berichten, dass das Singen dabei für sie auch ein Versuch ist, die Geister der Verstorbenen bereits auf den bevorstehenden Gottesdienst einzustimmen und „anzulocken" bzw. deren Interesse zu erregen. Einige langjährige Spiritisten mit besonderen Gaben berichten sogar darüber, dass sie zu diesem musikalischen Beginn eines Gottesdienstes bereits leise die Stimme einer geliebten Seele aus der geistigen Welt hören können, die mit ihnen zu singen scheint. Nach dem Ende des Liedes wartet die Seele laut der Aussage dieser Gemeindemitglieder dann sehnsüchtig darauf, dass die Trennung zwischen diesseitiger und jenseitiger Welt aufgehoben wird, damit sie wieder einen kurzen Augenblick bei dem von ihr geliebtem Menschen sein kann.

Auch wenn diese Erfahrung nicht von allen Anhängern des Spiritismus geteilt wird, so ist es doch eine rührende Geschichte über das, was möglich sein kann und auch ein Hinweis darauf, welche noch unverstandenen Wunder die geistige Welt für uns möglicherweise bereithält. Sicher ist jedoch, dass die Musik auf viele Menschen eine im positivsten Sinne bewusstseinsverändernde Wirkung hat und in vielen Kulturen auf der ganzen Welt bereits seit langer Zeit dazu benutzt wurde, sich in einen Zustand erweiterter Wahrnehmung zu begeben. Auch in einigen afrikanischen und amerikanischen Kulturen tanzten die Ureinwohner sich in Trance, bevor sie mit den verstorbenen Geistern großer Krieger oder weiser Häuptlinge in Kontakt traten. Vielleicht handelt es sich bei diesen Berichten und Ritualen um eine ähnliche Erfahrung mit der geistigen Welt der Verstorbenen, die im spiritistischen Gottesdienst und auch in der spiritistischen Gemeinde systematisch verfolgt wird und durch die große Weisheit über das Leben nach dem Tod erlangt werden soll.

Gottesdienst im Spiritismus – Vorbereitung auf das „Danach"

Für andere ist der eigentliche Sinn des Spiritismus und der Gottesdienste die sorgfältige Vorbereitung auf das Leben, das sie nach dem Tode in der geistigen Welt erwartet. Durch die regelmäßige Öffnung der Barriere zwischen der diesseitigen und der geistigen Welt hoffen sie, einen Einblick in die dortigen Verhältnisse zu erlangen, um sich angemessen auf ihre Zukunft nach dem Tod einstellen zu können, und darüber hinaus auch in Gesprächen mit anderen Gemeindemitgliedern die wahrgenommenen Lebensverhältnisse soweit zu erkunden und zu verstehen, wie es dem Geist eines Sterblichen eben möglich ist.

Viele der die Gottesdienste durchführenden Medien leisten dazu gern eine gewisse persönliche Hilfestellung. Der Gottesdienst im Spiritismus und auch Diskussionen in der Gemeinde beschäftigen sich also auch mit dem eigenen tieferen Verstehen des Lebens nach dem Tod jedes Gemeindemitglieds. Denn schließlich ist der tiefere Einblick in die eigene Vergänglichkeit bzw. die Frage, was mit der Seele geschieht, wenn der Körper vergeht, eines der die Menschen am meisten beschäftigenden und für viele Gläubige auch wichtigsten Probleme unserer Zeit. In der spiritistischen Messe wird der Geist auf das Leben nach dem Tod vorbereitet und gemeinsam mit den bereits in dieses Leben eingekehrten Seelen zelebriert.

Und die Toten sprechen doch

"Das schönste und tiefste Gefühl, das wir erleben können, ist die Erfahrung des Mystischen. Es ist die Säerin aller echten Wissenschaft. Der Mensch, der dieses Gefühl nicht kennt, der nicht mehr staunen und in Ehrfurcht gebannt vor etwas stehen kann, ist so gut wie tot."

Albert Einstein

Viele Menschen möchten so gerne glauben, dass wir den Tod überwinden und sie versuchen Beweis um Beweis anzuhäufen, dass ein Leben nach dem Tod existiert. Doch nichts kann sie letztendlich überzeugen, da ihre Angst vor dem Unbekannten dann doch größer ist als die Angst vor dem Tod.

All diese Menschen waren Botschafter für die geistige Welt. Ihr Leben ist ein Zeugnis für all das, was uns im weiteren Verlauf unserer Seelenreise erwartet. Fragt man Menschen mit einer Nahtoderfahrung, ob sie an ein Danach glauben, so wird man immer wieder ein eindeutiges „Ja" entgegennehmen. Auch für mich ist der Tod kein Ende, sondern der Beginn einer neuen wunderbaren Freiheit, in der mein Geist nicht mehr gebunden sein wird, sondern sich wie ein Adler frei emporschwingen kann.

Ich habe die Toten gesehen, angefasst, mit ihnen gesprochen, ihren Leben zugehört, mein Mann und ich konnten ihre Stimmen real hören, wir waren die Brücke zwischen ihnen und den Lebenden, sie standen nachts sichtbar an unserem Bett, meine Enkelin kann sie sehen und wir spüren sie täglich in meinem Leben. Unser Leben hat sich seither um eine Dimension erweitert, die für uns vollkommen natürlich ist. Doch wie gesagt, danach gibt es weitere Dimensionen, die es zu entdecken gilt. Das ist die Unendlichkeit Gottes und während ich dies schreibe entwickelt sich die Schöpfung um mich herum weiter. Nichts bleibt, wie es ist und wir alle sind Teil, gleichzeitig Akteur und Reaktor, dieses unglaublichen Schöpfungsprozesses.

Ein wissenschaftlich orientierter Mensch würde vermutlich sagen, dass ich halluziniere, da er meine Erfahrungen mit der begrenzten Logik einer linken Gehirnhälfte nicht erfassen kann. Andere würden sagen, dass ich zu viel DMT im Wachzustand ausschütte. Fakt ist, dass in unseren europäischen Gefilden seit mehr als zwei Jahrhunderten die Stimme der Toten nicht mehr verstummt. Hollywood trägt dem Rechnung mit fantastischen Filmen aus dem Jenseits. Die Liste von Büchern über Nahtoderfahrungen wächst. Immer mehr Menschen streben mediale und übersinnliche Ausbildungen an. Paranormale Phänomene werden wieder wahrgenommen und das Fernsehen schüttet Serien aus wie *Ghostwisperer* und *Long Island Medium*.

Zufall?

Wenn man all die Entwicklungen der letzten Jahre aufmerksam verfolgt, dann fällt einem eine ordnende und lenkende Hand hinter all diesen Entwicklungen auf. Man beginnt uns an ein neues Zeitalter zu gewöhnen, in dem das Jenseits ins Diesseits integriert wird. Die Neugier wächst kollektiv und auch die Wissenschaft widmet sich dem spannenden Thema.

Wir erleben gerade live die Geburt eines neuen Paradigmas, das die alte Weltanschauung und Lehrmeinung ablösen wird. Wenn Neurowissenschaftler, Medien, Genforscher, Mediziner, Physiker und viele andere es schaffen würden, sich an einen Tisch, an einen *round table* zu begeben, könnte diese Entwicklung bedeutend schneller vorangehen. Unsere Lehrbücher, gerade im medizinischen Sektor lehren zum Teil Dinge, die seit fünfzig Jahre veraltet sind. Die Quantenphysik feiert Erfolge und wir lernen immer noch das Konzept der großen mittelalterlichen Denker in der Schule. Unsere Dimensionen werden so schnell zusammenwachsen, dass viele Menschen bereits heute mit den daraus resultierenden Ergebnissen und Anforderungen überfordert sind. Wir müssen uns auf einen unglaublichen Sprung vorbereiten.

Unsere psychosomatischen Kliniken sind zum Teil voller Menschen, die ihre Sensitivität nicht mehr koordiniert bekommen, die ihre Medialität nicht kontrollieren können, da es ihnen niemand je gezeigt hat. Unsere Angst vor dem Tod bremst unser Leben aus, dabei sollten wir jeden Moment, den wir ein fühlendes, denkendes, handelndes und liebendes Wesen sind, auskosten.

Die geistige Welt wird und kann nicht aufhören zu sprechen. Sie wollen uns nach Hause holen und uns die Angst nehmen, damit wir endlich auch auf dieser Seite des Lebens frei leben können.

Solche Zeiten der Anpassung haben schon immer kontroverse Diskussionen ausgelöst.

Meine letzten Fragen an sie lauten: „Glauben Sie, dass die Toten sprechen? Glauben Sie es aus tiefstem Herzen? Glauben Sie daran, dass das Leben all dieser Menschen aus der Vergangenheit echt war?"

Wenn Sie diese Frage mit einem uneingeschränkten „Ja" beantworten können ist vielleicht gerade ein neues Medium geboren worden. Denken Sie daran, dass ein medialer Weg ein Leben in der Liebe bedeutet. Nur wenn man in der Liebe ist, kann man diesen Weg auch gehen.

Egal, wie weit sie diesen Weg gehen, möge die Liebe der geistigen Welt sie begleiten und inspirieren. Möge ihre Angst schwinden mit jedem Schritt ins Unbekannte und ihre Faszination ins Unermessliche steigen, denn wie ein Sprichwort der Aymara, einem alten Andenvolk, besagt:

Ohne Liebe für die Erde haben wir keinen Platz im Himmel.

Nachwort

Dieses Buch hätte auch den doppelten Umfang haben können und es war schwer auszuwählen, wer nun in diesen Zeilen verewigt wird und wer nicht. Letztendlich habe ich die geistige Welt gefragt und sie haben ausgewählt und gesagt, dass jedes Medium so individuell war, dass die Namen in diesem Buch repräsentativ sind für viele. Sie wollten, dass alle Facetten der Medialität beleuchtet werden und auf dieser Grundlage bekam ich die Namen übermittelt.

Natürlich kann jedes Buch in sich schon nicht fertig sein, da es keine fertige in sich abgeschlossene Zeit gibt und Evolution unmerklich stattfindet, auch in der Medialität. Energie ist immer in Bewegung. Laut Einstein geht keine Energie je verloren und daher ist es mir ein Anliegen gewesen die Energie dieser Menschen lebendig zu erhalten, damit Sie als Leser inspiriert werden. Wir müssen unsere Wurzeln kennen und achten, das gilt auch für die Medialität. Ohne Wurzeln keine Flügel.

Viele Hände und Schreiber haben an diesem Buch mitgewirkt, daher möchte ich jedem einzelnen auf diesem Wege meine persönliche Wertschätzung aussprechen. Die einzelnen Autoren können sie dem Quellverzeichnis entnehmen. Mein Part war der eines Koordinators, Schreiberlings „Brückenbauers" und Entwicklers, denn das ist es, was ich bin laut der *direct voice* von William, der an dieser denkwürdigen Séance in England aus der geistige Welt direkt zu mir sprach.

„Du wurdest vor langer Zeit ausgesucht, um als Entwickler zu dienen und Menschen auf ihrem persönlichen Weg voranzubringen. Du bist ein Menschenentwickler und daher braucht es die Kraft, mit der Du ausgestattet wurdest." Das erklärte mir mein Leben und das erklärt die Entstehung dieses Buches.

Inspiriert wurde dieses Buch von meinen Geistführern und jedes Mal wenn ich dachte, es sei fertig, kam eine neue Inspiration für ein weiteres Kapital und die Arbeit fing von vorne an. Mit der geistigen Welt zu leben bedeutet Herausforderungen anzunehmen und sehr flexibel zu sein.

Ich freue mich, wenn auch Sie dieses Buch als Entwicklungsbuch Ihrer Seele sehen und wenn Sie hier Ihre Wurzeln finden können. Und wenn Sie auch nur eine der Geschichten aus dem Leben von medialen Menschen tief in Ihrem Herzen berührt hat, dann hat dieses Buch seinen Zweck erreicht.

Egal was Sie auch in Ihrem Leben erreichen wollen. Geben Sie niemals auf und geben Sie Ihr Bestes, arbeiten Sie in Liebe und Achtsamkeit, dann geschehen Wunder und Sie erhalten aus unsichtbaren Sphären alle Unterstützungen, die Sie brauchen. Dies ist ein Versprechen.

„Tauchen sie tief in ihr Herz hinein. Es ist das Tor zur Unendlichkeit. Die Wesen, die sie über ihren Herzrhythmus erreichen, verfügen über eine eigene Sprache und werden zu Ihnen sprechen. Lernen Sie zuzuhören und bleiben Sie aufmerksam und das Tor wird sich öffnen in eine neue lebendige Herrlichkeit im Angesicht Gottes."

Amara Yachour

Über die Autorin

Außer vorliegenden Büchern gibt es ein umfangreiches Fernstudium zur „Ausbildung als Medium", das seinesgleichen sucht. Videos, Audios und fast tausend Seiten Inhalt leiten im Selbststudium an.

Begleitend kann man auch – online – an einem medialen Zirkel' teilnehmen, bei dem Supervision und Unterstützung durch Amara selbst angeboten wird.

Wer gerne hautnah Medialität lernen und erleben möchte und die persönliche Betreuung bevorzugt, kann mediale Wochen in Deutschland und Österreich buchen, die mediale Halbjahres-Ausbildung, Wochenendkurse und Ausbildungen in Tranceheilung. Ausbildung im Channeln und Trance sind ebenfalls buchbar. Immer wieder laden Amara Yachour und ihr Mann Marko englische Medien für Jenseitskontakte und physikalische Medialität ein. Tragen Sie sich einfach im Newsletter ein, dann werden Sie unmittelbar von neuen Seminaren erfahren.

Weiter spirituelle Ausbildungen finden Sie auf unseren Webangeboten.

Weitere Bücher von Amara Yachour

Grüße aus dem Jenseits

Sind Sie schon einmal in Ihrem Leben einem Engel begegnet? Nach der Lektüre dieses Buches werden Sie dieses warme Gefühl kennen. Denn mit einer nahezu unvergleichlichen Sanftheit, werden Sie in eine Welt entführt, die so ist, wie wir sie uns erträumen. Diese Zeilen, direkt aus dem Himmel gechannelt fordern uns auf, wieder Vertrauen zu gewinnen zu dem Wesen, dem göttlichen Wesen, welches uns von der Geburt bis zum Tode begleitet. Denn Leben ist viel mehr als existieren. Amara zeigt Ihnen den Weg, der in der uneingeschränkten Liebe zu sich selbst und zu anderen Menschen zu finden ist.

In allen Buchhandlungen, bei Amazon und anderen Onlineshops und als E-Book erschienen.

Stimmen des Himmels

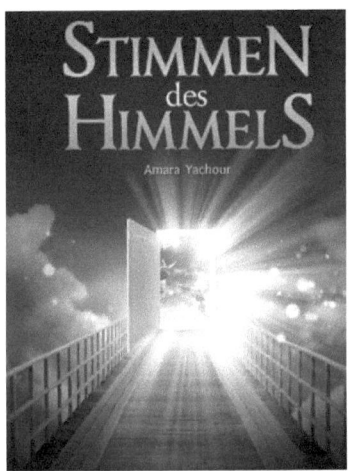

Haben Sie auch das Gefühl, dass das Leben nach dem Tod nicht zu Ende ist? Spüren Sie manchmal vielleicht sogar die Präsenz eines Engels oder Verstorbenen? Sind Sie auf der Suche nach dem höheren Sinn Ihres Lebens? In diesem Buch finden Sie Antworten, Anregungen und weiterführendes Wissen aus der Praxis eines Mediums für Jenseitskontakte. Begleitende Übungen helfen Ihnen, Ihr eigenes mediales Potenzial zu entwickeln und zu leben, denn Medialität ist Ihr Geburtsrecht!

Amara Yachour begann nach zwei Nahtoderfahrungen Ihren Weg als Medium. Nach zahlreichen Ausbildungen in den Bereichen Jenseitskontakte, Heilung, Trance und physikalischer Medialität eröffnete Sie auf Drängen der geistigen Welt ihr eigenes Ausbildungszentrum und unterstützt in persönlichen Beratungen und Sittings tagtäglich Menschen medial auf ihrem Lebensweg.

In allen Buchhandlungen, bei Amazon und anderen Onlineshops und als E-Book erschienen.

Vita und Homepage der Autorin

Amara Yachour ist eine Person, die Sie so schnell nicht mehr vergessen, wenn Sie sie einmal kennengelernt haben. Dabei ist es häufig schon beim Lesen ihrer Werke so, als kenne man sie so gut wie eine Freundin. Beeindruckend ist dabei vor allen Dingen ihre charismatische Ausstrahlung, die auch darauf zurückzuführen ist, dass Amara tief in sich selber ruht. Doch das war nicht immer so.

Amara Yachour wurde am 12.01.1964 im schönen Westerwald geboren. Ihre erste Ehe ging sie schon mit 19 Jahren ein. Daraus gingen vier wundervolle Töchter hervor. Im Verlauf ihrer Ehe absolvierte Amara eine Ausbildung zur Bankkauffrau. Es folgten viele Jahre beruflicher Praxis im elterlichen Betrieb. Anschließend ging Amara gemeinsam mit ihrem Mann in die Selbstständigkeit. Im Alter von Mitte 35 scheiterte die Ehe.

Aufgrund der beschwerlichen Situation als alleinerziehende Mutter arbeitete Amara quasi rund um die Uhr in drei verschiedenen Jobs. Diesem Lebensstil musste sie irgendwann Tribut zollen. Mit nur 46 Jahren ereilte sie mitten in der Nacht eine Nahtoderfahrung. Doch dies war nicht das erste Mal gewesen, dass Amara sich dem Tode nahe fühlte. Bereits mit 31 Jahren hatte sie in Folge einer Lungenembolie eine Nahtoderfahrung machen müssen. Das zweite Erlebnis dieser Art machte ihr nicht nur deutlich, dass sich etwas in ihrem Leben ändern musste. Es war zugleich auch der Startschuss in ein neues Leben für Amara, welches geprägt war von einer tiefen und überzeugten Spiritualität und dem absoluten Glauben an die geistige Welt Gottes.

Getreu ihrem bisherigen Leben ging Amara auch hier keine halben Sachen ein. Sie ließ sich fundiert ausbilden in verschiedenen spirituellen Richtungen, um nicht nur sich selber einen neuen Sinn im Leben zu geben, sondern dieses neu gewonnene Wissen auch an andere weiterzugeben. Für die spirituellen Ausbildungen seien hier nur beispielhaft die mehrjährige schamanische Ausbildung bei Dancing Thunder, Wai Turoa Morgan, Ailo Gaup u. a. oder die Hypnose- und Rückführungsausbildung genannt. Später folgten noch ein Survival- und Wildnistraining. Eine Ausbildung zum Clearingleiter kam dazu. Weitere spirituelle Ausbildungen folgten wie die Karten der Mlle. Lenormand und den Tarot. Das Erlernen alternativer Heilmethoden wie Bachblüten, Reiki, geistige Heilung, russische Heilmethoden, Numerologie, oder Massagen wie die Lomi Lomi Nui Ausbildung oder die Ausbildung zum Antistress- und Entspannungstrainer und Meditationsleiter schlossen sich fast schon zwingend an ihre Erfahrungen an.

Mittlerweile hat Amara Yachour ihren inneren Frieden gefunden. Dank ihres zweiten Ehemanns, mit dem sie schon seit 14 Jahren verheiratet ist, fand sie ihr privates Glück. Aber auch beruflich hat sich ihr Leben nach ihren Wünschen entwickelt. Ihr Steckenpferd hat Amara in den medialen Ausbildungen, in der Heilung und in der Trance gefunden. Insgesamt hat sie mehr als 30 Wochen an medialen Ausbildungen teilgenommen, darunter so renommierte wie Trancehealing bei Steve Upton oder Mediumship im Arthur Findlaycollege und in Ershamstar in England. Dazu kamen Ausbildungen in physikalischer Medialität.

Die gewonnene Weisheit gibt Amara gerne in über 40 Seminaren pro Jahr an ihre Mitmenschen weiter. Bekannt ist sie vielen Menschen schon aus dem TV, wo sie spirituelle Lebensberatung bei TV-Sendern wie SAT1, Rhein-Main-TV, Kabel1, Eso-TV, Primetime oder Fresh4you anbot.

Vor einigen Jahren gründete Amara Yachour eine spirituelle Lebensakademie mit einem eigenen Seminarzentrum.

Man kann sie durchaus als eine Lehrerin sehen, die niemals einfach nur erlerntes Wissen abspult. Die tiefe Liebe und das Wissen, das sie auch lebt, was sie lehrt, machen sie zu einer absolut authentischen spirituellen Lehrerin, mit einem riesigen Hintergrundwissen, die immer das Beste für ihre Schüler gibt.

Aktuell beschäftigt sie sich mit dem hochaktuellen Thema Bewusstsein. Und wer Amara kennt, weiß, dass sie dieses Thema in praktikable Übungen herunterbrechen wird, damit jeder in der Lage ist, sein Bewusstsein Stufe um Stufe anzuheben.

Eines ist ihr bei allem beruflichen Ehrgeiz aber nie verloren gegangen: das Wissen um die Wesen, die hinter den Dingen stehen. Und die Dankbarkeit und Wertschätzung für die kleinen Wunder des Lebens, die das Leben lebenswert machen und die so häufig im Alltag übersehen werden. Werfen doch auch Sie einmal wieder einen Blick hinter die Dinge …

http://www.body-soul-centrum.de

http://www.mediumausbildung.de

http://www.lenormand-kartenlegen.com

http://www.der-transformation-code.de

Quellnachweis

Albert Best – Das Postmedium
http://www.the-voicebox.com/bestalbert.htm
http://psychictruth.info/Medium_Albert_Best.htm
http://psychicdatabase.wikia.com/wiki/Albert_Best
http://www.spiritualinspiration.org/t4024-albert-best-life-of-a-medium
http://www.spiritualismlink.com/t1201-albert-best
http://www.heraldscotland.com/sport/spl/aberdeen/albert-best-1.456813

Allan Kardec – Die Bibel der Medialität
http://de.wikipedia.org/wiki/Allan_Kardec
http://www.spiritismus.at/home1/HomePortugues/estude-conosco/wer-war-allan-kardec
http://www.allan-kardec.de/

Die Werke von Rivail und Kardec
Rivail veröffentlichte folgende Werke:

1824 –	Cours pratique et théorique d'arithmétique
1828 –	Plan proposé pour l'amélioration de l'éducation publique
1848 –	Catéchisme grammatical de la langue française

Unter dem Pseudonym Allan Kardec veröffentlichte er folgende Werke:

1857 –	Le Livre des Esprits - Das Buch der Geister
1861 –	Le Livre des Médiums - Das Buch der Medien
1864 –	L'Évangile selon le Spiritisme - Das Evangelium im Lichte des Spiritismus
1865 –	Le Ciel et L'Enfer - Himmel und Hölle
1868 –	La Genése - Genesis

Andrew Jackson Davies – Pionier des Spiritismus
https://portal.dnb.de/opac.htm?method=simpleSearch&query=105244120
http://de.wikipedia.org/wiki/Andrew_Jackson_Davis
http://www.andrewjacksondavis.com/
http://www.spiritismo.de/02Davis1.htm
http://www.edgarcayce.org/are/arelibrary.aspx?id=3672
http://www.bchistory.org/beavercounty/booklengthdocuments/AMilobook/6Davis.html

Auraggraphen von Heiko Marinus Müller
https;//energiebilder.wordpress.com/tag/symbole-deuten-lernen/
http://www.spirituelles-licht.de/auragram.html

Bangs Sisters von Jaschu
http://psychictruth.info/Medium_Bangs_Sisters.htm
http://www.answers.com/topic/bangs-sisters
http://www.spiritual-healing-artwork-4u.com/precipitated-spirit-painting.html
http://worldofspirit.blogspot.com.es/2013/07/spirit-paintings-bangs-sisters.html
John C. Bundy: The Bangs Sisters Exposed, in: Religio-Philosophical Journal, April 7, 1888
John C. Bundy: The Angel of Death Enters the Bangs Household, in: Religio-Philosophical Journal, April 14, 1888
www.youtube.com/watch?v=_rYmNnjVHvI

Campbell Brothers von Jaschu
http://psychictruth.info/Medium_Campbell_Brothers.htm
Raymond Buckland: The Spirit Book. The Encyclopedia of Clairvoyance, Channeling, and Spirit ...
http://ronnagy.net/ronsblog/2010/02/azur-the-helper/
http://ronnagy.net/ronsblog/2011/03/azur-the-helper-unusual-photos/

Chico Xavier – Das brasilianische Schreibmedium von Nicolas Hepp
http://en.wikipedia.org/wiki/Chico_Xavier
http://en.wikipedia.org/wiki/Nosso_Lar
https://sites.google.com/site/kardecwurzburgde/reflexionen/chico_xavier

Coral Polge von Eva Ruth

Daniel Douglas Home – Das Psychokinesemedium
http://de.wikipedia.org/wiki/Daniel_Dunglas_Home
http://antigravitypower.tripod.com/BioGravity/DDHome.html
http://www.prairieghosts.com/ddhome.html

Die Planchette – Wenn die geistige Welt schreibt von Heiko Marinus Müller
Allan Kardec: Das Buch der Medien, Schirner, 2004
www.mysteriousplanchette.com/

www.museumoftalkingboards.com/planchet.html
http://en.wikipedia.org/wiki/Planchette

Die Fox Sisters – Die geistige Welt klopft an von Jaschu
http://www.frankzechner.at, Serie Buddhismus und Theosophie (Teil 1), Der amerikanische Spiritismus und seine Wurzeln
http://www.prairieghosts.com/foxsisters.html
http://www.geisternet.com/gnetboard/print.php?threadid=4496&page=1&sid=e1e34b8f6c9bbb82b7efdd80b1fff2d6
http://paranetz.pa.funpic.de/paranetz/erschein/spiritismus.htm
http://www.historynet.com/the-fox-sisters-spiritualisms-unlikely-founders.htm
http://www.fst.org/fxsistrs.htm

Dr. Charles Richet – Nobelpreis und Medialität
http://de.wikipedia.org/wiki/Charles_Robert_Richet
http://www.nobelprize.org/nobel_prizes/medicine/laureates/1913/richet-bio.html
http://www.nndb.com/people/207/000125829/

Edgar Cayce – Diagnosen aus der geistigen Welt von Heiko Marinus Müller
Thomas Sugrue: Edgar Cayce: Die Geschichte eines schicksalhaften Lebens, Hugendubel, 1984
www.edgarcayce.org
www.near-death.com/experiences/cayce02.html
en.wikipedia.org/wiki/Edgar_Cayce

Einer Nielsen – Das physikalische Medium aus Dänemark von Silvia Talpa
http://psychictruth.info/Medium_Einer_Nielsen.htm
http://mariondampier-jeans.com/english/spiritismn/old-danish-mediums/
http://www.menetekel.de/schiebeler/kampf/kampf1.htm
http://www.spiritarchive.org/einer-nielsen---danish-physical-medium.html

Ektoplasma – Der Baustoff Gottes von Frederic Laudenklos
psychictruth.info (vor allem: Aggregatzustände, Funktionen des Ektoplasmas)
psygrenz.de (Psychowissenschaftliche Grenzgebiete)
Transplant-Forum.de: Persönlichkeitsveränderungen nach einer Transplantation

SAK (Studien zur Altägyptischen Kultur; Zeitschrift) Die Ba-Konzeption

Ektoplasma – Die Odkraft des Mediums von Frederic Laudenklos
psychictruth.info, Stichwort: Ektoplasma.
wikipedia.de: Charles Robert Richet.

Emma Hardinge Britten – Die sieben Prinzipien des Spiritismus von Frederic Laudenklos

Emanuel Swedenborg – Die Welten des Himmels von Nicolas Hepp
http://www.swedenborg.com/
http://www.swedenborg.de/
http://www.tagesspiegel.de/kultur/die-gaben-der-geister/1335286.html
http://www.theisticpsychology.org/articles/abbrev.html
http://www.newchurch.org/
http://www.wlb-stuttgart.de/referate/theologie/swvotxt/wcr.pdf
http://www.urka.de/pdfs/Swedenborgwerke.pdf
http://www.wlb-stuttgart.de/referate/theologie/sweditaf.html
Erster Korintherbrief, Kapitel 12
http://www.bibel-online.net/buch/luther_1912/1_korinther/12/
Erster Korinther - Kapitel 14 - Zungenrede und prophetische Rede
http://www.bibel-online.net/buch/luther_1912/1_korinther/14/
Evangelium nach Markus, Kapitel 16 - Erscheinungen des Auferstandenen und Himmelfahrt
http://www.bibel-online.net/buch/luther_1912/markus/16/#1

EVP Elektronische Stimmen Phänomene – Wenn Geister sich melden
http://de.wikipedia.org/wiki/Tonbandstimmen
http://www.allmystery.de/artikel/geister_kontakt_evp.shtml
http://teufelskralle.de.tl/Tonbandstimmen--k1-EVP-k2-.htm
http://www.articlesphere.com/de/Article/EVP-Electronic-Voice-Phenomenon-Voices-from-the-Dead/71980

Florence Cook – Die Erscheinung Katie King von Vera Halten
en.wikidepia.org
menetekel.de
mysteriouspeople.com

Frank Leah von FreeAislin

Geschichte der Medialität in Deutschland von Heiko Marinus Müller

Jutta Person (Hrsg.): Grenzgänge zwischen Wahn und Wissen, Campus, 2002

Marcus Hahn (Hrsg.): Trancemedien und Neue Medien um 1900. Ein anderer Blick auf die Moderne, Transcript, 2009

Helmut Zander: Rudolf Steiner, Piper, 2011

Corinna Treitel: A Science for the Soul. Occultism and the Genesis of the German Modern, John Hopkins University, 2004

http://www.wuerzburg-martin-luther.de/theolog/Der-Pietismus.htm
http://www.swedenborg.com/emanuel-swedenborg/about-life/
http://www.anton-mesmer.com/
http://de.academic.ru/dic.nsf/damen/5349/Prevorst
http://www.in-output.de/AKE/akecv.html
http://dl.ub.uni-freiburg.de/diglit/psychische_studien1881
http://www.univie.ac.at/igl.geschichte/ash/KursWessely/Bohley.pdf
http://anthroposophie.byu.edu/vortraege/052_13.pdf
http://www.igpp.de/german/welcome.htm
http://www.spiegel.de/einestages/spuk-von-rosenheim-a-951312.html

Geschichte der physikalischen Medialität in Deutschland von Heiko Marinus Müller

J. N. Sepp: Orient und Occident, Weltbild, 2012

Math. Schneid: Der neuere Spiritismus, Sarastro, 2012

Baron Ludwig von Güldenstubbe: Positive Pneumatologie, Edition Geheimes Wissen, 2011

Baron Ludwig von Güldenstubbe: Pensées d'Outre-Tombe, Paris, 1858

Nikola Boris Kohls: Außergewöhnliche Erfahrungen – Blinder Fleck der Psychologie?, Lit Verlag 2004

Marcus Hahn (Hrsg.): Trancemedien und Neue Medien um 1900. Ein anderer Blick auf die Moderne, Transcript, 2009

www.swedenborg.com/emanuel-swedenborg/about-life/www.anton-mesmer.com/
www.univie.ac.at/igl.geschichte/ash/KursWessely/Bohley.pdf
http://hrr.ul.hirosaki-u.ac.jp/dspace/bitstream/10634/5817/1/HirogakuKiyo_41_39.pdf
http://gutenberg.spiegel.de/autor/gustav-theodor-fechner-161
http://felixcircle.blogspot.de/
www.igpp.de/german/welcome.htm

Gläserrücken – Okkulte Sitzungen in Deutschland von Frederic Laudenklos
US Patent #446054
Doering-Manteuffel, S.: Okkultismus: Geheimlehren, Geisterglaube, magische Praktiken.
Wegner, D. e.a.: Clever Hands: Uncontrolled Intelligence in Facilitated Communication.

Gordon Higginson – Ein Leben für die Geistige Welt von Eva Ruth
http://www.gordonhigginson.co.uk/
http://zerdinisworld.com/?p=181

Harry Edwards – Heilen in englischer Tradition von Heiko Marinus Müller
Harry Edwards: Geistheilung, Bauer Hermann, 1992
www.psychicregister.com/harry-edwards
www.touchingspirit.org/awakening.htm
en.wikipedia.org/wiki/Harry_Edwards_(healer)

Inspiration durch Musik – Das Musikmedium Rosemary Brown berichtet von Heiko Marinus Müller
„Kompositionen aus dem Jenseits. Das Medium Rosemary Brown berichtet." (Goldmann 1985)
www.psychictruth.info
www.guardian.co.uk (Obituaries)
http://website.lineone.net/~enlightenment/rosemary_brown.htm
en.wikipedia.org
Johannes – Kapitel 2 – Die Hochzeit zu Kana
http://www.bibel-online.net/buch/luther_1912/johannes/2/#1

John Campbell Sloan – Ein schottisches Medium unter den Fittichen von Arthur Findlay von Heiko Marinus Müller

John of God von Weekos

José Medrado von Jaschu und Amara Yachour
http://www.foronuevaconciencia.com/jose_medrado.html
http://phoenixx-forum.de/medien/jose-medrado/
http://www.portalespiritualista.org/jose-medrado

Keith Milton Rhinehart – Apporte aus dem Jenseits von Frederic Laudenklos
Zerdini's World (http://zerdinisworld.com)

Leslie Flint – Direkte Stimmen aus dem Dunkel von Dana Syrnikova und Amara

Aykroyd, Peter H. und Angela Narth: A History of Ghosts. The True Story of Seances, Mediums, Ghosts, and Ghostbusters, Rodale, 2009
Raymond Buckland: The Spirit Book. The Encyclopedia of Clairvoyance, Channeling, and Spirit Communication, Visible Ink Pr. 2006

Flint, Leslie

1971 Voices in the Dark: My Life as a Medium. New York: Macmillan.

Ouija Board - Das Hexenbrett von FreeAislin

http://voices.yahoo.com/myths-facts-ouija-boards-6870806.html
www.ouija.ch
http://www.museumoftalkingboards.com/
http://museumoftalkingboards.com/dials2.html
http://mysteriousplanchette.com/Manu_Portal/isaacpease.html

Levitation – Wenn Dinge wie von Zauberhand schweben von Frederic Laudenklos

psychictruth.info (zum Thema Levitation als Phänomen)
wikipedia (zum Thema Levitation als Illusion)

Margery Crandon - Die Geisterbeschwörerin

http://de.wikipedia.org/wiki/Mina_Crandon
http://www.heise.de/tp/artikel/32/32003/1.html

Materialisation – Wenn das Unsichtbare sichtbar wird von Frederic Laudenklos

Schrenk-Notzing: Phenomena of Materialisation. (Dieses Buch ist online frei einsehbar.)
wikipedia.org: Materialisation (paranormal)
psychictruth.info: Materialisations
SilverRavenWolf: Zauberschule der neuen Hexen. 3 Bände.

Maurice Barbanell – Wenn der Geist spricht von Silver Birch spricht von Nina Suen

1 „Teachings of Silver Birch", A. W. Austen, 1938, Neuauflage 2006, PDF, Seite 12-13
2 „Teachings of Silver Birch", A. W. Austen, 1938, Neuauflage 2006, PDF, Seite 16
3 „Teachings of Silver Birch", A. W. Austen, 1938, Neuauflage 2006, PDF, Seite 21

4 + 5 „Teachings of Silver Birch", A. W. Austen, 1938, Neuauflage 2006, PDF, Seite 31

6 „Teachings of Silver Birch", A. W. Austen, 1938, Neuauflage 2006, PDF, Seite 38

7 „Teachings of Silver Birch", A. W. Austen, 1938, Neuauflage 2006, PDF, Seite 45

Minnie Harrison – Der Saturday Night Club von Frederic Laudenklos
Psychictruth (http://psychictruth.info/Medium_Minnie_Harrison.htm)
AECES Biography: The Legacy Files (www.aeces.info/Legacy-Section/Bios-4_Mediums/Harrison_M.pdf)

Remote Viewing
http://www.rv-hypervoyager.de/
http://de.wikipedia.org/wiki/Fernwahrnehmung
http://www.thetawaves.info/wissen/psi/thetawaves_wissen_psi_remote-viewing.html
http://www.remoteviewinginstitute.com/de/

Robin Foy – Der legendäre Scole Zirkel von Nina Suen und Amara Yachour
„The Scole Experiment - Scientific Evidence for LIFE AFTER DEATH", Solomon, Grand, Solomon, Jane, Campion Publishing Limited, UK, 2006
06.05.2014:
http://www.leo-bonomo.com/tag/the-scole-experiment-circle-deals-with-the-many-different-types-of-percussive-and-musical-phenomena-that-they-witnessed-during-the-scole-experiment/
http://www.bpv.ch/content/texte/medialitaet-w-robin.html
http://www.thescoleexperiment.com/artcl_05.htm
http://de.wikipedia.org/wiki/Society_for_Psychical_Research
Witnessing the impossible von Robin Foy

Sir Oliver Lodge – Präsident der Society for Psychical Research
http://en.wikipedia.org/wiki/Oliver_Joseph_Lodge
http://en.wikipedia.org/wiki/Society_for_Psychical_Research
http://de.wikipedia.org/wiki/Oliver_Lodge
http://www.amazon.de/Raymond-Life-death-examples-affection/dp/B0008576HC/ref=sr_1_1?s=books&ie=UTF8&qid=1400684771&sr=1-1&keywords=sir+oliver+lodge
http://www.spiritwritings.com/oliverjosephlodge.html

http://www.spr.ac.uk/
https://archive.org/details/spiritualismsiro00mercuoft
http://www.r2mw.com/guide2mw/s/spiritualism-in-the-first-world-war/

Spirit Art geschrieben von Jaschu und Amara Yachour
Spirituelle Fotografie – wenn das Unsichtbare sichtbar wird

Brewster, Sir David: The Stereoscope: Its History, Theory, and Construction, London, 1856

Louis Kaplan: Of Spooks, Proofs, and Truths – Reflections on the Mumler Spirit Photograph Case. Vortrag. The Metropolitan Museum of Art, New York, November 2012.

Paranormal Encyclopedia: A Brief History of Paranormal Photography. Paranormal-Encyclopedia.com

The Haunted Museum: William Hope – Secrets of the Crewe Circle of Spirit Photographers, 2008

http://www.prairieghosts.com/hope.htmlThe Museum of Hoaxes (2014): Mumler's Spirit Photos

http://www.museumofhoaxes.com/hoax/photo_database/image/mumlers_spirit_photos

Verlagsunion Pabel-Moewig KG: Von Geistern und Gespenstern, 1993.

Wikipedia (2014): William H. Mumler. Stand April 2014.
http://en.wikipedia.org/wiki/William_H._Mumler

Wikipedia (2014): Spirit photography. Stand April 2014.
http://en.wikipedia.org/wiki/Spirit_photography

Wikipedia (2014): Geisterfleck. Stand März 2014.
http://de.wikipedia.org/wiki/Geisterfleck

Wikipedia (2013): Brown Lady. Stand April 2013.
http://de.wikipedia.org/wiki/Brown_Lady

Table Tilting – Wenn Tische sich wie von Zauberhand bewegen von Frederic Laudenklos

SilverRavenWolf: Zauberschule der Neuen Hexen, 3. Bd, München, 2002
psychictruth.info

Watkins, J. M.: Experience in Psychical Science. Levitation, „Contact" and the „Direct Voice", New York, 1919

Tischerücken – eine Anleitung

http://de.wikipedia.org/wiki/Gl%C3%A4serr%C3%BCcken
http://de.wikipedia.org/wiki/Ouija

http://www.jenseits-der-thesen.de/info/glaeserruecken.html
http://paranormal.dataworld.at/html/geisterbeschworung.html
http://en.wikipedia.org/wiki/Table-turning
http://www.assap.ac.uk/newsite/articles/Table%20tilting.html

Trance – Die verschiedenen Bewusstseinszustände eines Mediums von Eva Ruth

Frequenzbereiche: http://de.wikipedia.org/wiki/Alpha-Wellen#Alpha-Wellen

Tranceinformationen: Axel Brück, Die Andersweltreise, Praxisbuch schamanische Reise.

Transfiguration – Gesichter von Verstorbenen von Frederic Laudenklos

psychictruth.info, Transfiguration

Voicebox – künstlicher Kehlkopf aus Ektoplasma von Heiko Marinus Müller

Aubrey Rose: The Rainbow Never Ends, Queen Anne Press, 2006
Leslie Flint: Voices in the Dark, Macmillan, 1971
www.victorzammit.com/
www.greaterreality.com